일상회화 · 여행회화 · 비즈니스회화

왕초보가 수다를 떨 수 있는
중국어회화 사전

김태경 지음

하고 싶은 말을 즉석에서 바로 찾아볼 수 있는 주제별 분류

한글만 알아도 바로 통할 수 있는
중국어 발음 한글 표기

모든 분야에서 골고루 활용할 수 있는
표현 중심의 회화

신라출판사

머리말

　세계화의 도도한 물결 속에서 현대인에게 있어서 중국어의 필요성은 두말할 필요가 없을 것입니다. 그러나 사정이 여의치 않아 중국어를 시작하고 싶은데 어떻게 어디서부터 시작해야 할지 몰라 망설이는 분들이 많습니다. 그래서 필자는 중국어 회화를 다시 시작하려는 분들과 당장 급하게 필요한 분들을 위해 그 동안의 경험을 충분히 살려 중국어 회화 사전을 집필하게 되었습니다.
　유창하게 중국어 회화를 하기 위해서는 어떤 상황에서든 자유자재로 막힘 없이 표현할 수 있는 능력을 충분히 길러야 합니다. 현재 시판되고 있는 중국어 회화 교재는 대부분 일상회화, 여행회화, 비즈니스회화로 나뉘어져 있습니다. 때문에 각기 원하는 분야의 중국어 회화 책을 별도로 구입하는 불편이 있습니다. 따라서 이 책은 일상생활을 하는 데 있어서 다양하게 접할 수 있는 여러 가지 장면을 언제 어디서든 원하는 대화문을 찾아보기 쉽도록 필수 회화 표현만을 집대성하여 사전 형식으로 엮었습니다.

이 책의 특징은.....
- 이 책은 중국인과 대화를 할 때 모든 상황에 대처할 수 있도록 일상회화, 여행회화, 비즈니스회화를 총 망라한 기초 수준의 중국어 회화 사전입니다.
- 주제별로 구성하여 언제 어디서든 필요한 회화 표현을 쉽게 찾아보면서 활용할 수 있도록 6개의 PART로 대분류하여 총 62개의 UNIT로 구성하였습니다.
- 가능한 긴 문장은 피하고 단문 형식의 쉬운 중국어 회화 표현만을 수록하여 중국어의 기초만 알고 있으면 누구나 쉽게 접근할 수 있도록 하였으며 간단한 예문을 두어 실전에서도 무리 없이 응용할 수 있도록 하였습니다.
- 중국어를 잘 모르더라도 한글만 읽을 줄 알면 저절로 회화가 가능해지도록 중국어 문장 아래 원음에 충실하여 그 발음을 한글로 표기하였습니다.

외국어 학습은 왕도가 없습니다. 많은 반복 연습만이 지름길이므로 몇 번이고 반복하고 입에서 저절로 나올 때까지 숙지하시기 바랍니다.

차례

Unit 01 한어병음 8
    1. 성모(声母) 8
    2. 운모(韵母) 11
    3. 성조 13

Unit 02 질문과 응답표현 16
    1. 평서문의 끝에 의문조사 吗를 붙이면 의문문이 된다. 16
    2. '긍정+부정'의 형식으로 정반의문문을 만든다. 16
    3. 의문사 谁, 哪 등을 넣어 의문문을 만든다. 17

PART 1   인사에 관한 표현

Unit 01 평상시 만났을 때의 인사 20
Unit 02 처음 만났을 때의 인사 23
Unit 03 오랜만에 만났을 때 29
Unit 04 헤어질 때의 인사 32
Unit 05 감사 37
        감사에 대한 응답 41
Unit 06 사과 43
Unit 07 소개하기 47
        자기 자신을 소개할 때 47
        다른 사람을 소개할 때 48
        두 사람을 서로 소개할 때 49
Unit 08 축원 51
Unit 09 초대·환영 56

PART 2   대화에 관한 표현

Unit 01 사람을 부를 때 60
        남자에 대한 호칭 60
        여자에 대한 호칭 61
        그 외의 호칭 61
Unit 02 말을 걸 때 63
Unit 03 의견표현 64
        자기 의견 나타내기 64
        상대방의 의견을 묻기 66

中国语会话辞典

	상대방의 의견에 대한 대답	67
Unit 04	맞장구 칠 때	84
	긍정적인 맞장구	84
	부정적인 맞장구	88
Unit 05	되물음	91
Unit 06	말이 막힐 때	93
Unit 07	화제를 바꿀 때	94
Unit 08	차이를 나타낼 때	98
Unit 09	선택에 대한 표현	101
Unit 10	소유를 나타낼 때	103
	이해를 확인할 때	105
Unit 11	허가를 나타낼 때	107
Unit 12	명령과 금지	108
	명령문	108
	금지문	111
Unit 13	제안과 권유	112
Unit 14	충고와 조언	114
Unit 15	부탁·도움을 주고받을 때	120

PART 3 감정에 관한 표현

Unit 01	기쁨과 즐거움	126
Unit 02	불만·비난·화가 났을 때	128
	불만	128
	비난	130
	화가 났을 때	132
Unit 03	사과·화해	143
Unit 04	위로할 때	147
Unit 05	후회와 실망	153

PART 4 화제에 관한 표현

Unit 01	계절과 날씨	156
	봄	157
	여름	158
	가을	164

中国语会话辞典

	겨울	167
Unit 02	해 · 월 · 일 · 요일 · 시간	171
	해(年)	171
	월(月)	173
	일(日/날짜)	175
	요일 · 주(周)	180
	시간	183
Unit 03	고향 · 출신 · 나이 · 거주지	189
	고향, 출신	189
	나이	191
Unit 04	혈액형	194
Unit 05	자기 직업 말하기	195
Unit 06	가족에 대하여	201
Unit 07	성격과 태도	209
Unit 08	남의 사정을 물을 때	214
Unit 09	돈에 관한 표현	220
Unit 10	생일에 관한 표현	226
Unit 11	술을 마실 때	230
Unit 12	외모에 대해서	234
Unit 13	인간관계	237
Unit 14	장래희망	239

PART 5 일상에 관한 표현

Unit 01	전화	244
	전화 걸기	244
	전화 응대와 연결	248
	전화를 바꿔줄 때	250
	부재중일 때	251
	잘못 걸었을 때	253
	메시지 남기기	254
	기타 통화중 내용	257
Unit 02	식당에서	262
	주인(종업원)이 손님을 맞을 때	262
	음식을 주문할 때	265
	맛을 표현할 때	269
	자신이 사겠다고 할 때	274

中国语会话辞典

계산할 때	276
식성에 관한 표현	277
배가 고플 때의 표현	279
배가 부를 때의 표현	280
가정에서의 식사 초대	283
예약에 관한 표현	286
음료를 마실 때	288

Unit 03 운동 290
Unit 04 병원과 건강 295
        진찰을 받을 때 295
        증상을 말할 때 301
        건강에 대한 표현 306
Unit 05 약국 312
Unit 06 물건을 빌릴 때 314
Unit 07 컴퓨터에 관하여 316
Unit 08 학교·학습에 관하여 325
Unit 09 약속 330
        약속할 때 330
        기다릴 때 332
        약속을 거절할 때 334
Unit 10 쇼핑 336
        손님을 맞을 때 336
        물건 사기 338
        값을 묻고 계산하기 353
        값을 깎기 358
        환불 / 교환 360
Unit 11 직업·구직에 대하여 362
        직업을 물을 때 362
        면접에서 363
Unit 12 출근과 퇴근 370
        출·퇴근에 관하여 말할 때 370
        길이 막힐 때 373
        집과 회사의 거리를 말할 때 374
Unit 13 회사에서 376
        회사를 소개할 때 376
        방문객을 응대할 때 378
        공장에서 379

中国语会话辞典

	거래처와 인사를 나눌 때	383
	급여에 관하여 말할 때	386
	사무실에서	388
	신입사원 환영	392
	결제와 지불에 대하여	394
	거래처와 협상할 때	396
Unit 14	세탁소	405

PART 6　여행에 관한 표현

Unit 01	입국	408
	휴대품 검사	411
Unit 02	환전	414
Unit 03	공항·비행기 안에서	419
	공항에서	419
	기내에서	421
Unit 04	숙박	424
	호텔숙박	424
	장기 체류시 숙박	429
Unit 05	길묻기	432
	장소, 건물의 위치를 물을 때	432
	교통편 묻기	438
	관광	444
	응급상황	451

PART 7　상황 표현

상황 표현	455

PART 8　속담과 단어

속담	481
단어	485
간체자와 번체자	499

Unit 01
한어병음 汉语拼音

중국어는 汉语(hànyǔ)라고 하며 한어병음 표기대로 발음하는데, 한어병음이란 로마자에 성조표기를 한 것으로 대만을 제외한 거의 전 세계적으로 통용되는 중국어 발음표기법이다.(대만은 주음부호와 웨이드식 표기법을 사용)
한어병음은 성모, 운모, 성조로 구성되어 있다.

1. 성모(声母)

우리말의 자음에 해당하는 것으로 모두 21개가 있다. 이 21개의 성모를 하나하나 발음할 때에 'b·p·m·f'는 각각의 자음에 '+오어'로, 'd·t·n·l·g·k·h'는 각각의 자음에 '+으어'로, 'j·q·x'는 각각의 자음에 '+이'로, 'zh·ch·sh·r·z·c·s'는 각각의 자음에 '+으'로 발음한다.

b(뽀어) : 우리말의 'ㅃ'처럼 발음하며, 경성으로 읽을 때는 'ㅂ'으로 발음한다.

p(포어) : 우리말의 'ㅍ'처럼 발음한다.

m(모어) : 우리말의 'ㅁ'처럼 발음한다.

f(포어) : 우리말에 해당하는 것이 없고, 영어의 f처럼 윗니를 아랫입술에 대었다 떼며 발음한다.

9

d(뜨어) : 우리말의 'ㄸ'처럼 발음한다.

t(트어) : 우리말의 'ㅌ'처럼 발음한다.

n(느어) : 우리말의 'ㄴ'처럼 발음한다.

l(르어) : 우리말의 'ㄹ'처럼 발음하는데, 혀를 천장에 대었다 떼며 소리를 낸다.

g(끄어) : 우리말의 'ㄲ'처럼 발음하며, 경성일 때는 'ㅂ'으로 발음한다.

k(크어) : 우리말의 'ㅋ'처럼 발음한다.

h(흐어) : 우리말의 'ㅎ'과는 다르게 목구멍에서 소리를 내야한다.

j(지) : 우리말의 'ㅈ'처럼 발음한다.

q(치) : 우리말의 'ㅊ'처럼 발음한다.

x(시) : 우리말의 'ㅅ'혹은 'ㅆ'과 비슷하게 소리를 낸다.

zh(즈) : 우리말에 해당하는 발음이 없는데, 혀끝을 말아 올려 발음하므로 권설음이라 하며, 혀가 천장에 닿지 않은 상태에서 'ㅈ'소리를 낸다.

ch(츠) : 위와 같이, 혀를 말아 올린 상태에서 'ㅊ'발음을 한다.

sh(스) : 마찬가지로 혀를 말아 올린 상태에서 'ㅅ'소리를 낸다.

r(르) : 역시 우리말에 해당하는 발음이 없으며, 혀를 입천장에 가까이 대어 틈을 만 들고, 그 틈 사이로 'ㄹ'과 비슷한 마찰음을 낸다.

z(쯔) : 혀를 윗니와 아랫니에 대었다 떼며 우리말의 'ㅉ'처럼

발음한다.

c(츠) : 우리말의 '츠'과는 다른 소리인데, 'z'을 발음할 때와 같이 혀를 윗니와 아랫니에 대었다 떼며 '츠'소리를 낸다.

s(쓰) : 우리말의 'ㅅ'혹은 'ㅆ'처럼 발음한다.

성 모 표			
순 음	b	p	m	f
설치음	z	c	s	
설첨음	d	t	n	l
설근음	g	k	h	
설면음	j	q	x	
권설음	zh	ch	sh	r

위의 성모들은 단독으로는 쓰일 수 없으며, 운모와 결합해야만 완전한 발음이 될 수 있다.

11

2. 운모(韵母)

우리말의 모음에 해당하는 것으로 성모를 제외한 나머지 부분을 말한다.

1) 단운모

a : 입을 크게 벌린 상태에서 '아'소리를 길게 낸다.
o : 둥근 입모 양으로 '오'와 '아'의 중간소리를 낸다.
e : 입을 벌리고 '으어'소리를 낸다.
i : 입 모양을 좌우로 길게 하여 '이'소리를 낸다.
u : 입술을 둥글게 오므려 앞으로 내밀며 '우'소리를 낸다.
ü : '우'와 같은 입 모양으로 '위'소리를 내는데, 처음부터 끝까지 입 모양이 그대로여야 한다. ('위'로 시작하여 '이'로 끝나면 안 된다.)
er : 혀끝을 말아 혀끝이 천장에 닿지 않게 하여 '얼'소리를 낸다.

2) 결합운모

'a'와 결합 :　　　ai (아이)
　　　　　　　　　ao (아오)
　　　　　　　　　an (안)
　　　　　　　　　ang (앙)

'o'와 결합 :　　　ou (오우-)
　　　　　　　　　ong (-옹-)

'e'와 결합 :   ei (에이)
             en (언)
             eng (엉)

'i'와 결합 : 성모가 없이 'i'로 음절이 시작 될 때는 다음과 같이 변한다.

-ia ⇒ ya (야)
-iao ⇒ yao (야오)
-ie ⇒ ye (예)
-iu ⇒ you (요우)
-ian ⇒ yan (옌)
-in ⇒ yin (인)
-iang ⇒ yang (양)
-ing ⇒ ying (잉)
-iong ⇒ yong (용)

'u'와 결합 : 성모가 없이 'u'로 음절이 시작될 때는 다음과 같이 변한다.

-ua ⇒ wa (와)
-uo ⇒ wo (워)
-uai ⇒ wai (와이)
-ui ⇒ wei (웨이)
-uan ⇒ wan (완)
-un ⇒ wen (원)
-uang ⇒ wang (왕)
-ueng ⇒ weng (웡)

한어병음

한어병음

'ü'와 결합 : 성모가 없이 'ü'로 음절이 시작될 때는 다음과 같이 변한다.

üe ⇒ yue (위에)
ün ⇒ yun (윈)
üan ⇒ yuan (위엔)

3. 성조

중국어의 특징 중의 하나가 바로 성조인데, 각 음절의 고유한 음의 높낮이를 말한다. 이 성조 때문에 중국어를 들으면 마치 노래를 하는 것처럼 들리기도 한다.

성조표기는 주요모음 'a, o, e, i, u, ü' 위에 표기하는데, 둘 이상의 주요모음이 있을 때는 'a, o, e'순으로 표기한다. 'i'와 'u'가 함께 있으면 뒤에 오는 모음에 표시하며 'i'에 성조를 표기할 때는 점을 생략하고 점의 자리에 성조를 표기한다.

제 1성 : 남녀의 음색에 차이가 있지만, 대체로 '솔'에 해당하는 음으로 평평하고 길게 소리낸다. ('ㅡ'로 표기한다)

제 2성 : 아래에서 위로 올리듯이 소리낸다. ('/'로 표기한다)

제 3성 : 내려왔다가 다시 올려주는 소리이다. ('∨'로 표기한다)

제 4성 : 위에서 아래로 강하고 짧게 소리낸다. ('\'로 표기한다)

경 성 : 본래 경성인 것도 있고 자기 성조가 있음에도 상황에 따라 경성으로 변한 것도 있으며 성조표기를 하지 않는다.

성조의 변화

1) 一
    ① 단독으로 쓰일 때, 단어 혹은 문장의 끝에 놓일 때는 1성으로 발음한다.
    ② 4성 앞에서는 2성으로 발음한다.
    ③ 1성, 2성, 3성 앞에서는 4성으로 발음한다.

2) 不
    본래 4성이나, 4성 앞에서는 2성으로 발음한다.

3) 3성+2성
    앞의 3성은 반(半)3성으로 발음하는데, 내려주는 부분만 발음하고 올려주는 부분에 뒤의 2성을 그대로 이어서 올려준다.
    (∨ + / ⇒ \ ⸪ + /)

4) 3성+1성, 3성+4성
    앞의 3성은 반(半)3성으로 발음하는데, 내려주는 부분만 발음하고 이어서 그 뒤의 성조를 이어준다.
    (∨ + ─ ⇒ \ ⸪ + ─, ∨ + \ ⇒ \ ⸪ + \)

5) 3성+3성 :
    앞의 3성을 2성으로 발음한다.
    (∨ + ∨ ⇒ ⸫ / + ∨)

중국어에 대해 간략히 설명하였으나, 문장을 직접 대하면 더욱 확실히 익힐 수 있다.
또한 중국어는 형태변화가 없기 때문에 어순(语顺)이 대단히 중요하다.

Unit 02
질문과 응답표현

1) 평서문의 끝에 의문조사 吗(ma)를 붙이면 의문문이 된다.

A : 당신은 한국인입니까?
你是韩国人吗?
nǐ shì hán guó rén ma
니 스 한궈런마

B : 나는 한국인입니다.
我是韩国人。
wǒ shì hán guó rén
워 스 한궈런

A : 시장에 가세요?
你去市场吗?
nǐ qù shì chǎng ma
니 취 스창마

B : 예, 당신도 시장에 가나요?
是, 你也去市场吗?
shì nǐ yě qù shì chǎng ma
스, 니예 취 스창마

2) '긍정 + 부정'의 형식으로 정반의문문을 만든다.

```
A : 당신은 중국인십니까?

   你是不是中国人?
   nǐ shì bu shì zhōng guó rén
   니 스부스 쭝궈런

B : 나는 중국인이 아닙니다.

   我不是中国人。
   wǒ bú shì zhōng guó rén
   워 부스 쭝궈런
```

```
A : 식사 하셨어요?

   你吃饭了没有?
   nǐ chī fàn le méi yǒu
   니 츠 판러 메이요

   你吃饭了吗?
   nǐ chī fàn le ma
   니 츠판러마

B : 아직 안 먹었어요.

   还没有。
   hái méi yǒu
   하이 메이요우

   * 还(hái) : 아직. 과거의 부정은 没有(méiyǒu). (有(yǒu)는 생략 가능)
```

3) 의문사 谁(shéi / 누구), 哪 (nǎ / 어느) 등을 넣어 의문문을 만든다.

```
A : 어디 가세요?

   你去哪儿?
   nǐ qù nǎ r
   니 취 날

B : 식당에 가요.

   我去食堂。
   wǒ qù shí táng
   워 취 스탕
```

질문과 응답표현

A : 이건 누구의 것이지요?

这是谁的?
zhè shì shéi de
쩌 스 세이더

B : 그건 내 거예요.

那是我的。
nà shì wǒ de
나 스 워더

A : 당신은 어느나라 사람입니까?

你是哪国人?
nǐ shì nǎ guó rén
니 스 나궈런

B : 저는 미국인입니다.

我是美国人。
wǒ shì měi guó rén
워 스 메이궈런

PART 1

인사에 관한 표현

평상시 만났을 때의 인사
처음 만났을 때의 인사
오랜만에 만났을 때
헤어질 때의 인사
감사
사과
소개하기
축원
초대 · 환영

인사

Unit 01
평상시 만났을 때의 인사

■ 안녕하세요?

你好?
nǐ hǎo
니 하오

* 가장 흔하고 일상적인 인사로, 시간·장소·신분 등에 관계없이 쓸 수 있다. 일반적으로 이에 대한 대답으로는 똑같이 '你好(nǐhǎo)?'라고 하면 된다.

A : 안녕하세요?

你好?
nǐ hǎo
니 하오

B : 안녕하세요?

你好?
nǐ hǎo
니 하오

■ 안녕하십니까?

您好!
nín hǎo
닌 하오

* 您(nín)은 你(nǐ)의 敬称이다.

■ 여러분, 안녕하세요?

大家好!
dà jiā hǎo
따쟈 하오

20

A : 안녕하세요?

你好吗?
nǐ hǎo ma
니 하오마

B : 예, 고마워요, 당신은요?

我很好，谢谢，你呢?
wǒ hěn hǎo xiè xie nǐ ne
워 헌 하오 씨에시에 니너

A : 저도 잘 지내요.

我也很好。
wǒ yě hěn hǎo
워예 헌 하오

■ 안녕하세요? (아침인사)

早!
zǎo
짜오

早安!
zǎo ān
짜오 안

早上好!
zǎo shang hǎo
자오상 하오

* 굳이 번역을 하자면 「안녕히 주무셨어요?」라고 할 수 있다.

■ 건강하시지요?

你身体好吗?
nǐ shēn tǐ hǎo ma
니 션티 하오마

■ 식사 하셨어요?

你吃饭了没有?
nǐ chī fàn le méi yǒu
니 츠 판러 메이요

평상시 만났을 때의 인사

인사

你吃饭了吗?
nǐ chī fàn le ma
니 츠판러마

* 우리말에도 「식사 하셨어요?」라는 인사가 있는 것과 같다.

■ 저녁 드셨어요?

你吃了晚饭吗?
nǐ chī le wǎn fàn ma
니 츠러 완판마

■ 안녕하세요? (저녁인사)

晚上好!
wǎn shang hǎo
완상 하오

■ 안녕히 주무세요.

晚安!
wǎn ān
완안

Unit 02
처음 만났을 때의 인사

■ 처음 뵙겠습니다.

初次见面。
chū cì jiàn miàn
츄츠 지엔미엔

A : 안녕하세요, 처음 뵙겠습니다.

你好，初次见面。
nǐ hǎo　chū cì jiàn miàn
니하오　츄츠 지엔미엔

B : 처음 뵙겠습니다.

初次见面。
chū cì jiàn miàn
츄츠 지엔미엔

■ 당신을 알게 되어 기쁩니다.

认识你很高兴。
rèn shi nǐ hěn gāo xing
런스 니 헌 까오씽

A : 당신을 알게 되어 기쁩니다.

认识你很高兴。
rèn shi nǐ hěn gāo xing
런스 니 헌 까오씽

B : 저도 당신을 알게 되어 기쁩니다.

我也认识你，很高兴。
wǒ yě rèn shi nǐ　hěn gāo xing
워예 런스니　헌 까오씽

* 처음 만났을 때만 쓸 수 있는 초면인사로, '사람을 안다'는 표현은 '认识(rènshi)'라고 해야 한다.

인사

知道와 认识의 차이

일반적으로 知道(zhīdào)는 어떤 사실이나 일(사건)등에 사용하며, 认识(rènshi)는 대상이 사람이나 글자, 길 등일 때 사용한다.

(认识人，认识字，认识路)
rèn shi rén　rèn shi zì　rèn shi lù

나는 그를 알아요. : 我认识他。(○)
　　　　　　　　　　wǒ rèn shi tā
　　　　　　　　　　워 런스 타

나를 아세요? : 你认识我吗?(○)　你知道我吗? (×)
　　　　　　　nǐ rèn shi wǒ ma　　nǐ zhī dào wǒ ma
　　　　　　　니 런스 워마　　　　니 즈다오 워마

나는 그가 누구인지 알아요. : 我知道他是谁。(○)
　　　　　　　　　　　　　　wǒ zhī dào tā shì shéi
　　　　　　　　　　　　　　워 즈다오 타 스 셰이

인사를 나누어 아는 사람인 경우에는 认识를 써야 하지만, 잘 알려진 사람에게는 知道를 쓸 수도 있다.

我知道他。 나는 그를 알아. (他가 많이 알려진 사람일 경우)
wǒ zhī dào tā
워 즈다오 타

谁不知道你啊？ 누가 너를 모르겠니? (누구든지 다 너를 안다.)
shéi bù zhī dào nǐ a
셰이 뿌즈다오 니아

■ 알게 되어 반갑습니다. 잘 부탁드립니다.

认识你很高兴， 请多多关照。
rèn shi nǐ hěn gāo xìng　　qǐng duō duo guānzhào
런스니 헌까오싱　　　　　칭 뒤둬 꽌자오

■ 말씀 많이 들었어요.

久仰久仰。
jiǔ yǎng jiǔ yǎng
지우양 지우양

■ 저는 진작부터 당신을 알고 싶었습니다.

我很早就希望能认识您。
wǒ hěn zǎo jiù xī wàng néng rèn shi nín
워 헌 자오지우 씨왕 넝 런스 닌

24

■ 존함은 익히 들었습니다.

您的大名早有所问。
nín de dà míng zǎo yǒu suǒ wèn
닌더 따밍 자오 요우 쉬원

■ 당신을 알게 되어 영광입니다.

有机会认识你，真是荣幸。
yǒu jī huì rèn shi nǐ zhēn shì róngxìng
요우 지후이 런스 니   쩐 스 롱씽

■ 진작에 당신을 만나고 싶었어요.

我早就想见见你。
wǒ zǎo jiù xiǎng jiàn jian nǐ
워 자오지우 샹 지엔지엔 니

■ 죄송하지만, 제가 성함을 제대로 못 들었습니다.

很抱歉，我没听清楚您的大名。
hěn bào qiàn   wǒ méi tīng qīng chǔ nín de dà míng
헌 빠오치엔   워 메이 팅 칭츄 닌더 따밍

* '抱歉(bàoqiàn)'은 '죄송하다'의 뜻으로 '对不起(duìbùqǐ)'보다 정중한 표현이다.

没听清楚 제대로 못 들었다 ↔ 听清楚了 똑똑히 들었다
méi tīngqīngch ī   tīngqīngchu le

    A : 만나서 기뻐요.

        见到你很高兴。
        jiàn dào nǐ hěn gāo xìng
        지엔따오 니 헌 까오씽

    B : 저도 당신을 만나서 기쁩니다.

        我也见到你，很高兴。
        wǒ yě jiàn dào nǐ hěn gāo xìng
        워예 지엔따오 니   헌 까오씽

■ 성함을 남겨(말씀해) 주십시오.

请留下您的姓名。
qǐng liú xià nín de xìngmíng
칭 리우샤 닌더 씽밍

처음 만났을 때의 인사

인사

■ 이것이 제 명함입니다.

这是我的名片。
zhè shì wǒ de míngpiàn
쩌스 워더 밍피엔

■ 우린 한 번 만난 적이 있는 것 같아요.

我们好像见过一次。
wǒ men hǎo xiàng jiàn guò yí cì
워먼 하오샹 지엔궈 이츠

＊好象(hǎoxiàng)~ : ~인 것 같다

 好像

① 추측을 나타낸다. (~인 것 같다)

我好像感冒了。 나 감기에 걸린 것 같아.
wǒ hǎo xiàng gǎn mào le

他好象不在家。 그는 집에 없는 것 같아.
tā hǎo xiàng bù zài jiā

② 비유를 나타낸다. (~처럼)

今天好像夏天似的热。 오늘은 마치 여름처럼 더워.
jīn tiān hǎo xiàng xià tiān sì de rè

她好像她妈妈似的漂亮。 그녀는 자기 엄마처럼 예뻐요.
tā hǎo xiàng tā mā mā sì de piàoliang

■ 성씨가 어떻게 되나요?

你姓什么?
nǐ xìng shén me
니 씽 션머

＊ 예의가 바른 표현은 아니므로 연장자에게는 사용하지 않는다.

■ 내 성은 이입니다.

我姓李。
wǒ xìng lǐ
워 씽 리

처음 만났을 때의 인사

A : 성함이 어떻게 되십니까?

请问，您怎么称呼？
qǐng wèn　　nín zěn me chēng hū
칭원　　　　닌 쩐머 청후

* 请问(qǐngwèn) : 잠깐 여쭙겠습니다

B : 저는 이은혜라고 합니다.

我叫李恩惠。
wǒ jiào lǐ ēn huì
워 쟈오 리 언후이

■ 네 이름이 뭐니?

你叫什么名字？
nǐ jiào shén me míng zi
니 쟈오 션머 밍즈

* 또래 사이, 혹은 손아래 사람에게 이름을 묻는 형태이므로 연장자에게는 사용하지 않는다.

A : 이름이 뭐니?

你叫什么名字？
nǐ jiào shén me míng zi
니 쟈오 션머 밍즈

B : 내 이름은 김현미야.

我叫金贤美。
wǒ jiào jīn xián měi
워 쟈오 찐 씨엔메이

■ 성씨가 어떻게 되세요?

您贵姓？
nín guì xìng
닌 꾸이싱

■ 저는 김씨인데, 당신은 성씨가 어떻게 되시지요?

我姓金，您贵姓？
wǒ xìng jīn　　nín guì xìng
워씽찐　　　　닌 꾸이씽

인사

- 저는 김가입니다.

    免贵姓金。
    miǎn guì xìng jīn
    미엔꾸이씽 찐
    * 자기를 낮추는 표현이다.

- 많은 가르침 부탁합니다.

    请多多指教。
    qǐng duō duo zhǐ jiào
    칭 뚸둬 즈자오
    * 请(qǐng)은 상대방에게 어떤 일을 부탁하거나 권할 때 쓰는 敬语이다.

Unit 03
오랜만에 만났을 때

■ 어떻게 지내세요?

你过得怎么样?
nǐ guò de zěn me yàng
니 꿔더 쩐머양

■ 덕분에 잘 지내고 있습니다, 당신은요?

托您的福很好，你呢?
tuō nín de fú hěn hǎo   nǐ ne
퉈닌더푸 헌 하오   니너

A : 오랜만입니다.

好久不见。
hǎo jiǔ bú jiàn
하오지우 부지엔

B : 오랜만입니다.

好久不见。
hǎo jiǔ bú jiàn
하오지우 부지엔

■ 일은 바쁘시고요?

工作忙吗?
gōng zuò máng ma
꿍쭤 망마

工作忙不忙?
gōng zuò máng bu máng
꿍쭤 망부망

인사

■ 별일 없으시지요?

没什么事吧?
méi shén me shì ba
메이 션머 스바

A : 요즘 어떻게 지내세요?

最近过日子怎么样?
zuì jìn guò rì zi zěn me yàng
쭈이진 꿔 르즈 쩐머양

B : 여전히 그래요.

还是老样子。
hái shì lǎo yàng zǐ
하이스 라오양즈

■ 가족은 모두 안녕하시지요?

你家里人都好吧?
nǐ jiā lǐ rén dōu hǎo ba
니 쟈리런 또우 하오바

A : 가족 모두 안녕 하신가요?

你家人都好吗?
nǐ jiā rén dōu hǎo ma
니 쟈런 또우 하오마

B : 모두 잘 있어요, 감사합니다.

都很好，谢谢。
dōu hěn hǎo   xiè xie
또우 헌 하오   씨에시에

■ 부인께서는 안녕 하신가요?

您的夫人好吗?
nín de fū rén hǎo ma
닌더 푸런 하오마

你太太好吗?
nǐ tài tai hǎo ma
니 타이타이 하오마

■ 아이들도 잘 지내나요?
你孩子们也都过得好吗？
nǐ hái zǐ men yě dōu guò de hǎo ma
니 하이즈면예 또우 꿔더 하오마

■ 제 대신 안부 전해 주세요.
请替我向好。
qǐng tì wǒ xiàng hǎo
칭 티 워 샹 하오

■ 당신 가족들에게 안부 전해 주십시오.
请替我问你家人好。
qǐng tì wǒ wèn nǐ jiā rén hǎo
칭 티 워 원 니 쟈런 하오

*替(tì) : ~를 대신하다

■ 그 사람도 당신께 안부 전해 달라고 했어요.
他也让我问你好。
tā yě ràng wǒ wèn nǐ hǎo
타예 랑워 원니 하오

■ 제 대신 그들에게 안부 전해주십시오.
请你替我问候他们。
qǐng nǐ tì wǒ wèn hòu tā men
칭 니 티워 원허우 타먼

A : 사업은 여전히 잘 되시지요?
事业还顺利吧？
shì yè hái shùn lì ba
스예 하이 슌리바

B : 덕분에 만사가 순조롭습니다.
托您的福，万事顺利。
tuō nín de fú   wàn shì shùn lì
퉈 닌더 푸   완스 슌리

*托福 : 덕을 입다. 托您的福 : 당신 덕분에
  tuō fú   tuō nín de fú

오랜만에 만났을 때

인사

Unit 04
헤어질 때의 인사

■ 안녕히 가세요.

再见!
zài jiàn
짜이지엔

A : 안녕히 가세요.

再见!
zài jiàn
짜이지엔

B : 잘 가.

再见!
zài jiàn
짜이지엔

■ 이따 봐요! (잠시 후에 봐요)

回头见!
huí tóu jiàn
훼이 토우 지엔

■ 나중에 다시 만나자.

以后再见吧。
yǐ hòu zài jiàn ba
이허우 짜이지엔바

■ 다음에 (또) 봅시다!

下次(再)见!
xià cì zài jiàn
샤츠(짜이)지엔

헤어질의 인사

A : 내일 봅시다!
明天见!
míng tiān jiàn
밍티엔 지엔

B : 내일 만나요!
明天再见!
míng tiān zài jiàn
밍티엔 짜이지엔

■ 살펴 가십시오.
慢走。
màn zǒu
만 조우

■ 폐를 끼쳤네요.
麻烦你了。
má fan nǐ le
마판 니러

A : 배웅하실 것 없어요. 나오시지 마세요.
不送, 不送。请留步。
bú sòng　　bú sòng　　qǐng liú bù
부쏭　　부쏭　　칭 리우뿌

B : 멀리 안 나갈게요.
我不送你了。
wǒ bú sòng nǐ le
워 부쏭 니러

■ 역까지 바래다 드릴게요.
我送你到车站吧。
wǒ sòng nǐ dào chē zhàn ba
워 쏭니 따오 쳐짠바

인사

- 나오지 마세요.

  别送！别送！
  bié sòng　bié sòng
  비에 쏭　비에 쏭!

- 나오지 말고 계세요.

  不要送，请留步。
  bú yào sòng　qǐng liú bù
  부아오 쏭　칭 리우뿌

- 몸을 잘 돌보십시오.

  请多多保重。
  qǐng duō duo bǎo zhòng
  칭 뛰둬 바오쭝

- 수고하셨어요.

  辛苦了。
  xīn kǔ le
  씬쿠러

- 여러분 수고했어요.

  你们辛苦了。
  nǐ men xīn kǔ le
  니먼 씬쿠러

  A : 폐를 끼쳤습니다.

  给你添麻烦了。
  gěi nǐ tiān má fan le
  게이니 티엔 마판러

  B : 별 말씀을요.

  哪儿的话呢。
  nǎ r de huà ne
  날더 화너

헤어질의 인사

■ 다음에 또 오십시오.

欢迎下次再来。
huānyíng xià cì zài lái
환잉 샤츠 짜이라이

■ 나중에 다시 만날 수 있기를 바랍니다.

我希望以后有机会再见。
wǒ xī wàng yǐ hòu yǒu jī huì zài jiàn
워 씨왕 이허우 요우 지후이 짜이지엔

■ 먼저 가겠습니다.

我先走了。
wǒ xiān zǒu le
워 씨엔 조우러

■ 앞으로 시간 있으면 자주 오십시오.

以后有时间，请常来。
yǐ hòu yǒu shí jiān   qǐng cháng lái
이허우 요우 스지엔   칭창 라이

■ 우리 여기서 작별인사 합시다.

我们在这里道别吧。
wǒ men zài zhè lǐ dào bié ba
워먼 짜이 쩌리 따오비에바

＊道别(dàobié) : 작별 인사를 하다

■ 늦었네요, 가야겠어요.

天不早了，我要告辞了。
tiān bù zǎo le   wǒ yào gào cí le
티엔 뿌자오러   워 야오 까오츠러

■ 별 일 없으면, 저는 이만 가보겠습니다.

没什么事，我就告辞了。
méi shén me shì   wǒ jiù gào cí le
메이 션머 스   워 지우 까오츠러

인사

- 저 다음 달에 귀국해요.

 我下个月回国。
 wǒ xià ge yuè huí guó
 워 샤거위에 훼이궈

 * 중국어에서는 우리가 쓰는 '归国(guīguó)'가 아닌 '回国(huíguó)'라고 표현한다.

- 다음 주에 저는 한국으로 돌아가려고 해요.

 下个星期我要回韩国。
 xià ge xīng qī wǒ yào huí hán guó
 싸거 씽치 워 야오 훼이 한궈

- 당신들과 헤어지기가 아쉽네요.

 我舍不得离开你们。
 wǒ shè bu dé lí kāi nǐ men
 워 셔부더 리카이 니먼

 * 舍不得(shèbùdé) : 아쉽다, 섭섭하다

- 내일 귀국하신다면서요, 당신과 헤어지는 게 섭섭해요.

 听说你明天回国，我舍不得离开你。
 tīng shuō nǐ míng tiān huí guó   wǒ shè bu dé lí kāi nǐ
 팅숴, 니 밍티엔 훼이궈   워 셔부더 리카이 니

Unit 05
감사

■ 감사합니다.

谢谢。
xiè xie
씨에시에

谢谢你。
xiè xie nǐ
씨에시에 니

谢谢您。
xiè xie nín
씨에시에 닌

  A : 감사합니다.
  谢谢。
  xiè xie
  씨에시에

  B : 뭘요.
  不客气。
  bú kè qi
  부커치

■ 너무 고마워.

太谢谢你了。
tài xiè xie nǐ le
타이 씨에시에 니러

* 太(tài)~了(le) : '太'는 '了'와 호응하여 '너무 ~하다'라는 의미가 된다.

37

인사

■ 이렇게 도와줘서 고마워요.
谢谢你这样帮我。
xiè xie nǐ zhè yàng bāng wǒ
씨에시에니 쩌양 빵 워

■ 당신의 도움에 감사드립니다.
谢谢您的帮助。
xiè xie nín de bāng zhù
씨에시에 닌더 빵쮸

■ 도와줘서 고마워.
谢谢帮我的忙。
xiè xie bāng wǒ de máng
씨에시에 빵 워더 망

A : 대단히 감사합니다.
多谢，多谢。
duō xiè　duō xiè
뚸씨에　뚸씨에

B : 별말씀을 다 하시네요.
你太客气了。
nǐ tài kè qi le
니 타이커치러

■ 지도해 주셔서 감사합니다.
谢谢您的指教。
xiè xie nín de zhǐ jiào
씨에시에 닌더 즈쟈오

■ 어떻게 감사드려야 할지 모르겠군요.
不知该怎样谢谢你。
bù zhī gāi zěn yàng xiè xie nǐ
뿌즈 까이 쩐양 씨에시에 니

■ 저는 영원히 당신의 호의를 잊을 수 없어요.

我永远忘不了你的好意。
wǒ yǒngyuǎnwàng bu liǎo nǐ de hǎo yì
워 용웬 왕부랴오 니더 하오이

* ~不了(bùliǎo) : ~할 수 없다

 동사 + 不了 ↔ 동사 + 得了

동사 + 不了: ~할 수 없다 ↔ 동사 + 得了: ~할 수 있다

吃不了 먹을 수 없다 ↔ 吃得了 먹을 수 있다
chī bu liǎo　　　　　　　　　chī de liǎo

受不了 참을 수 없다 ↔ 受得了 참을 수 있다
shòu bu liǎo　　　　　　　　shòu de liǎo

做不了 (일을)할 수 없다 ↔ (일을) 做得了 할 수 있다
zuò bu liǎo　　　　　　　　　　　　　zuò de liǎo

我真受不了。 난 정말 참을 수 없어.
wǒ zhēnshòu bu liǎo

■ 도와 주셔서 대단히 감사합니다.

非常感谢你的帮助。
fēi cháng gǎn xiè nǐ de bāng zhù
페이창 깐씨에 니더 빵쮸

■ 그렇게 말씀해 주시니, 감사합니다.

你这么说，太感谢了。
nǐ zhè me shuō　　tài gǎn xiè le
니 쩌머 쉬　　　　타이 깐씨에러

■ 선생님, 감사합니다.

谢谢，老师。
xiè xie　　lǎo shī
씨에시에　　라오스

인사

- 나를 위로해 줘서 고마워.

  谢谢你安慰我。
  xiè xie nǐ ān wèi wǒ
  씨에시에 니 안웨이 워

- 나에게 용기를 줘서 고마워.

  谢谢你鼓励我。
  xiè xie nǐ gǔ lì wǒ
  씨에시에 니 구리 워

- 그동안 나를 도와 줘서 정말 고마워.

  谢谢，你这段时间帮我的忙。
  xiè xie nǐ zhè duàn shí jiān bāng wǒ de máng
  씨에시에 니 쩌똰 스지엔 빵워더망

- 알려줘서 고마워.

  谢谢你告诉我。
  xiè xie nǐ gào su wǒ
  씨에시에 니 까오쑤 워

- 진심으로 감사합니다.

  真的感谢你。
  zhēn de gǎn xiè nǐ
  쩐더 깐씨에 니

- 당신 덕분이에요, 고맙습니다.

  托你的福，谢谢。
  tuō nǐ de fú xiè xie
  퉈 니더푸 씨에시에

- 고맙습니다, 이게 모두 여러분의 공로입니다.

  谢谢，这都是你们的功劳。
  xiè xie zhè dōu shì nǐ men de gōng láo
  씨에시에 쩌 또우스 니먼더 꽁라오

■ 너무 고마워요, 다음에 식사 대접할게요.
太感谢了，下次我请你吃饭。
tài gǎn xiè le　　xià cì wǒ qǐng nǐ chī fàn
타이 깐씨에러　　사츠 워 칭니 츠판

감사에 대한 응답

■ 뭘요.
不客气。
bú kè qì
부커치

■ 고맙긴요.
不谢。
bú xiè
부씨에

不用谢。
bú yòng xiè
부용 씨에

■ 괜찮아요.
没关系。
méi guān xi
메이 꽌씨

■ 괜찮아요.
不要紧。
bú yào jǐn
부야오진

■ 뭘요.
没什么。
méi shén me
메이 션머

감사

인사

- 괜찮아요.

  没事儿。
  méi shì r
  메이 셜

- 별 말씀을. / 천만에요.

  哪里哪里。
  nǎ lǐ nǎ lǐ
  나리나리

- 뭘요, 괜찮아요.

  别客气。
  bié kè qi
  비에커치

  不要客气。
  bú yào kè qi
  부야오 커치

Unit 06
사과

■ 미안합니다.
对不起。
dùi bu qǐ
뚜이부치

A : 미안합니다.
对不起。
dùi bu qǐ
뚜이부치

B : 괜찮아요.
没关系。
méi guān xi
메이꽌시

■ 죄송합니다.
很抱歉。
hěn bào qiàn
헌 빠오치엔

■ 미안해, 내가 잘못했어.
对不起，我错了。
dùi bu qǐ   wǒ cuò le
뚜이부치   워 춰러

■ 용서해 주십시오.
请原谅我。
qǐng yuánliàng wǒ
칭 위엔량 워

인사

■ 정말 미안해.

实在对不起。
shí zài duì bu qǐ
스짜이 뚜이부치

A : 늦어서 미안해.

对不起，来晚了。
duì bu qǐ　　lái wǎn le
뚜이부치　　라이 완러

B : 아니야, 넌 제 시간에 왔어, 겨우 3분 늦었는걸.

没有，你按时到了，只不过晚了三分钟。
méi yǒu　　nǐ àn shí dào le　　zhǐ bú guò wǎn le sān fēn zhōng
메이요　　니 안스 따오러　　즈부꿔 완러 싼펀즁

■ 정말 미안해.

真不好意思。
zhēn bù hǎo yì si
쩐 뿌하오 이쓰

■ 죄송합니다, 기다리시게 했네요.

很抱歉，让您受等了。
hěn bào qiàn　　ràng nín shòuděng le
헌 빠오치엔　　랑닌 쇼우 떵러

■ 폐를 끼쳐 미안합니다.

对不起，打扰您了。
duì bu qǐ　　dǎ ráo nín le
뚜이부치　　따라오 닌러

■ 제 잘못이에요, 정말 죄송합니다.

我错了，真抱歉。
wǒ cuò le　　zhēn bào qiàn
워 춰러　　쩐 빠오치엔

사과

■ 죄송합니다, 오래 기다리시게 했네요.

抱歉抱歉，让你久等了。
bào qiàn bào qiàn　ràng nǐ jiǔ děng le
빠오치엔 빠오치엔　랑니 지우 떵러

　A : 늦게 와서 정말 미안합니다.

　来晚了，真对不起。
　lái wǎn le　zhēn duì bu qǐ
　라이 완러　쩐 뚜이부치

　B : 괜찮습니다, 저도 방금 왔어요.

　没关系，我也刚刚到的。
　méi guān xi　wǒ yě gānggang dào de
　메이꽌시　워예 깡깡따오더

■ 모두 내 탓입니다.

都怪我。
dōu guài wǒ
또우 꽈이 워

■ 정말 미안합니다만, 고의는 아닙니다.

真对不起，不过我不是故意的。
zhēn duì bu qǐ　bú guò wǒ bú shì gù yì de
쩐 뚜이부치　부꿔 워 부스 꾸이더

■ 미안합니다, 제가 (당신을) 다른 사람으로 착각했어요.

不好意思，我认错人了。
bù hǎo yì si　wǒ rèn cuò rén le
뿌하오 이쓰　워 런춰런러

■ 제 사과를 받아주십시오.

请接受我的歉意。
qǐng jiē shòu wǒ de qiàn yì
칭 지에쇼우 워더 치엔이

45

인사

- 나는 그런 뜻이 아니에요.
  # 我不是那样的意思。
  wǒ bú shì nà yàng de yì si
  워 부스 나양더 이쓰

- 모두 내가 잘 못한 거야.
  # 这都是我做得不好。
  zhè dōu shì wǒ zuò de bù hǎo
  쩌 또우스 워 쭈더 뿌하오

- 제 부주의였어요.
  # 这是我没注意。
  zhè shì wǒ méi zhù yì
  쩌 스 워 메이 쥬이

- 깊이 유감의 뜻을 표합니다.
  # 我深致歉意。
  wǒ shēn zhì qiàn yì
  워 션즈 치엔이

- 당신께 사과드립니다.
  # 我给你赔个不是。
  wǒ gěi nǐ péi ge bú shì
  워 게이니 페이거 부스

Unit 07
소개하기

소개하기

자기 자신을 소개할 때

■ 먼저 제 소개를 좀 하겠습니다.
先自我介绍一下。
xiān zì wǒ jiè shào yí xià
씨엔 쯔 워 지에샤오이싸

■ 제 소개를 좀 하겠습니다.
我介绍一下自己。
wǒ jiè shào yí xià zì jǐ
워 지에샤오 이싸 쯔지

■ 제가 소개 좀 할게요.
我来介绍一下。
wǒ lái jiè shào yí xià
워 라이 지에샤오 이싸

■ 저는 김현미라고 합니다.
我叫金贤美。
wǒ jiào jīn xián měi
워 쟈오 찐 씨엔메이

■ 저는 홍길동이라고 합니다.
我叫洪吉童。
wǒ jiào hóng jí tóng
워 쟈오 홍지통

47

인사

다른 사람을 소개할 때

- 이 분은 무역 일에 종사하는 이선생이십니다.
  这位是李先生，他从事贸易工作。
  zhè wèi shì lǐ xiānshēng tā cóng shì mào yì gōng zuò
  쩌웨이 스 리셴성   타 총스 마오이꿍쭤

- 이 분은 새로 오신 박진 선생이십니다.
  这位是新来的朴珍先生。
  zhè wèi shì xīn lái de piáo zhēn xiānshēng
  쩌웨이 스 씬라이더 퍄오쩐 셴성

- 이 분은 저희 상해지사의 지사장이십니다.
  这位是我们上海分公司的总经理。
  zhè wèi shì wǒ men shàng haǐ fēn gōng sī de zǒng jing lǐ
  쩌웨이 스 워먼 상하이 펀꿍쓰더 쫑징리

- 이 분은 우리 회사의 이 부장님이십니다.
  这位是我们公司的李部长。
  zhè wèi shì wǒ men gōng sī de lǐ bù zhǎng
  쩌 웨이 스 워먼 꿍쓰더 리 뿌장

- 제 상사이신 김 과장님을 좀 소개하겠습니다.
  给你介绍一下，我的上司金课长。
  gěi nǐ jiè shào yí xià wǒ de shàng sī jīn kè zhǎng
  게이 니 지에샤오 이싸   워더 상쓰 찐 커장

- 한국기업에서 일하는 제 남편입니다.
  这是我先生，在韩国企业上班。
  zhè shì wǒ xiānshēng zài hán guó qǐ yè shàng bān
  쩌스 워 셴성   짜이 한궈 치예 상빤

- 이 사람은 한국인인 김문희입니다.
  这个人是金文姬，是韩国人。
  zhè ge rén shì jīn wén jī shì hán guó rén
  쩌거런 스 찐원지   스 한궈런

소개하기

■ 이 사람은 제 직장 동료입니다.
这个人是我的同事。
zhè ge rén shì wǒ de tóng shì
쪄거런 스 워더 퉁스

■ 제 동료인 강선생입니다.
这是我同事，姜先生。
zhè shì wǒ tóng shì   jiāng xiān shēng
쪄스 워 퉁스   쟝센셩

■ 이 쪽은 중국인인 이소청이야.
这边是李素青，是中国人。
zhè biān shì lǐ sù qīng   shì zhōng guó rén
쪄비엔 스 리쑤칭   스 쭝궈런

두 사람을 서로 소개할 때

나이 차가 있는 사람을 소개할 경우에 어린 사람을 나이 든 사람에게 먼저 소개하며, 남녀를 소개할 때는 남자를 여자에게 소개한 후에 여자를 남자에게 소개한다.

■ 제가 두 분을 소개하겠습니다.
我来介绍两位。
wǒ lái jiè shào liǎng wèi
워 라이 지에사오 량웨이

■ 이분은 김선생, 이분은 왕선생입니다.
这位是金先生，这位是王先生。
zhè wèi shì jīn xiān shēng   zhè wèi shì wáng xiān shēng
쪄웨이 스 찐센셩   나웨이 스 왕센셩

＊先生(xiānshēng) : 문화적 수준이 높은 사람들에 대한 일반적인 호칭이다.
　先生 ≠ 老师(lǎoshī)

49

인사

- 이 분은 김청이고, 이분은 왕롱이십니다.

  这位是金请，这位是王荣。
  zhè wèi shì jīn qǐng zhè wèi shì wángróng
  쩌웨이 스 찐칭   쩌웨이 스 왕롱

- 서로 인사 나누시지요.

  你们互相认识一下吧。
  nǐ men hù xiāng rèn shi yí xià ba
  니먼 후샹 런스 이씨아바

- 두 분이 서로 인사 나누셨습니까?

  你们俩打过招呼了吗?
  nǐ men liǎ dǎ guò zhāo hū le ma
  니먼 랴 따궈 쟈오후러마

  打招呼(dǎzhāohū) : (가볍게) 인사하다

- 우리 좋은 친구가 되었으면 합니다.

  希望我们成为好朋友。
  xī wàng wǒ men chéng wéi hǎo péng you
  씨왕 워먼 청웨이 하오 펑요우

Unit 08
축원

- 새해 복 많이 받으세요.

  新年好!
  xīn nián hǎo
  씬니엔 하오

  过年好!
  guò nián hǎo
  꿔니엔 하오

  新年快乐!
  xīn nián kuài lè
  씬니엔 콰이러

  元旦快乐!
  yuán dàn kuài lè
  위엔딴 콰이러

  * 元旦(yuándàn) : 양력 1월1일

- 새해 복많이 받으십시오.

  恭喜新年。
  gōng xǐ xīn nián
  꽁씨 씬니엔

  贺喜新年。
  hè xǐ xīn nián
  허씨 씬니엔

- 새해 인사드립니다.

  给您拜年了。
  gěi nín bài nián le
  게이 닌 빠이 니엔러

51

인사

- 축하합니다.

  祝贺你。
  zhù hè nǐ
  쮸허 니

  恭喜恭喜!
  gōng xǐ gōng xǐ
  꽁씨 꽁씨

  恭喜你们。
  gōng xǐ nǐ men
  꽁씨 니먼

- 주님의 가호가 있기를 빕니다.

  愿主保佑你。
  yuàn zhǔ bǎo yòu nǐ
  위엔쥬 빠오 요우 니

- 건강하시기를 빕니다.

  祝你身体健康!
  zhù nǐ shēn tǐ jiàn kāng
  쮸 니 션티 지엔캉

- 행복하시기를 빕니다.

  祝你们生活幸福!
  zhù nǐ men shēng huó xìng fú
  쮸 니먼 셩훠 씽푸

  祝你幸福!
  zhù nǐ xìng fú
  쮸 니 씽푸

- 백년해로하시기를 빕니다.

  祝你们白头偕老。
  zhù nǐ men bái tóu xié lǎo
  쮸 니먼 바이토우 씨에라오

- 만사형통 하시기를 빕니다.

  祝你万事如意!
  zhù nǐ wàn shì rú yì
  쮸니 완스 루이

축원

- 속히 건강을 회복하시기 바랍니다.

  祝你早日恢复健康。
  zhù nǐ zǎo rì huī fù jiàn kāng
  쮸 니 자오르 후이푸 지엔캉

  希望你早日康复。
  xī wàng nǐ zǎo rì kāng fù
  씨왕 니 자오르 캉푸

- 성공을 빌겠습니다.

  祝你成功。
  zhù nǐ chénggōng
  쮸니 쳥꿍

- 부자 되세요.

  恭喜发财!
  gōng xǐ fā cái
  꿍시 파차이

  祝你发大财!
  zhù nǐ fā dà cái
  쮸 니 파따차이

- 승진을 축하합니다.

  祝贺你升职。
  zhù hè nǐ shēng zhí
  쮸허 니 셩즈

- 저도 축하드립니다.

  同喜，同喜!
  tóng xǐ   tóng xǐ
  퉁씨   퉁씨

- 생일을 축하합니다.

  祝你生日快乐。
  zhù nǐ shēng rì kuài lè
  쮸니 셩르 콰이러

- 즐거운 여행이 되시기를 빕니다.

  祝你旅途愉快!
  zhù nǐ lǚ tú yú kuài
  쮸 니 뤼투 위콰이

53

인사

■ 하루 속히 성공하십시오.

马到成功!
mǎ dào chénggōng
마따오 청꿍

■ 사업이 성공하시기를 바랍니다.

祝你生意兴隆!
zhù nǐ shēng yì xīnglóng
쮸 니 셩이 씽롱

■ 좋은 직장 찾은 것을 축하합니다.

恭喜你找到了好工作。
gōng xǐ nǐ zhǎo dào le hǎo gōng zuò
꿍씨 니 자오따오러 하오꿍쭤

■ 두 분 영원히 행복하세요(행복하시길 빕니다).

祝你们永远幸福。
zhù nǐ men yǒngyuǎn xìng fú
쮸 니먼 용위엔 씽푸

■ 졸업을 축하합니다.

恭喜你毕业了。
gōng xǐ nǐ bì yè le
꿍씨 니 삐예러

■ 개업을 축하하며 발전을 기원합니다.

祝你开业大吉。
zhù nǐ kāi yè dà jí
쮸 니 카이예 따지

■ 먼 길 안녕히 다녀오세요.

一路平安!
yī lù píng ān
이루 핑안

축원

- 행운이 있기를!

  祝你好运。
  zhù nǐ hǎo yùn
  쮸니 하오윈

- 하시는 일 순조롭기를 바랍니다.

  祝你工作顺利!
  zhù nǐ gōng zuò shùn lì
  쮸 니 꿍쭤 슌리

- 저의 마음으로부터의 축복을 받아주십시오.

  请接受我诚恳的祝福。
  qǐng jiē shòu wǒ chéng kěn de zhù fú
  칭 지에쇼우 워 쳥컨더 쮸푸

- 대학교에 합격한 것을 축하합니다.

  祝你考上大学!
  zhù nǐ kǎo shàng dà xué
  쮸니 카오샹 따쉐

인사

Unit 09
초대 · 환영

- 어서 오십시오.
    欢迎光临!
    huān yíng guāng lín
    환잉 꽝린
    * 주로 상점(영업하는 곳)에서 많이 쓰는 표현이다.

- 어서 오세요.
    你来了。
    nǐ lái le
    니 라이러

- (안으로) 드십시오.
    请进。
    qǐng jìn
    칭찐

- 앉으십시오.
    请坐!
    qǐng zuò
    칭쭤

- 와 주셔서 감사합니다.
    谢谢您的光临。
    xiè xie nín de guāng lín
    씨에시에 닌더 꽝린

- 편하게 앉으십시오.
    请随便坐。
    qǐng suí biàn zuò
    칭 수이비엔 쭤

■ 사양하지 마세요.

不要客气。
bú yào kè qi
부야오 커치

别客气。
bié kè qi
비에 커치

你别客气。
nǐ bié kè qi
니 비에 커치

■ 너무 예의를 차리시네요.

您太客气了。
nín tài kè qi le
닌 타이 커치러

■ 사양치 마시고, 편하게 내 집이라 여기세요.

别客气，你就当自己的家。
bié kè qi nǐ jiù dāng zì jǐ de jiā
비에 커치 니 지우 땅 쯔지더 자

A : 저희 집에 오신 것을 환영합니다.

欢迎您来我家做客。
huānyíng nín lái wǒ jiā zuò kè
환잉 닌 라이 워자 쭤커

B : 초대 해주셔서 영광입니다.

我很荣幸能够接到你的邀请。
wǒ hěn róngxìng néng gòu jiē dào nǐ de yāoqǐng
워 헌 롱씽 넝꺼우 지에따오 니더 야오칭

■ 입사를 환영합니다.

欢迎你进我们的公司。
huānyíng nǐ jìn wǒ men de gōng sī
환잉 니 찐 워먼더 꽁쓰

초대 · 환영

인사

- 함께 일하게 되어 반갑습니다.

  真高兴跟你一起工作。
  zhēn gāo xìng gēn nǐ yì qǐ gōng zuò
  쩐 까오씽 껀니 이치 꿍쭤

- 중국에 오신 것을 환영합니다.

  欢迎您来中国访问。
  huānyíng nín lái zhōng guó fǎng wèn
  환잉 닌 라이 쭝궈 팡원

- 한국에 오신 것을 환영합니다.

  欢迎您来韩国访问。
  huānyíng nín lái hán guó fǎng wèn
  환잉 닌 라이 한궈 라이

- 박수로 환영합니다.

  我们鼓掌欢迎。
  wǒ men gǔ zhǎng huānyíng
  워먼 구쨩 환잉

- 오늘저녁 환영파티를 엽시다.

  今晚，我们举办欢迎晚会吧。
  jīn wǎn wǒ men jǔ bàn huānyíng wǎn huì ba
  찐완 워먼 쥐빤 환잉 완후이바

PART 2

대화에 관한 표현

사람을 부를 때
말을 걸 때
의견표현
맞장구 칠 때
되물음
말이 막힐 때
화제를 바꿀 때
차이를 나타낼 때
선택에 대한 표현
소유를 나타낼 때
허가를 나타낼 때
명령과 금지
제안과 권유
충고와 조언
부탁·도움을 주고받을 때

대화

Unit 01
사람을 부를 때

예전에는 모두 **同志**(tóngzhì)로 호칭했으나, 개방 이후 약간의 변화가 있다. 그러나 일부에서는 아직도 상호간에 우호적이며 연대감을 나타내는 표현으로 **同志**(tóngzhì)를 쓰기도 한다.

남자에 대한 호칭

나이가 많은 남자에 대해서는 연배에 따라 **大爷**(dàyé), **大叔**(dàshu), **老人家**(lǎorénjiā), **老同志**(lǎotóngzhì), 혹은 **老先生**(lǎoxiānsheng) 등으로 호칭한다.

■ 할아버지, 앉으세요.

老先生，请坐。
lǎo xiānsheng　qǐng zuò
라오 셴셩　　칭쭤

■ 김선생, 보시기에 어떻습니까?

金先生，您看怎么样?
jīn xiānsheng　nín kàn zěn me yàng
찐셴셩　　　　닌 칸 쩐머양

＊ 비즈니스에서는 주로 先生(xiānsheng)을 사용한다.

■ 이군, 어디 가나?

小李，你去哪儿?
xiǎo lǐ　nǐ qù nǎ r
샤오리　니 취 날

＊ 친근한 사이에는 상대방의 성에 小(xiǎo)나 老(lǎo)를 붙여 부른다.

■ 장형, 식사했어요?

老张，你吃饭了没有?
lǎo zhāng　nǐ chī fàn le méi yǒu
라오짱　　니 츠판러 메이요

여자에 대한 호칭

나이 많은 아주머니에게는 나이 뻘에 따라 阿姨(āyí)나 老大娘(lǎodàniáng), 大妈(dàmā / 큰엄마뻘의 나이), 大娘(dàniáng / 큰엄마뻘의 아주머니), 大婶(dàshēn / 숙모뻘 나이의 아주머니) 등으로 호칭하며, 자기보다 나이가 많은 여자에게는 大姐(dàjiě)라 불러도 무방하다. 하지만 이런 호칭들은 우리말로 옮기기에는 애매한 점이 있다.

■ 저기요, 이 근처에 슈퍼마켓이 있습니까?

请问大姐，这附近有超市吗?
qǐng wèn dà jiě　zhè fù jìn yǒu chāo shì ma
칭원 따지에　쩌푸찐 요우 차오스 마

＊ 超市(chāoshì) : 슈퍼마켓, 超级市场(chāojíshìchǎng)의 준말

■ 저기요, 정류장이 어디 있습니까?

请问大娘，车站在哪儿?
qǐng wèn dà niáng　chē zhàn zài nǎ 'r
칭원 따냥　쳐짠 짜이 날

■ 아주머니, 이 근처에 공중전화가 있습니까?

阿姨，这附近有公用电话吗?
ā yí　zhè fù jìn yǒu gōngyòngdiàn huà ma
아이　쩌푸찐 요우 꿍융띠엔화마

■ 저기요, 차표를 어디서 삽니까?

请问大妈，在哪儿买车票?
qǐng wèn dà mā　zài nǎ 'r mǎi chē piào
칭원 따마　짜이 날 마이 쳐 파오

그 외의 호칭

전문가들에게는 师(shī)자를 붙여서 厨师(chúshī / 요리사), '裁缝师(zuìféngshī / 재봉사) 등으로 부르며, 일반적으로 师傅(shīfù)로 통한다. 국가기관, 공무원, 사무실 등에서는 同志(tóngzhì)라는 호칭을 많이 쓴다. 동문 남자 선배에게는 师兄(shīxiōng), 学兄(xuéxiōng) / 师哥(shīgē), 大哥(dàgē / 동기생 중에서 나이가 가장 많은 남자에게도 사용), 여자 선배에게는 师姐(shījiě), 学姐(xuéjiě), 남자 후배에게는 师弟(shīdì), 学弟(xuédì), 여자 후배에게는 师妹(shīmèi), 学妹(xuémèi)라 칭한다.

사람을 부를 때

61

대화

■ 김선배, 내일 몇 시에 수업이 끝나세요?

金师兄，你明天几点下课？
jīn shī xiōng　nǐ míng tiān jǐ diǎn xià kè
찐스슝　　　니 밍티엔 지디엔 샤커

■ 임선배, 내일 수업 있어요?

林师姐，你明天有课吗？
lín shī jiě　nǐ míng tiān yǒu kè ma
린 스지에　니 밍티엔 요우 커마

■ 종업원, 쇠고기 국수 주세요.

服务员，我要吃牛肉面。
fú wù yuán　wǒ yào chī niú ròu miàn
푸우위엔　워 야오 츠 니우로우미엔

* 식당 같은 곳에서는 손님이 남녀 종업원 모두에게 服务员(fúwùyuán)이라 부를 수 있다.

■ 뭘 드시겠습니까?

先生，您要吃什么？
xiānshēng　nín yào chī shén me
셴셩　　　닌 야오 츠 션머

* 또한 종업원은 손님들에게 先生(xiānshēng) 혹은 小姐(xiǎojiě)라 칭한다.

■ 또 다른 것을 원하십니까?

小姐，您还要什么？
xiǎo jiě　nín hái yào shén me
샤오제　닌 하이야오 션머

■ 진선생님, 토요일엔 수업이 몇 시에 끝나시지요?

陈老师，星期六几点下课？
chén lǎo shī　xīng qī liù jǐ diǎn xià kè
천 라오스　씽치리우 지디엔 샤커

* 그 외에는 그냥 이름을 부르거나, 姓 뒤에 직책을 붙여서 부르면 된다.

■ 기사양반, 좀 빨리 갑시다.

司机先生，快点儿吧。
sī jī xiānsheng　kuàidiǎn r ba
쓰지셴셩　　　콰이디알바

Unit 02 말을 걸 때

- 말씀 좀 묻겠습니다.

    请问。
    qǐng wèn
    칭원

- 수고하십니다.

    劳驾。
    láo jià
    라오쟈

- 시간 있습니까?

    请问，你有没有时间?
    qǐng wèn nǐ yǒu méi yǒu shí jiān
    칭원   니 요메이요 스지엔

- 이야기를 좀 나누고 싶은데, 괜찮으세요?

    我想和你谈一谈，可以吗?
    wǒ xiǎng hé nǐ tán yi tán   kě yǐ ma
    워 샹 허니 탄이탄   커이마

- 드릴 말씀이 있습니다.

    我有话跟你说。
    wǒ yǒu huà gēn nǐ shuō
    워 요우 화 껀니 쉬

- 우리 둘이 얘기 좀 나눕시다.

    我们俩谈谈，好不好?
    wǒ men liǎ tán tan   hǎo bu hǎo
    워먼 랴 탄탄   하오 부 하오

대화

Unit 03
의견표현

자기 의견 나타내기

■ 이렇게 하면 어떨까?
这样做怎么样?
zhè yàng zuò zěn me yàng
쩌양쭤 쩐머양

■ 이렇게 했으면 좋겠어.
就这么办好了。
jiù zhè me bàn hǎo le
지우 쩌머 빤 하오러

■ 그럴 리가 없어.
不会吧。
bú huì ba
부후이바

■ 나는 그럴 리가 없다고 생각해.
我想不会的。
wǒ xiǎng bú huì de
워샹 부후이더

■ 그건 절대 불가능한 거야.
那是决不可能的。
nà shì jué bù kě néng de
나 스 쮀 뿌커넝더

64

■ 좋아, 이렇게 하자.
好，就这样吧。
hǎo   jiù zhè yàng ba
하오   지우 쩌양바

■ 솔직히 말하면 나도 모르겠어.
说实话呢，我也不知道。
shuō shí huà ne   wǒ yě bù zhī dào
쉬 스화너   워예 뿌즈다오

■ 난 뭐라 말할 수 없어.
我说不定。
wǒ shuō bu dìng
워 쉬 부 띵

＊说不定 : 단어하기가 어렵다

■ 정말 그래.
真是这样(这是真的)。
zhēn shì zhè yàng
쩐스 쩌양   (쩐 스 쩐더)

■ 그럼 다시 생각해 볼게.
那我再想想。
nà wǒ zài xiǎngxiang
나 워 짜이 상샹

■ 내 생각도 너와 똑같아.
我的感觉和你一样。
wǒ de gǎn jué hé nǐ yí yàng
워더 깐줴 허니 이양

■ 저도 단언하기 어렵네요.
我也说不好。
wǒ yě shuō bu hǎo
워예 쉬부하오

＊说不好 : 단언하기 어렵다, 단정할 수 없다

의견표현

대화

■ 그 방법이 좋다고는 할 수 없어.
那个方法不算好。
nà ge fāng fǎ bu suàn hǎo
나거 팡파 부쏸 하오

■ 이 방법이 나쁘다고는 할 수 없어.
这个方法不算坏。
zhè ge fāng fǎ bu suàn huài
쩌거 팡파 부쏸 화이

상대방의 의견을 묻기

■ 네가 생각하기엔 어때?
你觉得怎么样?
nǐ jué dé zěn me yàng
니 줴더 쩐머양

■ 당신이 보기에 어때요?
你看怎么样?
nǐ kàn zěn me yàng
니칸 쩐머양

■ 어떻게 생각해?
你想怎么样?
nǐ xiǎng zěn me yàng
니샹 쩐머양

■ 좋은지 아닌지 말해봐.
你说好不好。
nǐ shuō hǎo bu hǎo
니 숴 하오부하오

■ 이 일을 어떻게 해결하는 것이 옳다고 생각해?

你想这件事怎么解决才对?
nǐ xiǎng zhè jiàn shì zen me jiě jué cái duì
니샹 쩌지엔 스 쩐머 지에줴 차이 뚜이

■ 다들 정말 그렇게 생각해요?

你真的那么想吗?
nǐ zhēn de nà me xiǎng ma
니 쩐더 나머 샹마

■ 무슨 좋은 생각이 있어?

有没有什么好主意?
yǒu méi yǒu shén me hǎo zhǔ yì
요메이요 션머 하오 쥬이

■ 그게 정말 그런가요?

那真是那样吗?
nà zhēn shì nà yàng ma
나 쩐스 나양마

상대방의 의견에 대한 대답

■ 그것에 관해서 난 아무것도 몰라요.

关于那个我什么都不知道。
guān yú nà ge wǒ shén me dōu bù zhī dào
꽌위 나거 워 션머 또우 뿌즈다오

■ 난 그 일에 관해서는 몰라요.

关于那件事, 我不知道。
guān yú nà jiàn shì   wǒ bù zhī dào
꽌위 나지엔 스, 위 뿌즈다오

■ 그거 정말 어려운(골치 아픈) 문제야.

那真是难题。
nà zhēn shì nán tí
나 쩐스 난티

의견표현

67

대화

■ 좋으실 대로하십시오.
请随你的便。
qǐng suí nǐ de biàn
칭 수이 니더 비엔

■ 아무도 명확하게 말할 수 없어.
谁也说不清楚。
shéi yě shuō bu qīng chǔ
셰이 예 쉬부칭츄

谁都说不清楚。
shéi dōu shuō bu qīng chǔ
셰이또우 쉬부칭츄

■ 난 더 이상 얘기하지 않겠어.
我就不再谈下去了。
wǒ jiù bú zài tán xià qù le
워 지우 부짜이 탄샤취러

* 不再~了 : 더 이상 ~하지 않겠다

■ 나는 뭐라고 말하지 않겠어.
我不说什么了。
wǒ bù shuō shén me le
워 뿌쉬 선머러

* 不~了 : ~하지 않겠다

■ 피차 일반이야.
彼此彼此。
bǐ cǐ bǐ cǐ
비츠비츠

■ 그것 참 재미있구나.
那可有意思。
nà kě yǒu yì si
나 커 요우 이쓰

那真有意思。
nà zhēn yǒu yì si
나 쩐 요우 이쓰

- 그건 정말 쉽지가 않아.

  那真是不容易的。
  nà zhēn shì bù róng yì de
  나 쩐 스 뿌롱이더

- 그건 불가능한 거야.

  那是不可能的。
  nà shì bù kě néng de
  나 스 뿌커녕더

- 다시 말해도 소용없어.

  不用再说。
  bú yòng zài shuō
  부용 짜이 쉬

- 내가 뭐랬어?

  我说什么了?
  wǒ shuō shén me le
  워 쉬 션머러

- 생각났어.

  我想起来了。
  wǒ xiǎng qǐ lái le
  워 샹치라이러

- 잘 했어.

  干得不错。
  gàn de bú cuò
  깐더 부춰

- 그건 절대 안 돼.

  那绝对不行。
  nà jué duì bù xíng
  나 줴뚜이 뿌씽

의견표현

대화

■ 어떻게 말해야 좋을지 모르겠군요.
我不知道怎么说好。
wǒ bù zhī dào zěn me shuō hǎo
워 뿌즈다오 쩐머 쉬 하오

■ 말 나온 김에 바로 갑시다.
说去就去吧。
shuō qù jiù qù ba
쉬취 지우 취 바

＊说 A 就 A : A라는 말 나온 김에 바로 A하다

■ 말 나온 김에 바로 합시다.
说做就做吧。
shuō zuò jiù zuò ba
쉬쭤 지우 쭤 바

■ 생각하는 대로 말하세요.
想什么，就说什么。
xiǎng shén me　jiù shuō shén me
샹션머　지우 쉬 션머

■ 아무 문제없어요.
没什么问题。
méi shén me wèn tí
메이 션머 원티

■ 일이 벌써 이렇게 되었는데, 후회하면 무슨 소용 있어?
事情已经这样了，后悔有什么用？
shì qíng yǐ jīng zhè yàng le　hòu huǐ yǒu shén me yòng
스칭 이징 쩌양러　허우후이 요우 션머 융

■ 너의 말도 일리가 있어.
你的话也有道理。
nǐ de huà yě yǒu dào lǐ
니더 화 예 요우 따오리

의견표현

- 내가 보기에 이 일은 그리 어렵지 않아.

  我看这件事不太难。
  wǒ kàn zhè jiàn shì bú tài nán
  워 칸 쪄 지엔 스 부타이 난

- 맙소사!

  我的天啊!
  wǒ de tiān a
  워더 티엔 아

- 엄마야! (놀랐을 때)

  我的妈呀!
  wǒ de mā ya
  워더마야

- 그럼 그는 정말 보통 사람이 아니네(그는 대단한 사람이야).

  那他可不是个简单的人。
  nà tā kě bú shì ge jiǎn dān de rén
  나 타 커 부스거 지엔딴더 런

- 제가 오히려 민망합니다(부끄럽습니다).

  我反倒不好意思。
  wǒ fǎn dào bù hǎo yì si
  워 판따오 뿌하오이쓰

- 절대 아니야.

  绝对不是。
  jué duì bú shì
  쮀뚜이 부스

- 네가 먼저 말해.

  你先说吧。
  nǐ xiānshuō ba
  니 씨엔 쉬바

71

대화

- 정말 대단해.

  真不简单。
  zhēn bù jiǎn dān
  쩐 뿌지엔딴

- 내가 늘 이렇지는 않아.

  我不是一直这样。
  wǒ bú shì yì zhí zhè yàng
  워 부스 이즈 쩌양

- 난 이미 충분히 말을 했어. (할 말을 다했다는 뜻)

  我已经说够了。
  wǒ yǐ jīng shuō gòu le
  워 이징 쉬 꺼우러

- 말도 안 되는 소리하지 마.

  你别胡说八道。
  nǐ bié hú shuō bā dào
  니 비에 후쉬 빠다오

- 내가 보증해.

  我保证。
  wǒ bǎo zhèng
  워 바오쩡

- 자세히 봐.

  你仔细看。
  nǐ zǐ xì kàn
  니 쯔씨칸

- 그건 아주 중요한 일이야.

  那是很重要的事。
  nà shì hěn zhòng yào de shì
  나 스 헌 쯍야오더 스

의견표현

■ 말하자면 길어.

说来话长。
shuō lái huà cháng
쉬라이 화창

■ 난 좀 부담스러워.

我有点儿负担。
wǒ yǒu diǎn r fù dān
워 요우디알 푸딴

■ 나도 이상해.

我也奇怪。
wǒ yě qí guài
워예 치꽈이

A : 이상하네.

奇怪。
qí guài
치꽈이

B : 뭐가 이상한데?

奇怪什么?
qí guài shén me
치꽈이 션머

■ 당연히 불가능하지.

当然不可能。
dāng rán bù kě néng
땅란 부커넝

■ 그렇지 않으면 또 어쩔 수 있겠어?

要不然还能怎么办?
yào bù rán hái néng zěn me bàn
야오부란 하이넝 쩐머빤

* 要不然 : 그렇지 않으면

73

대화

- 그건 쉬워.

  那很容易。
  nà hěn róng yì
  나 헌 롱이

- 그건 간단해.

  那很简单。
  nà hěn jiǎn dān
  나 헌 지엔딴

- 너에게 무슨 방법이 있는데?

  你有什么办法?
  nǐ yǒu shén me bàn fǎ
  니 요우 션머 빤파

- 이렇게 하는 게 맞아?

  这样做对吗?
  zhè yàng zuò duì ma
  쩌양 쮜 뚜이마

- 방법이 없어요.

  没办法。
  méi bàn fǎ
  메이 빤파

  没法子。
  méi fǎ zǐ
  메이 파즈

- 어떻게 그런 일이 있을 수 있는지 말해봐.

  你说, 怎么能有那件事?
  nǐ shuō   zěn me néng yǒu nà jiàn shì
  니쉬   쩐머 넝요우 나지엔스

- 더 설명할 필요가 있어?

  还需要说明吗?
  hái xū yào shuōmíng ma
  하이 쉬야오 쉬밍마

의견표현

■ 날 보고 그에게 가서 물어 보라고?

让我去问他吗？
ràng wǒ qù wèn tā ma
랑워취 원타마

■ 다른 사람을 찾아보세요.

你找别人吧。
nǐ zhǎo bié rén ba
니 자오 비에런바

■ 내가 보기엔 너희 둘이 거기서 거기야.

我看，你们俩半斤八两。
wǒ kàn   nǐ men liǎ bàn jīn bā liǎng
워칸   니먼 랴 빤찐빠량

* 半斤八两 : 도토리 키재기, 피차일반

■ 내가 뭘 할 수 있겠어?

我能做什么？
wǒ néng zuò shén me
워 넝 쭤션머

■ 너 이 말, 잘못 말한 건 아니겠지?

你这句话，不会说错了吧？
nǐ zhè jù huà   bú huì shuō cuò le ba
니 쪄쥐화   부후이 숴춰러바

■ 내가 한 말은 모두 정말이야.

我说的都是真的。
wǒ shuō de dōu shì zhēn de
워숴더 또우스 쩐더

■ 내가 일부러 그런 게 아니야.

我不是故意的。
wǒ bú shì gù yì de
워 부스 꾸이더

75

대화

- 넌 상대를 잘못 찾았어.
  ### 你找错了对象。
  nǐ zhǎo cuò le duì xiàng
  니 자오취러 뚜이샹

- 나는 그에게 해를 입었어.
  ### 我受了他的害。
  wǒ shòu le tā de hài
  워 쇼우러 타더 하이

- 난 분명히 너에게 알렸어.
  ### 我一定告诉你了。
  wǒ yí dìng gào su nǐ le
  워 이딩 까오수 니러

- 너 나를 바보취급하지 마.
  ### 你别愚弄我。
  nǐ bié yú nòng wǒ
  니 비에 위농 워

- 너 함부로 추측하지 마.
  ### 你别瞎猜。
  nǐ bié xiā cāi
  니 비에 샤차이

  *瞎猜(xiācāi) : 엉터리로 추측하다

- 나를 속이지 마.
  ### 你别骗我。
  nǐ bié piàn wǒ
  니 비에 피엔 워

  ### 不要骗我。
  bú yào piàn wǒ
  부야오 피엔 워

- 난 그런 뜻이 아니야.
  ### 我不是那样的意思。
  wǒ bú shì nà yàng de yì sī
  워 부스 나양더 이쓰

의견표현

- 난 전혀 신경 쓰지 않아.

  我一点儿也不在乎。
  wǒ yì diǎn 'r yě bù zài hū
  워 이디알예 부짜이후

- 내 일에 참견하지 마.

  不要管我的事。
  bú yào guǎn wǒ de shì
  부야오 꽌 워더 스

- 난 절대 그런 말을 한 적이 없어.

  我可没说过那样的话。
  wǒ kě méi shuō guò nà yàng de huà
  워 커 메이 쉬궈 나양더 화

- 자기 자신을 믿으세요.

  你相信自己吧。
  nǐ xiāng xìn zì jǐ ba
  니 샹신 쯔지바

- 우리는 결코 실망하지 않았어.

  我们并没失望。
  wǒ men bìng méi shī wàng
  워먼 삥 메이 스왕

- 저는 당신을 위해 일을 하는 것이 기쁩니다.

  为您办事，我很高兴。
  wéi nín bàn shì   wǒ hěn gāo xìng
  웨이 닌 빤 스   워 헌 까오싱

- 저와 그는 이 문제에 대한 견해가 다릅니다.

  我和他对这个问题的看法不一样。
  wǒ hé tā duì zhè ge wèn tí de kàn fǎ bù yí yàng
  워 허 타 뚜이 쩌거 원티더 칸파 뿌이양

77

대화

A : 내가 보기에 당신들 두 사람은 마음이 안 맞는 것 같아요.
我看你们俩好像合不来。
wǒ kàn nǐ men liǎ hǎo xiàng hé bu lái
워칸 니먼 랴 하오샹 허부라이

B : (당신이) 잘못 봤어요, 우리는 손발이 척척 맞아요.
你看错了，我们合得来。
nǐ kàn cuò le　　wǒ men hé de lái
니 칸춰러　　워먼 랴 쉬더 라이

＊合得来(hédelái) : 마음이 맞다, 손발이 척척 맞다
↔ 合不来(hébùlái) : 마음이 안 맞다

■ 이는 분명히 위조한 것입니다.
这分明伪造的。
zhè fēn míng wěi zào de
쩌 펀밍 웨이자오더

■ 어떻게 알았어요?
你怎么知道的?
nǐ zěn me zhī dào de
니 쩐머 즈다오더

■ 당신은 어떻게 알아챘어요?
你怎么看出来了?
nǐ zěn me kàn chū lái le
니 쩐머 칸 츄라이러

看出来 : 알아차리다, 꿰뚫어 보다, 간파하다

■ 나는 분간해 낼 수 있어요.
我看得出来。
wǒ kàn dé chū lái
워 칸더 츄라이

看得出来 : 분간해 낼 수 있다, 보고 알아낼 수 있다 ↔ 看不出来 : 분간해 낼 수 없다

■ 이 일은 간단해.
这件事很简单。
zhè jiàn shì hěn jiǎn dān
쩌 지엔 스 헌 지엔딴

■ 네 마음대로 해.
随你的便。
suí nǐ de biàn
쑤이 니더 비엔

■ 난 말하고 싶지 않아.
我不想说。
wǒ bù xiǎng shuō
워 부샹 쉬

■ 대답하고 싶지 않아.
我不想回答。
wǒ bù xiǎng huí dá
워 뿌샹 훼이따

■ 돈만 있으면 방법은 있어.
只要有钱，就有办法。
zhǐ yào yǒu qián jiù yǒu bàn fǎ
즈아오 요우 치엔 지우 요우 빤파

■ 꼭 제시간에 도착해야 해.
一定要按时到达。
yí dìng yào àn shí dào dá
이딩 야오 안스 따오다

■ 네가 어떻게 말하든, 나는 개의치 않아.
你怎么说，我不在乎。
nǐ zěn me shuō wǒ bu zài hū
니 쩐머 쉬 워 부짜이후

■ 이미 다 끝났어.
已经都结束了。
yǐ jīng dōu jié shù le
이징 또우 지에수러

의견표현

대화

■ 어떤 사람은 이렇게 말하고, 어떤 사람은 저렇게 말해요.
有的人这样说，有的人那样说。
yǒu de rén zhè yàngshuō　yǒu de rén nà yàngshuō
요우더 런 쩌양 쉬　　요우더 런 나양 쉬

■ 넌 수완이 좋구나.
你很有办法。
nǐ hěn yǒu bàn fǎ
니 헌 요우 빤파

■ 너는 안목이 뛰어나구나.
你很有眼光。
nǐ hěn yǒu yǎn guāng
니 헌 요우 옌꽝

■ 내가 가진 방법은 다 써봤어.
我所有的办法都试过了。
wǒ suǒ yǒu de bàn fǎ dōu shì guò le
워 쉬요우더 빤파 또우 스궈러

■ 정말 방법이 없어.
真的没(有)办法。
zhēn de méi yǒu bàn fǎ
쩐더 메이(요우)빤파

■ 미안하지만, 좀 곤란한데요.
对不起，我有点儿不便。
duì bù qǐ　wǒ yǒudiǎn r bú biàn
뚜이부치　워 요우 디알 뿌비엔

＊有点儿 : 좀, 조금 (주로 부정적인 상황에서 사용)
　一点儿 : 좀, 조금 (주로 긍정적인 상황에서 사용)

■ 이 일은 너와 나 이외에는 아무도 몰라.
这件事，除了你和我以外，谁都不知道。
zhè jiàn shì　chú le nǐ hé wǒ yǐ wài　shéi dōu bù zhī dào
쩌지엔 스　츄러 니 허워 이와이　셰이 또우 뿌즈다오

■ 네가 말하지 않아도 난 알아맞힐 수 있어.

你不说，我也猜得出来。
nǐ bù shuō　　wǒ yě cāi de chū lái
니 뿌 쉬　　　워예 차이더 추라이

■ 네가 잘못한 게 아니면 내가 잘못한 거야.

不是你错，就是我错。
bú shì nǐ cuò　　jiù shì wǒ cuò
부스 니 춰　　　지우스 워 춰

＊不是 A，就是 B : A가 아니면 B이다. (둘 중 하나)

■ 잘못한 건 내가 아니라, 너야.

错的不是我，而是你。
cuò de bú shì wǒ　　ér shì nǐ
춰더 부스 워　　　　얼스 니

＊不是 A，而是B : A가 아니라 B이다

■ 결과는?

结果呢？
jié guǒ ne
지에궈너

■ 난 정말 이런 결과를 생각하지 못했어.

我真没想到这样的结果。
wǒ zhēn méi xiǎng dào zhè yàng de jié guǒ
워 쩐 메이 샹따오 쩌양더 지에궈

■ 나는 아직 그 사람을 만난 적이 없어.

我还没见过他。
wǒ hái méi jiàn guò tā
워 하이메이 지엔궈 타

■ 너는 그가 나쁘다고 하고, 그는 네가 나쁘다고 하니, 도대체 누가 나쁜 거야?

你说他不好，他说你不好，到底谁不好？
nǐ shuō tā bù hǎo　　tā shuō nǐ bù hǎo　　dào dǐ shéi bù hǎo
니쉬 타 뿌하오　　　타쉬 니 뿌하오　　　따오디 쉐이 뿌하오

81

대화

■ 나도 왜 그런지 (이유를) 모르겠어.

我也不知道为什么。
wǒ yě bù zhī dào wéi shén me
워예 뿌즈다오 웨이션머

■ 어디에 두었는지 생각이 나지 않아.

我想不出来放在哪儿。
wǒ xiǎng bù chū lái fàng zài nǎ r
워 샹부 츄라이 팡짜이 날

* 想不出来 : (아무리 생각하려 해도) 생각이 나지 않는다
  想不起来 : (갑자기, 언뜻) 생각이 나지 않는다

■ 이렇게 하면 되나요?

这样做，就行吗？
zhè yàng zuò　jiù xíng ma
쩌양 쭤　지우 씽마

■ 설마 이것이 가짜는 아니겠지?

难道这不是假的吗？
nán dào zhè bú shì jiǎ de ma
난따오 쩌 부스 쟈더마

* 难道 ~吗? : 설마 ~는 아니겠지?

■ 난 아무것도 몰라요.

我什么都不知道。
wǒ shén me dōu bù zhī dào
워 션머 또우 뿌즈다오

我什么也不知道。
wǒ shén me yě bù zhī dào
워 션머예 뿌즈다오

■ 이 일은 너만 말하지 않으면 그가 절대 알지 못할 거야.

这件事，只要你不说，他就不会知道。
zhè jiàn shì　zhǐ yào nǐ bù shuō　tā jiù bú huì zhī dào
쩌지엔 스　즈요우 니 뿌숴　타 지우 부후이 즈다오

* 只要 ~ 就 ~ : ~하기만 하면

■ 오직 너 혼자만 이 문제를 해결할 수 있어.

只有你一个人，才能解决这个问题。
zhǐ yǒu nǐ yí gè rén　　cái néng jiě jué zhè ge wèn tí
즈요우 니 이거런　　차이 넝 지에쮀 쩌거 원티

■ 이건 중요한 문제라 건성건성 지나칠 수 없어요.

这是个很重要的问题，不能马虎过去。
zhè shì ge hěn zhòng yào de wèn tí　　bù néng mǎ hū guò qù
쩌스거 헌 쯍야오더 원티　　뿌넝 마후 꿔취

■ 제발 날 더 이상 속이지 마라.

千万你不要再骗我。
qiān wàn nǐ bú yào zài piàn wǒ
치엔완 니 부야오 짜이 피엔워

＊再 : 아직 발생하지 않은 일에 대해 사용한다.
　又 : 이미 발생한 일에 대해 사용한다.

대화

Unit 04
맞장구 칠 때

긍정적인 맞장구

■ 네 말이 맞아.
你说得很对。
nǐ shuō de hěn duì
니 쉬더 헌 뚜이

■ 네 말이 맞아.
你说对了。
nǐ shuō duì le
니쉬 뚜이러

■ 맞는 말이에요.
你的话很对。
nǐ de huà hěn duì
니더 화 헌 뚜이

■ 지당하신 말씀이에요.
你的话对极了。
nǐ de huà duì jí le
니더 화 뚜이 지러

■ 당신 말이 지극히 옳아요.
你说得对极了。
nǐ shuō de duì jí le
니 쉬더 뚜이 지러

맞장구 칠 때

■ 그렇고 말고요. 지당하신 말씀입니다.

就是，就是。你的话很对。
jiù shì　　jiù shì　　nǐ de huà hěn duì
지우스　　지우스　　니더 화 헌 뚜이

■ 그러게요!

可不是嘛!
kě bú shì ma
커부스마

■ 당연하죠.

当然。
dāng rán
땅란

■ 그랬었군요.

原来是这样!
yuán lái shì zhè yàng
위엔라이 스 쩌양

■ 와, 너무 좋아요(신난다).

哇，太好了。
wā　　tài hǎo le
와　　타이 하오러

■ 너무 좋아(신난다)!

真棒阿!
zhēnbàng a
쩐빵 아

■ 그래요?

是吗?
shì ma
스마

85

대화

■ 정말(요)?

真的?
zhēn de
쩐더

■ 그건 말 할 나위도 없어요.

那不用说。
nà bú yòngshuō
나 부용 쉬

■ 알겠습니다.

明白了。
míng bái le
밍바이러

■ 좋아요.

好的。
hǎo de
하오더

* 是的(shìde), 好的(hǎode) 등 '的(de)'를 붙이면, 보다 확실한 话者의 의지를 나타낸다.

■ 너무 과분하십니다.

太过分了。
tài guò fēn le
타이 꿔펀러

* 过分 : 긍정적인 의미 : 과분하다
　　　　부정적인 의미 : (도가) 지나치다

■ 명심할게요.

我记住了。
wǒ jì zhù le
워 찌쮸러

■ 정말 그래.

真是这样。
zhēn shì zhè yàng
쩐스쩌양

- 대단하시네요!

  真了不起!
  zhēn liǎo bù qǐ
  쩐 랴오부치

- 나도 그렇게 생각해.

  我也那么想。
  wǒ yě nà me xiǎng
  워예 나머 샹

- 당연하지요.

  那当然。
  nà dāng rán
  나땅란

- 누가 아니래요?

  谁说不是呢?
  shéi shuō bú shì ne
  셰이 쉬 부스너

- 그렇다고 할 수 있지.

  可算是。
  kě suàn shì
  커쏸 스

- 아마 네 말이 맞을걸.

  也许你说得不错。
  yě xǔ nǐ shuō de bú cuò
  예쉬 니 쉬더 부춰

- 그것도 괜찮네요.

  那也不错。
  nà yě bú cuò
  나예 부춰

맞장구 칠 때

대화

부정적인 맞장구

- 천만의 말씀.

  哪儿的话呢。
  nǎ r de huà ne
  날더화너

- 안 돼요.

  不行。
  bù xíng
  뿌씽

  不可以。
  bù kě yǐ
  뿌 커이

- 절대 아니에요.

  绝对不是。
  jué duì bú shì
  줴뚜이 부스

- 그럴 리가 없어.

  不会吧。
  bú huì ba
  부후이바

- 어떻게 그럴 수가 있어?

  怎么可能?
  zěn me kě néng
  쩐머 커넝

- 그건 옳지 않은 것 같아.

  那好像不对。
  nà hǎo xiàng bú duì
  나 하오샹 부뚜이

■ 그게 뭐가 대단하다고!
那有什么了不起的!
nà yǒu shén me liǎo bù qǐ de
나 요우 션머 랴오부치더

■ 그건 별거 아니야.
那没什么了不起。
nà méi shén me liǎo bù qǐ
나 메이션머 랴오부치

■ 절대 안 돼.
绝对不行。
jué duì bù xíng
줴뚜이 뿌씽

■ 그럼 하는 수 없지.
那没办法。
nà méi bàn fǎ
나 메이 빤파

■ 헛소리 마.
别胡说。
bié hú shuō
비에 후숴

■ 무슨 말이 하고 싶은데?
你想说什么话?
nǐ xiǎng shuō shén me huà
니샹 숴 션머화

맞장구 칠 때

89

대화

 중국의 명절

新年(元旦) xīn nián yuán gàn	양력 1월 1일
春节 chūn jié	음력 1월 1일
元宵节 yuánxiāo jié	음력 1월 15일
清明节 qīngmíng jié	음력 2월 21일
端午节 duān wǔ jié	음력 5월 5일
中秋节 zhōng qiū jié	음력 8월 15일
重阳节 zhòngyáng jié	음력 9월 9일

* 우리는 추석을 仲秋节이라고 쓰지만, 중국에서는 仲秋节, 中秋节 두 가지 모두 사용한다.

Unit 05
되물음

■ 뭐라고?

什么?
shén me
션머

■ 무슨 소리야?

你说什么?
nǐ shuō shén me
니 쉬 션머

■ 다시 한 번 말씀해 주십시오.

请再说一次吧。
qǐng zài shuō yí cì ba
칭 짜이 쉬 이츠바

　　A : 다시 한 번 말해줄 수 있어?

能不能再说一遍?
néng bu néng zài shuō yí biàn
넝부넝 짜이 쉬 이비엔

　　B : 그럼 다시 한 번 말할게.

那我再说一遍。
nà wǒ zài shuō yí biàn
나 워 짜이쉬 이비엔

遍과 次

遍 : 번, 회
biàn
　동작을 셀 때 쓰며, 처음부터 끝까지의 완전한 과정을 말한다.

次 : 번, 회
cì
　반복적으로 발생한 일을 세거나 반복된 횟수를 셀 때 쓴다.

　책을 처음부터 끝까지 3번 읽은 것을 나타낼 때는 三次(sāncì)라 하지 않고 三遍(sānbiàn)이라 한다.

■ 방금 뭐라고 하셨지요?

你刚才说什么了?
nǐ gāng cái shuō shén me le
니 깡차이 쉬 션머러

Unit 06
말이 막힐 때

- 음…

  恩…?
  ēn
  언

- 그러니까 내 말은…

  恩，我的意思是…
  ēn   wǒ de yì si shì
  언, 워더 이쓰 스

- 실은…

  其实是…
  qí shí shì
  치스 스

- 뭐라고 말해야 할지…

  真不知该怎么说…
  zhēn bù zhī gāi zěn me shuō
  쩐 뿌즈 까이 쩐머 쉬

  怎么说呢…
  zěn me shuō ne
  쩐머 쉬 너

- 뭐라고 해야 좋을지 모르겠어.

  不知道该说些什么才好。
  bù zhī dào gāi shuō xiē shén me cái hǎo
  뿌 즈 까이 쉬씨에 션머 차이 하오

93

Unit 07
화제를 바꿀 때

■ 우리 화제를 바꾸어 얘기하자.
我们换个话题谈吧。
wǒ men huàn ge huà tí tán ba
워먼 환거 화티 탄바

■ 우리 방금 어디까지 얘기했지?
我们刚才说到哪儿了?
wǒ men gāng cái shuō dào nǎ r le
워먼 깡차이 쉬따오 날러

■ 어이! 뭘 생각하고 있어?
嘿! 你在想什么?
hēi nǐ zài xiǎng shén me
헤이 니 짜이 샹 션머

* 嘿(hēi) : 남을 부르거나 주의를 환기시킬 때 쓰는 표현
在(zài) : ~하고 있다(동작의 진행)

■ 내가 여러 번 불렀는데, 안 들렸어?
我叫你几次, 没听见吗?
wǒ jiào nǐ jǐ cì   méi tīng jiàn ma
워 쟈오 니 지츠   메이 팅지엔마

■ 네 차례야.
该你了。
gāi nǐ le
까이 니러

* 该~ : ① 마땅히 ~해야 한다 ② ~차례이다

94

■ 무슨 좋은 일이라도 있어?

有什么好事吗?
yǒu shén me hǎo shì ma
요우션머 하오스마

■ 오늘 무슨 중요한 일이라도 있어?

今天有什么重要的事吗?
jīn tiān yǒu shén me zhòng yào de shì ma
찐티엔 요우션머 쯍야오더 스마

■ 뭘 그렇게 멍하게 있어?

你发什么呆?
nǐ fā shén me dāi
니 파 션머 따이

■ 아, 드디어 생각났어.

啊, 可想起来了。
ā kě xiǎng qǐ lái le
아   커 샹치라이러

■ 뭐가 그렇게 기뻐?

什么事那么高兴?
shén me shì nà me gāo xìng
션머 스 나머 까오싱

* 高兴 / 愉快 / 快乐 ↔ 不高兴
  gāo xìng   yú kuài   kuài lè   bù gāo xìng

■ 너 안색이 안 좋아 보여.

我看你气色不好。
wǒ kàn nǐ qì sè bù hǎo
워칸 니 치써 뿌하오

■ 너 (어디가) 불편하니?

你不舒服吗?
nǐ bù shū fú ma
니 뿌수푸마

화제를 바꿀 때

95

대화

- (누구) 계세요?

  有人在吗?
  yǒu rén zài ma
  요우런 짜이마

  * 남의 집이나 가게에 들어섰을 때 사람이 보이지 않으면 하는 말이다.

- 어떻게 된 일이야?

  怎么回事儿?
  zěn me huí shì r
  쩐머 훼이셜

- 다음에 다시 얘기합시다.

  下次再谈吧。
  xià cì zài tán ba
  쌰츠 짜이 탄바

- 다른 날 다시 찾아뵐게요.

  我改天再来拜访。
  wǒ gǎi tiān zài lái bài fǎng
  워 까이티엔 짜이 라이 빠이팡

  * 改天 : 후일, 다른 날

- 바쁘세요?

  你忙不忙?
  nǐ máng bù máng
  니 망부망

  你忙吗?
  nǐ máng ma
  니 망마

- 지금 무슨 일로 바쁘세요?

  你现在忙什么?
  nǐ xiàn zài máng shén me
  니 씨엔짜이 망 션머

- 잠시 실례해요, 곧 돌아올게요.

  失陪一下，马上回来。
  shī péi yí xià mǎ shàng huí lái
  스페이 이샤   마샹 훼이라이

■ 저녁식사 후에 우리 함께 산책할까?
晚饭以后，我们一起散散步，好吗?
wǎn fàn yǐ hòu　　wǒ men yì qǐ sàn san bù　　hǎo ma
완판 이허우　　워먼 이치 싼산부　　하오마

■ 뭘 봐요?
你看什么?
nǐ kàn shén me
니 칸 션머

■ 무슨 일이에요?
什么事儿?
shén me shì r
션머 설

■ 너 얼마 안 있으면 결혼한다면서?
听说，不久你结婚。
tīng shuō　　bù jiǔ nǐ jié hūn
팅숴　　뿌지우 니 지에훈

■ 너 미국에 가려고 한다면서?
听说你要去美国。
tīng shuō nǐ yào qù měi guó
팅숴 니 야오 취 메이궈

화제를 바꿀 때

대화

Unit 08
차이를 나타낼 때

■ 무슨 차이가 있어요?

有什么区别?
yǒu shén me qū bié
요우 션머 취비에

■ 같아요.

一样。
yí yàng
이양

■ 달라요.

不一样。
bù yí yàng
뿌이양

■ 완전히 달라.

完全不一样。
wánquán bù yí yàng
완췐 뿌이양

■ 거의 같아.

差不多一样。
chà bu duō yí yàng
차부뚸 이양

■ 완전히 똑같아.

完全一样。
wánquán yí yàng
완췐 이양

■ 듣는 것은 보는 것만 못해.

耳闻不如目见。
ěr wèn bù rú mù jiàn
얼원 뿌 주 무지엔

■ 조금도 같지 않아(전혀 달라).

一点儿也不同。
yī diǎn r yě bù tóng
이디알 부 뿌퉁

■ 엇비슷해.

差不多少。
chà bu duō shǎo
차부 뛰사오

■ 크게 다르지 않아.

差不多。
chà bu duō
차부뛰

■ 차이가 많아.

差得多。
chà de duō
차더뛰

* 差不多 ↔ 差得多

■ 조금 차이가 나요.

差一点儿。
chà yì diǎn r
차 이디알

■ 이 두 개는 거의 비슷해.

这两个差不多一样。
zhè liǎng gè chà bu duō yí yàng
쩌 량거 챠부뛰 이양

차이를 나타낼 때

대화

■ 이 두 개는 완전히 똑같아요.

这两个完全一样。
zhè liǎng gè wánquán yí yàng
쩌 량거 완첸 이양

■ 하나도 닮지 않았어요.

一点儿也不像。
yì diǎn r yě bú xiàng
이디알예 부샹

* 也(yě) : ~도

■ 보아하니, 이것들은 별로 차이가 없네요.

看起来，这些没什么差别。
kàn qǐ lái   zhè xiē méi shén me chà bié
칸치라이   쩌씨에 메이 션머 차비에

* 看起来(kànqǐlái) : 보아하니

■ 나도 마찬가지야.

我也一样。
wǒ yě yí yàng
워예 이양

■ 내 생각도 너와 똑같아.

我的感觉和你一样。
wǒ de gǎn jué hé nǐ yí yàng
워더 깐줴 허니 이양

Unit 09 선택에 대한 표현

■ 넌 내일 가니, 아니면 모레 가니?

你明天去, 还是后天去?
nǐ míng tiān qù　　hái shì hòu tiān qù
니 밍티엔 취　　하이스 허우티엔 취

* A 还是 B？：A 인가 아니면 B 인가? (선택형 의문문)

■ 너는 차를 타고 가니, 아니면 걸어서 가니?

你坐车去, 还是走着去?
nǐ zuò chē qù　　hái shì zǒu zhe qù
니 쭤쳐취　　하이스 쪼우져 취

■ 이건 네 거니, 아니면 그 사람 거니?

这是你的, 还是他的?
zhè shì nǐ de　　hái shì tā de
쩌스 니더　　하이스 타더

■ 넌 가는 거야, 안 가는 거야?

你去, 还是不去?
nǐ qù　　hái shì bù qù
니 취　　하이스 부취

■ 넌 찬성하는 거야, 반대하는 거야?

你同意, 还是不同意?
nǐ tóng yì　　hái shì bù tóng yì
니 통이　　하이스 뿌통이

대화

■ 너 커피 마실래, 차를 마실래?

你喝咖啡，还是喝茶?
nǐ hē kā fēi　　hái shì hē chá
니 허 카페이　　하이스 허 차

■ 너 혼자 가는 거야, 아니면 그와 함께 가는 거야?

你一个人去，还是跟他一起去?
nǐ yí ge rén qù　　hái shì gēn tā yì qǐ qù
니 이거런 취　　하이스 껀 타 이치 취

■ 좋은지 아닌지 말해봐.

你说好不好。
nǐ shuō hǎo bu hǎo
니 쉬 하오부하오

■ 그는 항상 고기 아니면 생선을 먹어.

他常常不是吃肉，就是吃鱼。
tā chángchang bú shì chī ròu　　jiù shì chī yú
타 창창 부스 츠 로우　　지우스 츠 위

＊不是 A 就是 B : A 아니면 B 이다. 즉 둘 중 하나 (평서문)

■ 네가 잘못한 게 아니면, 그가 잘못한 거야.

不是你错，就是他错。
bú shì nǐ cuò　　jiù shì tā cuò
부스 니 춰　　지우스 타 춰

■ 내가 잘못 말한 게 아니면, 네가 잘 못 들은 거야.

不是我说错的，就是你听错的。
bú shì wǒ shuō cuò de　　jiù shì nǐ tīng cuò de
부스 워 쉬 춰더　　지우스 니 팅 춰더

Unit 10
소유를 나타낼 때

A : 이건 누구 거죠?
这是谁的?
zhè shì shéi de
쩌 스 셰이더

B : 그거 제 건데요.
那是我的。
nà shì wǒ de
나 스 워더

* 대명사의 뒤에 的(de)를 쓰면 '~의 것'을 나타내는 소유격이 된다.

■ 난 얼마든지 있어.
我有的是。
wǒ yǒu de shì
워 요우더 스

* 有的是(yǒudeshì) : 얼마든지 있다

■ 네 것이 내 것보다 좋아.
你的比我的好。
nǐ de bǐ wǒ de hǎo
니더 비 워더 하오

* A 比(bǐ) B ~ : A는 B보다 ~하다 (비교급)

■ 내 것은 네 것만 못해.
我的不如你的。
wǒ de bù rú nǐ de
워더 뿌루 니더

* 不如(bùrú) : ~만 못하다 (비교급)

대화

A : 이건 당신 건가요?
这是你的吗?
zhè shì nǐ de ma
쩌 스 니더마

B : 그거 내 거 아니에요.
那不是我的。
nà bú shì wǒ de
나 부스 워더

A : 그럼 누구 거죠?
那么，是谁的?
nà me   shì shéi de
나머   스 셰이더

B : 나도 누구건지 몰라요.
我也不知道是谁的。
wǒ yě bù zhī dào shì shéi de
워예 뿌즈다오 스 셰이더

■ 그거 나한테 있긴 있지만, 지금 여기엔 없어. (다른 장소에 있다는 뜻)
那个我有是有，可是我这儿没有。
nà ge wǒ yǒu shi yǒu   kě shì wǒ zhè r méi yǒu
나거 워 요우스요우   커스 워쩔 메이요우

＊有是有 : 있기는 있다

■ 있기는 있지만, 그다지 많지 않아.
有是有，不过不太多。
yǒu shi yǒu   bú guò bú tài duō
요우 스 요우   부꿔 부타이 뛰

■ 이건 누구의 핸드폰이지?
这是谁的手机?
zhè shì shéi de shǒu jī
쩌 스 셰이더 쇼우지

＊手机(shǒujī) : 핸드폰. 홍콩에서는 大哥大(dàgēdà)라고도 한다.

■ 나는 자가용은 없고, 자전거만 한 대 있어.

我没有汽车，只有一辆自行车。
wǒ méi yǒu qì chē　　zhǐ yǒu yí liàng zì xíng chē
워 메이요 치쳐　　즈요우 이량 쯔씽쳐

■ 이 두 개는 완전히 똑같은데, 어느 것이 내 것이지?

这两个完全一样，哪一个是我的？
zhè liǎng ge wánquán yí yàng　　nǎ yí ge shì wǒ de
쩌량거 완췐 이양　　나이거 스 워더

＊哪一个 : 어느 것

■ 이런 물건은 나한테 얼마든지 있어.

这样的东西我有的是。
zhè yàng de dōng xi wǒ yǒu de shì
쩌양더 똥시 워 요우더 스

소유를 나타낼 때

이해를 확인할 때

A : 알아 들었어?

听懂了吗?
tīng dǒng le ma
팅 똥러마

B : 알아들었어요.

我听懂了。
wǒ tīng dǒng le
워 팅똥러

■ 난 아직 못 알아들었어요.

我还没听懂。
wǒ hái méi tīng dǒng
워 하이메이 팅똥

＊听懂了(tīngdǒngle) : 듣고 이해했다 ↔ 没听童(méitīngtóng) : 듣고도 이해 못했다

대화

■ 난 제대로 알아듣지 못했어요.
我没听清楚。
wǒ méi tīng qīng chǔ
워 메이 팅 칭츄

■ 이렇게 말하면 알겠어요?
这样说，你懂不懂?
zhè yàng shuō   nǐ dǒng bu dǒng
쩌양 쉬   니 똥부똥

■ 알았어요.
我明白了。
wǒ míng bái le
워 밍바이러

■ 보니까 알겠네요.
我看懂了。
wǒ kàn dǒng le
워 칸똥러

* 看懂了(kàndǒngle) : 보고 이해를 했다 ↔ 没看懂(méikàndǒng) : 보고도 이해하지 못했다

■ 난 들어도 이해를 못하고, 봐도 이해를 못 해.
我听也听不懂，看也看不懂。
wǒ tīng yě tīng bu dǒng   kàn yě kàn bu dǒng
워 팅예 팅부똥   칸예 칸부똥

* 听得懂 듣고 이해할 수 있다   ↔   听不懂 들어도 이해할 수 없다
  tīng de dǒng   tīng bù dǒng
* 看得懂 보고 이해할 수 있다   ↔   看不懂 보아도 이해할 수 없다
  kàn de dǒng   kàn bù dǒng

■ 모르면 모른다고 말해, 아는 척 하지말고.
你不懂就说不懂，别装懂。
nǐ bù dǒng jiù shuō bù dǒng   bié zhuāng dǒng
니 뿌똥 지우 쉬 뿌똥   비에 쫭똥

■ 난 네 말이 무슨 뜻인지 모르겠어.
我不懂你的话。
wǒ bù dǒng nǐ de huà
워뿌똥 니더 화

Unit 11
허가를 나타낼 때

■ 담배를 피워도 됩니까?
我可以抽烟吗?
wǒ kě yǐ chōu yān ma
워 커이 쵸우옌마

■ 이렇게 해도 돼요?
这样做也可以吗?
zhè yàng zuò yě kě yǐ ma
쩌양 쭤예 커이마

■ 제가 들어가도 될까요?
我可以进去吗?
wǒ kě yǐ jìn qù ma
워 커이 찐취마

■ 여기에서 사진을 찍어도 돼요?
在这儿可以照相吗?
zài zhè r kě yǐ zhàoxiāng ma
짜이쩔 커이 자오샹마

A : 들어가도 돼요?
我可以进去吗?
wǒ kě yǐ jìn qù ma
워 커이 찐취마

B : 그래, 들어와.
可以, 进来吧。
kě yǐ　 jìn lái ba
커이　 찐라이바

대화

Unit 12
명령과 금지

명령문

금지를 나타내는 **别**나 **不要**를 문두(**文头**)에 써서 명령의 어기(**语气**)를 나타낼 수 있다

■ 말하지 마!

别说!
bié shuō
비에 쉬

■ 움직이지 마!

不要动!
bú yào dòng
부아오 똥

■ 나가!

出去!
chū qù
츄취

■ 올라 와!

上来!
shàng lái
샹라이

■ 올라 가!

上去!
shàng qù
샹취

108

명령과 금지

- 내려 와.

  下来!
  xià lái
  샤라이

- 내려가.

  下去。
  xià qù
  샤취

- 빨리 걸어!

  快走!
  kuài zǒu
  콰이 조우

- 빨리 먹어!

  快吃!
  kuài chī
  콰이 츠

- 문을 열어!

  把门开开。
  bǎ mén kāi kāi
  바 먼 카이카이

- 문을 닫아!

  把门关上。
  bǎ mén guān shàng
  바 먼 꽌샹

대화

把字文

일반적인 중국어 어순은 '주어 + 동사 + 목적어'이지만, 把를 사용하여 목적어를 동사 앞으로 이동시킬 수 있다.
(把는 동작, 작용의 대상을 동사 앞으로 전치 시키는 역할)

我看完了那本书。 나는 그 책을 다 보았다.
wǒ kàn wán le nà běn shū

→ 我把那本书看完了。
  wǒ bǎ nà běn shū kàn wán le

把字文에는 단음절 동사가 올 수 없다.
bǎ zì wén

문을 열어라.

把门开开。(○)   把门开。(×)
bǎ mén kāi kāi   bǎ mén kāi

부정부사 不/没有, 조동사 能/会/要/可以 등은 把 앞에 위치한다.

你不要把孩子叫出去。 너는 아이를 나가지 못하게 해라.
nǐ bù yào bǎ hái zi jiào chū qù

你没有把那件事告诉我。 넌 나에게 그 일을 알려주지 않았어.
nǐ méi yǒu bǎ nà jiàn shì gào su wǒ

你不把活说明白，我怎么懂?
nǐ bù bǎ huó shuōmíng bái wǒ zěn me dǒng
네가 분명히 말하지 않는데, 내가 어떻게 알아?

심리, 감각을 나타내는 爱(ài), 知道(zhīdào) 등은 把字文을 사용할 수 없다.

东辣西酸，南甜北咸
dōng là xī suān   nán tián běi xián

중국요리의 특징을 나타낸 것으로, 동쪽 지방의 요리는 맵고 서쪽 지방의 요리는 시며 남쪽 지방의 요리는 달고 북쪽 지방의 요리는 짜다는 뜻이다.

금지문

금지를 나타내면서 동시에 명령문이 될 수도 있다.

■ 들어오지 마.

不要进来。
bù yào jìn lái
부야오 찐라이

■ 들어가지 마.

别进去。
bié jìn qù
비에 찐취

■ 나가지 마.

别出去。
bié chū qù
비에 츄취

不要出去。
bú yào chū qù
부야오 츄취

■ 말하지 마.

别说话。
bié shuō huà
비에 쉬화

不要说话。
bú yào shuō huà
부야오 쉬화

■ 여기에서 담배 피우면 절대로 안돼요.

在这里抽烟，绝对不可以。
zài zhè lǐ chōu yān　jué duì bù kě yǐ
짜이 쩌리 쵸우옌 쮜뚜이 뿌커이

명령과 금지

대화

Unit 13
제안과 권유

■ 우리 함께 갑시다.
我们一起去吧。
wǒ men yù qǐ qù ba
워먼 이치 취바

A : 이렇게 하면 어떨까요?
这么做，好不好?
zhè me zuò　　hǎo bu hǎo
쩌머 쮜　　　하오부하오

B : 그거 좋은 의견이네요.
那是好意见。
nà shì hǎo yì jiàn
나 스 하오 이지엔

■ 좀 해 봐요.
你试试看。
nǐ shì shi kàn
니 스스 칸

■ 그럼 우리 한 번 해 봅시다.
那我们试一试吧。
nà wǒ men shì yi shì ba
나 워먼 스이스 바

■ 내가 도울 일이라도 있어?
有没有需要我帮助的?
yǒu méi yǒu xū yào wǒ bāng zhù de
요메이요 쉬야오 워 빵쮸더

■ 우리 나가서 좀 걸읍시다(산책이나 합시다).

我们出去走走吧。
_{wǒ men chū qù zǒu zou ba}

워먼 츄취 조우조우바

* 동사의 중복 : 짧은 시간에 가볍게 '~좀 해볼 때' 사용한다.
  看看(kànkan) : 좀 보다
  试试(shìshi) : 좀 시도해보다
두 번째 동사는 경성으로 읽는다.

* 동사와 동사 사이의 一(yī)는 경성이며 생략이 가능하다.
  看一看 → 看看
  让一让 → 让让
  听一听 → 听听

제안과 권유

대화

Unit 14
충고와 조언

A : 어떤 면에서 보면, 네가 이렇게 하는 건 잘못이야.

从哪方面来说，你这样做不对。
cóng nǎ fāngmiàn lái shuō　　nǐ zhè yàng zuò bú duì
총 나팡미엔 라이쉬, 니 쩌양쭤 부뚜이

B : 그렇다고 할 수 있지.

可算是。
kě suàn shì
커 쏸 스

■ 내 입장에서 보면 결코 그렇지 않아.

对我来说，可不是这样。
duì wǒ lái shuō　　kě bú shì zhè yàng
뚜이 워 라이쉬　커 부스 쩌양

> 对我来说 : 나의 경우에는(객관적 판단)
> duì wǒ lái shuō
> 뚜이 워 라이쉬
>
> 依我看 : 나의 관점으로 보면(주관적 판단)
> yī wǒ kàn
> 이워칸

■ 네가 믿든 말든, 이 일은 어쨌든 사실이야.

不管你信不信，这件事总是事实。
bù guǎn nǐ xìn bu xìn　　zhè jiàn shì zǒng shì shì shí
뿌꽌 니 씬부씬　쩌 지엔스 쫑스 스스

- 제발 부탁인데, 더 이상 간섭하지 마라.

  拜托拜托，你不要再干涉。
  bài tuō bài tuō　　nǐ bú yào zài gān shè
  바이퉈 바이퉈　　니 부야오 짜이 깐셔

- 네가 생각하는 대로 해.

  你想怎么办，就怎么办吧。
  nǐ xiǎng zěn me bàn　　jiù zěn me bàn ba
  니 샹 쩐머빤　　지우 쩐머 빤바

  A : 좋은 방법이 있어?

  有没有好办法？
  yǒu méi yǒu hǎo bàn fǎ
  요메이요 하오 빤파

  B : 현재로서는 아직 방법이 없어.

  现在还没办法。
  xiàn zài hái méi bàn fǎ
  씨엔짜이 하이메이 빤파

- 너 남의 결점을 들춰내지 마.

  你不要翻出别人的缺点。
  nǐ bú yào fān chū bié rén de quē diǎn
  니 부야오 판츄 비에런더 췌디엔

- 나도 단언하기 어려워.

  我也说不好。
  wǒ yě shuō bu hǎo
  워예 쉬부하오

  *说不好 : 단언하기 어렵다 , 단정할 수 없다.

- 너는 항상 실언을 해.

  你常失言。
  nǐ cháng shī yán
  니 창 스옌

| 대화

■ 이건 네 일이 아니니 참견할 필요 없어.

这不是你分内的事，你不用管。
zhè bú shì nǐ fēn nèi de shì　nǐ bú yòngguǎn
쩌 부스 니 펀네이더 스　　　　니 부융 꽌

　　A : 너는 겉과 속이 달라.

　　　　你表里不一。
　　　　nǐ biǎo lǐ bù yī
　　　　니 빠오리 뿌이

　　B : 너, 말이 심하잖아!

　　　　你言重了吧!
　　　　nǐ yán zhòng le ba
　　　　니옌 쯍러바

■ 내 말 들어 봐.

你听我说。
nǐ tīng wǒ shuō
니팅 워숴

■ 넌 쓸데없이 말이 많아.

你白费唇舌。
nǐ bái fèi chún shé
니 바이페이 춘셔

■ 너, 금방 이 말 했다, 금방 저 말 했다 하면 안돼.

你一会儿这么说，一会儿那么说，就不行。
nǐ yì huì r zhè me shuō　yì huì r nà me shuō　jiù bù xíng
니 이후알 쩌머 쉬　　　이 후알 나머 쉬　　지우 뿌씽

＊一会儿这么说，一会儿那么说 : 금방 이렇게 말하다가 금방 저렇게 말하다
　yì huì r zhè me shuō　yì huì r nà me shuō

■ 너 또 틀렸어, 그렇게 하면 안 돼.

你又错了，那样做不可以。
nǐ yòu cuò le　nà yàng zuò bù kě yǐ
니 요우 춰러　나양 쭤 뿌커이

116

충고와 조언

■ 나에게 더 어쩌란 말이야?
你还要我怎么办?
nǐ hái yào wǒ zěn me bàn
니 하이야오 워 쩐머빤

■ 넌 이 일은 어떻게 해결해야 옳다고 생각해?
你想这件事怎么解决才对?
nǐ xiǎng zhè jiàn shì zěn me jiě jué cái duì
니샹 쩌지엔 스 쩐머 지에줴 차이 뚜이

■ 이런 일은, 어렵다면 어렵고 쉽다면 쉬워.
这种事，说难就难，说容易就容易。
zhè zhǒng shì　　shuō nán jiù nán　　shuō róng yì jiù róng yì
쩌중 스　　쉬난 지우난　　쉬 롱이 지우 롱이

■ 이 일은 말은 쉽지만 하기는 어려워.
这件事，说起来容易，做起来不容易。
zhè jiàn shì　　shuō qǐ lái róng yì　　zuò qǐ lái bù róng yì
쩌지엔 스　　쉬치라이 롱이　　쭤치라이 뿌롱이

■ 반드시 방법이 있을 거야.
一定会有办法。
yí dìng huì yǒu bàn fǎ
이띵 후이 요우 빤파

■ 넌 먼저 이 일을 하고 나서 쉬는 게 좋겠어.
你先做这件事，然后再休息就好了。
nǐ xiān zuò zhè jiàn shì　　rán hòu zài xiū xī jiù hǎo le
니 씨엔 쭤 쩌지엔 스　　란허우 짜이 씨우시 지우 하오러

■ 네가 나라면 어떻게 할거야?
要是你是我，你怎么办?
yào shì nǐ shì wǒ　　nǐ zěn me bàn
야오스 니 스 워　　니 쩐머빤

＊要是~ : 만일 ~라면

117

대화

■ 나는 아무리 해도 좋은 방법을 생각해 낼 수가 없어.

我想不出来好办法。
wǒ xiǎng bu chū lái hǎo bàn fǎ
워 샹부츄라이 하오 빤파

A : 난 어떻게 해야 할지 정말 모르겠어.

我真不知道该怎么办。
wǒ zhēn bù zhī dào gāi zěn me bàn
워 쩐 뿌즈다오 까이 쩐머빤

B : 미안해, 나도 방법이 없어.

对不起，我也没办法。
duì bu qǐ　wǒ yě méi bàn fǎ
뚜이부치　워예 메이 빤파

■ 설마 내가 너를 속이겠어?

难道我会骗你吗？
nán dào wǒ huì piàn nǐ ma
난따오 워 후이 피엔 니마

■ 그건 피할 수 없는 일이야.

那是免不了的。
nà shì miǎn bù liǎo de
나스 미엔 뿌랴오더

■ 방금 내가 한 말은 다른 특별한 뜻이 없어.

刚刚我说的话，没什么特别的意思。
gānggang wǒ shuō de huà　méi shén me tè bié de yì si
깡강 워 쉬더 화　메이 션머 티비에더 이쓰

■ 강요하지 마.

你别勉强。
nǐ bié miǎnqiǎng
니 비에 미엔챵

＊强은 2성으로 읽을 때는 '강한', 3성으로 읽을 때는 '억지로'의 뜻이 된다.

- 넌 어떤 어려움도 극복할 수 있어.

  你什么困难都能克服。
  nǐ shén me kùn nán dōu néng kè fú
  니 션머 쿤난 또우 넝 커푸

- 내 뜻을 오해하지 마.

  你不要误解我的意思。
  nǐ bú yào wù jiě wǒ de yì si
  니 부야오 우지에 워더 이쓰

대화

Unit 15
부탁 · 도움을 주고받을 때

■ 큰 도움이 되었습니다.

你帮了很大的忙。
nǐ bāng le hěn dà de máng
니 빵러 헌 따더 망

A : 내게 어려운 문제가 있는데, 좀 도와줄 수 있어요?

我有一个难题，你帮我一下，可以吗?
wǒ yǒu yí gè nán tí　nǐ bāng wǒ yí xià　kě yǐ ma
워 요우 이거 난티, 니 빵 워 이싸, 커이마

B : 그러지, 뭐.

可以，可以。
kě yǐ　kě yǐ
커이　커이

■ 당신께 폐를 끼치고 싶지 않습니다.

我不想给你添麻烦。
wǒ bú xiǎng gěi nǐ tiān má fan
워 뿌샹 게이니 티엔 마판

A : 핸드폰 좀 쓰게 빌려줄 수 있어?

借我用一下你的手机，行吗?
jiè wǒ yòng yí xià nǐ de shǒu jī　xíng ma
지에 워 융이싸 니더 쇼우지　씽마

B : 문제없어.

没问题。
méi wèn tí
메이 원티

부탁·도움을 주고받을 때

■ 확인 좀 해 주십시오.
请确认一下。
qǐng què rèn yí xià
칭 줴런 이쌰

A : 나 대신 좀 해 줄 수 있어?
能不能替我一会儿?
néng bu néng tì wǒ yī huì r
넝부넝 티 워 이후알

B : 당연히 되고말고.
当然可以。
dāng rán kě yǐ
땅란 커이

■ 이 짐은 너무 무거워서 나 혼자 들 수 없어, 도와줘.
这个行李太重了，我一个人拿不动，帮我的忙。
zhè ge xíng li tài zhòng le   wǒ yí gè rén ná bu dòng   bāng wǒ de máng
쩌거 씽리 타이 쯍러   워 이거런 나부똥   빵 워더 망

■ 부탁드리고 싶은 게 한 가지 있어요.
我有一件事想拜托您。
wǒ yǒu yí jiàn shì xiǎng bài tuō nín
워 요우 이지엔 스 샹 바이퉈 닌

■ 문제없어, 내가 널 꼭 도와줄게.
没问题，我一定帮助你。
méi wèn tí   wǒ yí dìng bāng zhù nǐ
메이 원티   워 이딩 빵쮸 니

■ 정말 미안한데, 너를 도와줄 수가 없어.
真不好意思，我帮不了你。
zhēn bù hǎo yì si   wǒ bāng bu liǎo nǐ
쩐 뿌하오 이쓰   워 빵부랴오 니

* 帮不了你 : 너를 도와주고 싶지만 사정이 있어 도울 수 없다
不能帮你的忙 : 너를 도와줄 생각이 없다

121

| 대화

■ 힘껏 해보겠어요.

我会尽力的。
wǒ huì jìn lì de
워 후이 찐리더

A : 당신에게 어려움이 있으면, 제가 꼭 도울게요.

你有困难的时候，我一定帮助你。
nǐ yǒu kùn nán de shí hòu　　wǒ yí dìng bāng zhù nǐ
니 요우 쿤난더 스허우　　워 이띵 빵쮸니

B : 어떻게 감사 드려야 할지 모르겠군요.

我不知道怎么谢谢你才好。
wǒ bù zhī dào zěn me xiè xie nǐ cái hǎo
워 뿌즈다오 쩐머 씨에시에 니 차이 하오

■ 문 좀 열어주시겠어요?

把门开开，好吗?
bǎ mén kāi kai　　hǎo ma
바먼 카이카이　　하오마

■ 좀 천천히 말씀해 주십시오.

请你说慢点儿。
qǐng nǐ shuō màn diǎn r
칭니 쉬 만디알

■ 잠시 폐를 끼쳐도 괜찮습니까?

可以打扰您一下吗?
kě yǐ dǎ rǎo nín yí xià ma
커이 따라오 닌 이싸마

■ 시간 좀 내 줄 수 있어?

能不能抽出点儿时间?
néng bu néng chōu chū diǎn r shí jiān
넝부넝 쵸우츄 디알 스지엔

■ 오늘은 내가 널 도울 수 없어.

今天我不能帮你的忙。
jīn tiān wǒ bù néng bāng nǐ de máng
찐티엔 워 뿌넝 빵 니더 망

* 帮不了你 : (너를 도와주고 싶지만) 사정으로 인해 도와줄 수 없다
　不能帮你 : (너를 도와줄 생각이 없어서) 도와줄 수 없다

■ 좀 큰 소리로 해 주십시오.

请大声点儿。
qǐng dà shēng diǎn r
칭 따성 디알

> A : 무슨 어려움이 있으면 얼마든지 알려주세요.
>
> ### 你有什么困难，尽管告诉我。
> nǐ yǒu shén me kùn nán　jǐn guǎn gào su wǒ
> 니 요우 션머 쿤난　　　진관 까오수 워
>
> B : 너무 폐를 끼치는 것 같아 송구합니다.
>
> ### 太麻烦您了，我不好意思。
> tài má fan nín le　wǒ bù hǎo yì si
> 타이 마판 니러　　워 뿌하오 이쓰

■ 그런 일, 내게는 간단한 일이야.

那种的事，对我来说是很简单的。
nà zhǒng de shì　duì wǒ lái shuō shì hěn jiǎn dān de
나종더 스　　　뚜이워 라이쉬스 헌 지엔딴더

* 对我来说 : 나에게 있어서는

■ 저는 당신을 위해 일을 하는 것이 기쁩니다.

为您办事，我很高兴。
wěi nín bàn shì　wǒ hěn gāo xing
웨이 닌 빤 스　　워 헌 까오싱

■ 내일은 내가 꼭 너희 집에 가서 널 도와줄게.

明天我一定去你家帮你的忙。
míng tiān wǒ yí dìng qù nǐ jiā bāng nǐ de máng
밍티엔 워 이띵 취 니쟈 빵니더망

부탁 · 도움을 주고받을 때

대화

 중국의 기념일

妇女节 fù nǚ jié	3월 8일.	부녀자의 날
劳动节 láo dòng jié	5월 1일	근로자의 날
国庆节 guó qìng jié	10월 1일	국경일
青年节 qīng nián jié	5월 4일	청년의 날
儿童节 ér tóng jié	6월 1일	어린이 날
老师节 lǎo shī jié	9월 10일	스승의 날

PART 3

감정에 관한 표현

기쁨과 즐거움

불만·비난·화가 났을 때

사과·화해

위로할 때

후회와 실망

감정

Unit 01
기쁨과 즐거움

■ 나는 더없이 기뻐요.

我高兴极了。
wǒ gāo xìng jí le
워 까오싱 지러

A : 오늘 나는 기뻐.

今天我很高兴。
jīn tiān wǒ hěn gāo xìng
찐티엔 워 헌 까오싱

B : 나도 기쁜걸.

我也很高兴。
wǒ yě hěn gāo xìng
워예 헌 까오싱

■ 정말 신난다!

真棒!
zhēn bàng
쩐 빵

■ 난 만족해.

我很满意。
wǒ hěn mǎn yì
워 헌 만이

■ 만세!

万岁!
wàn suì
완쑤이

■ 나는 하루하루 즐겁게 지내.

我天天过得快乐。
wǒ tiān tian guò de kuài lè
워 티엔티엔 꿔더 콰이러

■ 오늘은 아주 신나게 놀았어.

今天玩儿得很愉快。
jīn tiān wán r de hěn yú kuài
찐티엔 왈더 헌 위콰이

기쁨과 즐거움

감정

Unit 02
불만 · 비난 · 화가 났을 때

불만

■ 왜 이렇게 엉망이야?

怎么这么乱七八糟?
zěn me zhè me luàn qī bā zāo
쩐머 쩌머 롼치빠짜오

＊乱七八糟 : 엉망진창이다, 아수라장이다

■ 넌 왜 이렇게 칠칠치 못하니?

你怎么这么粗心大意?
nǐ zěn me zhè me cū xīn dà yì
니 쩐머쩌머 추씬따이

＊粗心大意 : 꼼꼼하지 않다, 세심하지 못하다

■ 정말 꼴 같지 않아.

真不像样儿。
zhēn bú xiàngyàng r
쩐 부썅 알

■ 넌 항상 그렇게 말하는구나.

你常常那样说。
nǐ chángchang nà yàng shuō
니 창창 나양 숴

■ 난 이미 충분히 말을 했어요(난 이미 내가 할 말을 다 했어요).

我已经说够了。
wǒ yǐ jīng shuō gòu le
워 이징 숴 꺼우러

128

불만 · 비난 · 화가 났을 때

■ 아, 정말 짜증나.
　　咳，真讨厌。
　　hāi　zhēn tǎo yàn
　　하이　쩐 타오옌

■ 너나 나나 모두 마찬가지야.
　　(不管)是你(不管)是我，都一样。
　　bù guǎn shì nǐ　bù guǎn shì wǒ　dōu yí yàng
　　(뿌꽌)스니　(뿌꽌) 스워　　또우 이양
　　＊不管(bùguǎn)은 생략 가능

■ 알 게 뭐야!
　　天晓得!
　　tiān xiǎo de
　　티엔 샤오더
　　＊晓(xiǎo) : 알다

■ 누가 알아! (알 게 뭐야)
　　谁知道!
　　shéi zhī dào
　　셰이 즈다오

■ 너는 너, 나는 나야.
　　你是你，我是我。
　　nǐ shì nǐ　wǒ shì wǒ
　　니스니　　워스워

■ 넌 방정 좀 떨지 마.
　　你不要轻狂点儿。
　　nǐ bú yào qīng kuáng diǎn r
　　니 부아오 칭쾅 디알
　　＊轻狂 : 극히 경망스럽다, 매우 방정맞다

■ 똑바로 좀 행동해!
　　正经点儿!
　　zhèng jǐng diǎn r
　　쩡찡 디알

감정

- 나를 탓하지 마.

  别怪我。
  bié guài wǒ
  비에 꽈이 워

  不要怪我。
  bú yào guài wǒ
  부야오 꽈이 워

- 일이 꼬였어.

  事情变糟了。
  shì qíng biàn zāo le
  스칭 삐엔 짜오러

비난

- 잘난 척 하지 마.

  别臭美。
  bié chòu měi
  비에 쵸우 메이

- 넌 이 버릇을 고쳐야 해.

  你得改正这个毛病。
  nǐ děi gǎi zhèng zhè ge máobìng
  니 데이 까이졍 쩌거 마오삥

- 넌 정말 예의가 없구나.

  你真的没有礼貌。
  nǐ zhēn de méi yǒu lǐ mào
  니 쩐더 메이요 리마오

- 넌 겉과 속이 달라.

  你表里不一。
  nǐ biǎo lǐ bù yī
  니 빠오리 뿌이

- 너는 너무 입바른 소릴 해.

  你太直言了。
  nǐ tài zhí yán le
  니 타이 즈옌러

- 넌 쓸데없이 말이 많아.

  你白费唇舌。
  nǐ bái fèi chún shé
  니 바이페이 춘셔

- 넌 딴 마음을 품고 있어.

  你怀有二心。
  nǐ huái yǒu èr xīn
  니 화이 요우 얼씬

- 아직 내 말 안 끝났어, 말참견하지 마.

  我还没说完，不要插嘴。
  wǒ hái méi shuōwán　　bú yào chā zuǐ
  워 하이메이 쉬완　　부야오 차쭈이

  *插嘴(chāzuǐ)：말참견하다, 주제넘은 말을 하다

- 네가 그 말을 하면 위신이 떨어져.

  你说那句话可就掉价了。
  nǐ shuō nà jù huà kě jiù diào jià le
  니 쉬 나쥐화 커지우 따오자러

  *掉价(diàojià)：값이 떨어지다, 신분·위신이 떨어지다

- 넌 이렇게 말하는 게 온당하다고 생각해?

  你想这样说妥当吗？
  nǐ xiǎng zhè yàng shuō tuǒ dāng ma
  니 샹 쪄양쉬 퉈땅마

- 가당찮은 요구하지 마.

  你别欠妥的要求。
  nǐ bié qiàn tuǒ de yāo qiú
  니 비에 치엔퉈더 야오치우

  *欠妥(qiàntuǒ)：타당성이 부족하다, 적절하지 않다, 알맞지 않다

불만·비난·화가 났을 때

감정

화가 났을 때

■ 정말 화가 나 죽겠어!
真气死了!
zhēn qì sǐ le
쩐 치 쓰러

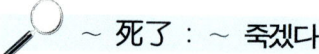 ~ 死了 : ~ 죽겠다

气死了 qì sǐ le	화가 나 죽겠다
饿死了 è sǐ le	배고파 죽겠다
急死了 jí sǐ le	조급해 죽겠다
累死了 lèi sǐ le	피곤해 죽겠다
热死了 rè sǐ le	더워 죽겠다
冷死了 lěng sǐ le	추워 죽겠다
痛死了 tòng sǐ le	아파 죽겠다
讨厌死了 tǎo yàn sǐ le	지겨워 죽겠다

■ 난 더 이상 예전의 내가 아니야.
我不再是从前的我了。
wǒ bú zài shì cóngqián de wǒ le
워 부짜이스 총치엔더 워러

불만 · 비난 · 화가 났을 때

■ 넌 내가 늘 그럴 줄 알았어?

你以为我一直都那样吗？
nǐ yǐ wéi wǒ yì zhí dōu nà yàng ma
니 이웨이 워 이즈 또우나양마

＊以为~ : ~인 줄 알았다. 주로 자기의 생각이 사실과 다를 때 사용하는 표현이다.

■ 요즘 난 정말 참을 수 없어.

这几天，我真忍不住。
zhè jǐ tiān   wǒ zhēn rěn bu zhù
쩌지티엔   워 쩐 런부쮸

■ 너 화 좀 풀어.

你消消气吧。
nǐ xiāoxiao qì ba
니 샤오샤오치바

A : 나 정말 화가 나 죽겠어.

我真气死了。
wǒ zhēn qì sǐ le
워 쩐 치쓰러

B : 화 좀 풀어.

消消气吧。
xiāoxiao qì ba
샤오샤오치바

■ 내가 분명히 너에게 알렸잖아.

我一定告诉过你，对吧？
wǒ yí dìng gào su guò nǐ   duì ba
워 이딩 까오수궈 니   뚜이바

■ 헛소리 마.

别胡说。
bié hú shuō
비에 후숴

감정

- 터무니없는 소리하지 마.
  ### 你别胡说八道。
  nǐ bié hú shuō bā dào
  니 비에 후숴 빠다오
  * 胡说八道 : 터무니없는 말을 하다, 엉터리로 말하다

- 넌 상대를 잘못 찾았어.
  ### 你找错了对象。
  nǐ zhǎo cuò le duì xiàng
  니 자오춰러 뚜이샹

- 난 더 이상 못 참아(참을 만큼 충분히 참았어).
  ### 我受够了。
  wǒ shòu gòu le
  워 쇼우 꺼우러

- 함부로 추측하지 마.
  ### 别瞎猜。
  bié xiā cāi
  비에 샤차이
  * 瞎猜(xiācāi) : 엉터리로 추측하다

- 넌 내 일에 참견 마.
  ### 你不要管我的事。
  nǐ bú yào guǎn wǒ de shì
  니 부야오 꽌 워더 스

- 난 결코 그런 말을 한 적이 없어.
  ### 我可没说过那样的话。
  wǒ kě méi shuō guò nà yàng de huà
  워 커 메이 숴궈 나양더 화

- 나를 속이지 마.
  ### 别骗我。 / 不要骗我。
  bié piàn wǒ   bú yào piàn wǒ
  비에 피엔 워   부아오 피엔 워

- 누가 그의 허튼 소리를 믿어?

    谁信他的鬼话?
    shéi xìn tā de guǐ huà
    셰이 씬 타더 꾸이화

    * 鬼话(guǐhuà) : 거짓말, 허튼 소리

- 강요하지 마.

    不要勉强。
    bú yào miǎnqiǎng
    부야오 미엔챵

- 그는 너를 상대하지 않아.

    他不理你。
    tā bù lǐ nǐ
    타 뿌 리 니

    * 不理 : 무시하다, 상대하지 않다, 방임하다

- 넌 나에게 명령할 권리가 없어.

    你没有权利命令我。
    nǐ méi yǒu quán lì mìng lìng wǒ
    니 메이요 췐리 밍링 워

- 그 일은 더 이상 꺼내지 마.

    不要再提那件事。
    bú yào zài tí nà jiàn shì
    부야오 짜이 티 나지엔 스

- 정말 더 이상은 참지 않겠어.

    实在不能再忍下去了。
    shí zài bù néng zài rěn xià qù le
    스짜이 뿌넝 짜이 런샤취러

불만·비난·화가 났을 때

감정

A : 왜 나한테 화를 내?

你为什么对我生气?
nǐ wéi shén me duì wǒ shēng qì
웨이션머 뚜이워 셩치

B : 너에게 화 내지 않았어.

我没有对你生气!
wǒ méi yǒu duì nǐ shēng qì
워 메이요 뚜이니 셩치

■ 난 그의 오만한 태도를 용인할 수 없어.

我真不能容忍他的傲气。
wǒ zhēn bù néng róng rěn tā de ào qì
워 쩐 뿌넝 롱런 타더 아오치

■ 너 어떻게 그럴 수 있지?

你怎么能那么干呢?
nǐ zěn me néng nà me gàn ne
니 쩐머 넝 나머 깐너

你怎么能那样呢?
nǐ zěn me néng nà yàng ne
니 쩐머 넝 나양너

■ 더 이상 핑계대지 마!

你别再借口了!
nǐ bié zài jiè kǒu le
니 비에 짜이 지에 커우러

＊借口(jièkǒu) : 핑계하다

■ 뒷북치지 말아요.

你别事后诸葛亮。
nǐ bié shì hòu zhū gé liàng
니 비에 스허우 쥬거량

＊事后诸葛亮(사후제갈량) : 뒷북치다

■ 난 생각할수록 화가 나.

我越想越气。
wǒ yuè xiǎng yuè qì
워 위에샹 위에치

＊越(yuè) A 越(yuè) B : A 할수록 B 하다

> A : 화내지 마.
>
> ## 你不要生气。
> nǐ bú yào shēng qì
> 니 부야오 셩치
>
> B : 내가 어떻게 화를 안 낼 수가 있어?
>
> ## 我怎么能不生气?
> wǒ zěn me néng bù shēng qì
> 워 쩐머 넝 뿌셩치

■ 네가 뻔뻔하게 그런 말을 하다니!

你好意思说那样的话!
nǐ hǎo yì si shuō nà yàng de huà
니 하오이쓰 쉬 나양더 화

＊好意思(hǎoyìsi) : 뻔뻔하다 ↔ 不好意思(bùhǎoyìsi) : 창피하다
好意思 : '부끄러워하지 않다'의 뜻으로 口语에서 주로 반어문이나 부정문으로 쓰인다.

■ 이런 작은 일로 화를 내다니, 굳이 그럴 필요 있어?

为这点小事儿生气, 何必呢?
wéi zhè diǎn xiǎo shì r shēng qì   hé bì ne
웨이 쪄디엔 샤오셜 셩치   허삐너

■ 너, 날 무시해?

你瞧不起我吗?
nǐ qiáo bu qǐ wǒ ma
니 챠오부치 워마

＊瞧不起 / 看不起 : 무시하다 ↔ 瞧得起 / 看得起 : 중시하다
　qiáo bu qǐ　kàn bu qǐ　　　　　 qiáo de qǐ　kàn de qǐ

■ 날 무시하지 마.

不要看不起我。
bú yào kàn bu qǐ wǒ
부야오 칸부치 워

불만·비난·화가 났을 때

감정

■ 날 귀찮게 하지 마.

不要烦我。
bú yào fán wǒ
부야오 판 워

■ 나는 너같은 사람을 두려워하지 않아.

我不怕你那样的人。
wǒ bú pà nǐ nà yàng de rén
워 부파 니 나양더 런

 好像

① 추측 (~인 것 같다)

我好像感冒了。 나 감기에 걸린 것 같아.
wǒ hǎo xiàng gǎn mào le
워 하오샹 깐마오러

他好象不在家。 그 사람은 집에 없는 것 같아.
tā hǎo xiàng bù zài jiā
타 하오샹 부짜이 쟈

② 비유 (마치~와 같다) *好는 생략 가능

今天(好)像夏天热。 오늘은 마치 여름처럼 덥네.
jīn tiān hǎo xiàng xià tiān rè
찐티엔 하오샹 샤티엔 러

她(好)像她妈妈漂亮。 그녀는 자기 엄마처럼 예뻐요.
tā hǎo xiàng tā mā mā piāo liàng
타 하오샹 타 마마 파오량

■ 정말 견딜 수 없어.

我真受不了。
wǒ zhēnshòu bu liǎo
워 쩐 쇼우 부랴오

■ 좀 참아.

忍耐一下。
rěn nài yí xià
런나이 이쌰

■ 정말 무서워.
真可怕。
zhēn kě pà
쩐 커파

■ 더 말하지 마. 더 이상 못 들어주겠어.
别再说, 我不能再听下去了。
bié zài shuō   wǒ bù néng zài tīng xià qù le
비에 짜이 쉬   워 뿌넝 짜이 팅샤취러

■ 이건 네가 할 일이 아니야, 참견하지 마.
这不是你分内的事, 不要管。
zhè bú shì nǐ fēn nèi de shì   bú yào guǎn
쩌 부스 니 펀네이더 스   부 야오 꽌

* 分内(fēnnèi) : 본분으로서 당연히 해야 하는 것

■ 됐어. 더 이상 말하지 마!
够了, 别再说!
gòu le   bié zài shuō
꺼우러   비에 짜이 쉬

■ 내가 속았어!
我上当了!
wǒ shàngdāng le
워 상땅러

■ 네가 이렇게 독하다니!
你这么狠!
nǐ zhè me hěn
니 쩌머 헌

■ 세상에, 네가 어떻게 그럴 수 있어?
天哪, 你怎么能那样呢?
tiān nǎ   nǐ zěn me néng nà yàng ne
티엔나   니 쩐머 넝 나양너

불만 · 비난 · 화가 났을 때

감정

■ 나는 그에게 해를 입었어. (그가 나에게 해를 끼쳤다는 의미)

我受了他的害。
wǒ shòu le tā de hài
워 쇼우러 타더 하이

A : 쌤통!

活该!
huó gāi
훠까이

B : 너 죽을래?

你不想活啦!
nǐ bù xiǎng huó la
니 뿌샹 훠라

■ 소리 지르지 마.

你别大叫。
nǐ bié dà jiào
니 비에 따쟈오

■ 정말 울화통 터지네.

真是气死人了。
zhēn shì qì sǐ rén le
쩐 스치쓰런러

■ 나 너한테 화났어.

我对你很生气。
wǒ duì nǐ hěn shēng qì
워 뚜이니 헌 셩치

■ 입에 담지 못할 욕은 하지 마.

你不要说不出口的骂人话。
nǐ bú yào shuō bù chū kǒu de mà rén huà
니 부야오 숴부츄 커우더 마런화

불만 · 비난 · 화가 났을 때

■ 그건 누구한테 하는 말이야?

那是对谁说话呢?
nà shì duì shéi shuō huà ne
나 스 뚜이 셰이 쉬화너

■ 꺼져!

滚开!
gǔn kāi
꾼 카이

滚出去!
gǔn chū qu
꾼츄취

给我滚出去!
gěi wǒ gǔn chū qu
게이 워 꾼츄취

■ 정말 열 받네.

真气人。
zhēn qì rén
쩐 치런

A : 너 화났어?
  你生气了吗?
  nǐ shēng qì le ma
  니 셩치러마

B : 말도 꺼내지마, 나 화났어.
  别提了，我很生气了。
  bié tí le wǒ hěn shēng qì le
  비에 티러 워 헌 셩치러

■ 나 화났으니까 말하지 마.

我很生气呢，不要跟我说话。
wǒ hěn shēng qì ní   bú yào gēn wǒ shuō huà
워 헌 셩치너   부야오 껀워 쉬화

141

감정

■ 왜 자꾸 화를 내?

你怎么老生气呢?
nǐ zěn me lǎo shēng qì ne
니 쩐머 라오 셩치마

* 老(lǎo) : 자꾸

Unit 03
사과 · 화해

■ 우리, 화해하자.
我们和好吧。
wǒ men hé hǎo ba
워먼 허하오바

> A : 미안해, 내가 잘못했어.
> ### 对不起，我错了。
> duì bu qǐ   wǒ cuò le
> 뚜이부치   워 춰러
>
> B : 사실은 나도 잘못했어.
> ### 其实我也不好。
> qí shí wǒ yě bù hǎo
> 치스 워예 뿌하오

■ 그건 고의가 아니었어.
那不是故意的。
nà bú shì gù yì de
나 부스 꾸이 더

* A 不是 B : A는 B가 아니다

■ 앞으로는 (그 얘기) 꺼내지 않을게.
以后我不提了。
yǐ hòu wǒ bù tí le
이허우 워 뿌티러

■ 난 뭐라 말할 수가 없어.
我不好说。
wǒ bù hǎo shuō
워 뿌하오 쉬

143

감정

■ 너희들 다투지 마.

你们不要吵。
nǐ men bú yào chǎo
니먼 부야오 차오

* 你们吵什么? 너희들 왜 다퉈(뭘 가지고 다퉈)?
  nǐ men chǎo shén me
  笑什么? 왜 웃어?(○)
  xiào shén me

■ 솔직히 말하면 나도 이유를 모르겠어.

说实话呢，我也不知道为什么。
shuō shí huà ne   wǒ yě bù zhī dào wéi shén me
숴 스화너   워예 뿌즈다오 웨이션머

■ 너 제발 오해하지 마.

千万你不要误会。
qiān wàn nǐ bú yào wù huì
치엔완 니 부야오 우후이

* 千万(qiānwàn) : 제발

■ 그건 절대 아니야.

那绝对不是。
nà jué duì bú shì
나 줴뚜이 부스

■ 이건 네 잘못이 아니야.

这不是你的错。
zhè bú shì nǐ de cuò
쩌 부스 니더 춰

■ 너에게 화를 낸 게 아니었어.

我没有跟你生气呀!
wǒ méi yǒu gēn nǐ shēng qì ya
워 메이요 껀니 셩치아

■ 괜찮아, 난 너를 탓하지 않을 거야.

没关系，我不会怪你的。
méi guān xi   wǒ bú huì guài nǐ de
메이꽌시   워 부후이 꽈이 니더

144

A : 다음 번엔 절대 그렇게 하지 않을게.

下次我一定不做那样。
xià cì wǒ yí dìng bú zuò nà yàng
샤츠 워 이띵 부쭤 나양

B : 진작 이럴 것이지.

你早应该这样了。
nǐ zǎo yīng gaī zhè yàng le
니 자오 잉가이 쩌양러

■ 내가 너에게 좀 양보할게.

我给你让一让，好吧？
wǒ gěi nǐ ràng yi ràng   hǎo ba
워 게이니 랑이랑   하오바

■ 됐어, 지난 일은 다시 거론하지 마.

算了，过去的事别再提了。
suàn le   guò qù de shì bié zài tí le
쏜러   꿔취더 스 비에 짜이 티러

A : 용서해 줘.

原谅我。
yuánliàng wǒ
위엔량 워

B : 좋아, 이번엔 너를 용서하지.

好，这次原谅你。
hǎo   zhè cì yuánliàng nǐ
하오   쩌츠 위엔량 니

■ 이후로는 그러면 안 돼.

以后那样做不行。
yǐ hòu nà yàng zuò bù xíng
이허우 나양 쭤 뿌씽

사과·화해

감정

- 우리 빨리 가서 싸움을 말립시다.

  我们快去拉架吧。
  wǒ men kuài qù lā jià ba
  워먼 콰이 취 라쟈바

  *拉架 : 싸움을 말리다

- 너의 말도 일리가 있어.

  你的话也有道理。
  nǐ de huà yě yǒu dào lǐ
  니더 화예 요우 따오리

- 네가 어떻게 말하든, 나는 개의치 않아.

  你怎么说，我不在乎。
  nǐ zěn me shuō wǒ bú zài hū
  니 쩐머 쉬   워 부짜이후

- 마음 쓰게 해서 정말 미안합니다.

  让您费心了，真对不起。
  ràng nín fèi xīn le   zhēn duì bu qǐ
  랑닌 페이씬러   쩐 뚜이부치

  *费心 : 마음을 쓰다, 신경을 쓰다

- 네가 그렇게 하면 나도 양보할게.

  你做那样了，我也让步。
  nǐ zuò nà yàng le wǒ yě ràng bù
  니 쭤 나양 러   워예 랑뿌

- 잠시 시간을 둔 후 다시 얘기합시다.

  过一过再说吧。
  guò yi guò zài shuō ba
  꿔 이꿔 짜이 쉬바

Unit 04
위로할 때

- 괴로워하지 마.

    别难过。
    bié nán guò
    비에 난궈

    不要难过。
    bú yào nán guò
    부야오 난궈

- 너무 상심하지 마.

    你不要太伤心吧。
    nǐ bú yào tài shāng xīn ba
    니 부야오 타이 상신바

- 그렇게 마음 아파하지 마.

    你别那么难过吧。
    nǐ bié nà me nán guò ba
    니 비에 나머 난궈바

- 좀 침착(냉정)해요.

    你冷静点儿。
    nǐ lěng jìng diǎn r
    니 렁찡 디알

- 좀 침착해.

    镇静一下。
    zhèn jìng yí xià
    쩐징이샤

감정

■ 너무 상심하면 건강에 좋지 않아.
你太伤心了，对身体不好。
nǐ tài shāng xīn le duì shēn tǐ bù hǎo
니 타이 상신러   뚜이 션티 뿌하오

■ 네가 운다고 문제를 해결할 수 있어?
你哭能解决问题吗？
nǐ kū néng jiě jué wèn tí ma
니 쿠 넝 지에줴 원티마

* 哭(kū) : 울다

■ 왜 그래, 너 왜 울어?
怎么了，你哭什么？
zěn me le   nǐ kū shén me
쩐머러   니 쿠 션머

■ 눈물을 닦아.
你擦干眼泪吧。
nǐ cā gān yǎn lèi ba
니 차깐 옌레이바

■ 걱정하지 마.
你不要担心。
nǐ bú yào dān xīn
니 부야오 딴신

■ 걱정하지 마. 내가 있잖아.
别担心，有我呢。
bié dān xīn   yǒu wǒ ne
비에 딴신   요우 워너

■ 걱정할 필요 없어.
你用不着担心。
nǐ yòng bu zháo dān xīn
니 융부쟈오 딴신

위로할 때

- 걱정할 필요 없어.

    你不必担心。
    nǐ bú bì dān xīn
    니 부삐 딴씬

- 넌 나를 실망시키지 않았어.

    你没有让我失望。
    nǐ méi yǒu ràng wǒ shī wàng
    니 메이요 랑워 스왕

- 안심해도 좋아.

    你放心好了。
    nǐ fàng xīn hǎo le
    니 팡신 하오러

- 나는 벌써 그 일을 잊었어.

    我早就忘了那件事。
    wǒ zǎo jiù wàng le nà jiàn shì
    워 자오지우 왕러 나지엔 스

- 일이 모두 잘 될 거야.

    事情都会好起来的。
    shì qíng dōu huì hǎo qǐ lái de
    스칭 또우 후이 하오치라이더

- 힘내! 파이팅!

    加油! 加油!
    jiā yóu   jiā yóu
    자요우   자요우

- 인생은 원래 그런 거래.

    听说人生原来就是那样的。
    tīng shuō rén shēng yuán lái jiù shì nà yàng de
    팅숴 런셩 위엔라이 지우스 나양더

감정

- 실망하지 마.

  别失望。
  bié shī wàng
  비에 스왕

  不要失望。
  bú yào shī wàng
  부야오 스왕

- 용기를 내!

  鼓起勇气吧!
  gǔ qǐ yǒng qì ba
  구치 용치바

- 기회는 얼마든지 있어.

  机会有的是。
  jī huì yǒu de shì
  지후이 요우더 스

- 두려워하지 마!

  你别怕!
  nǐ bié pà
  니 비에파

  不要怕!
  bú yào pà
  부야오 파

- 지금 비로소 시작이야.

  现在才是开始。
  xiàn zài cái shì kāi shǐ
  씨엔짜이 차이스 카이스

- 이건 아직 시작일 뿐이야.

  这还只是开始。
  zhè hái zhǐ shì kāi shǐ
  쩌 하이 즈스 카이스

■ 이건 아직 아무것도 아니야.
这还不算什么。
zhè hái bú suàn shén me
쩌 하이 부쏸 션머

■ 나도 뭐라 말할 수 없어.
我也说不定。
wǒ yě shuō bu dìng
워예 쉬 부띵

■ 남이 어떻게 생각할지 너무 의식하지 마.
你不要太在乎别人怎么想。
nǐ bú yào tài zài hū bié rén zěn me xiǎng
니 부야오 타이 짜이후 비에런 쩐머샹

■ 어디를 가도, 다 마찬가지야.
不管到哪儿去，都一样。
bù guǎn dào nǎ r qù dōu yī yàng
뿌꽌 따오날 취칸   또우 이양

■ 그런 사람은 어디에든 있어.
那样的人，哪儿都有。
nà yàng de rén   nǎ r dōu yǒu
나양 더 런   날 또우 요우

위로할 때

151

감정

 바보, 멍청이, 등신을 표현하는 욕

笨
bèn
뻔

笨蛋
bèn dàn
뻔딴

呆子
dāi zǐ
따이즈

呆呆
dāi dāi
따이따이

呆人
dāi rén
따이런

傻瓜
shǎ guā
샤과

傻子
shǎ zǐ
샤즈

糊涂虫
hú tú chóng
후투충

二百五
èr bǎi wǔ
얼바이우

废物东西
fèi wù dōng xi
페이우 똥시

废物点心
fèi wù diǎn xīn
페이우 디엔신

이 우라질 놈!

你个该死的东西!
nǐ ge gāi sǐ de dōng xi
니거 까이쓰더 똥시

염병할 놈! / 육시랄 놈!

该死行瘟!
gāi sǐ xíng wēn
까이쓰 씽원

너는 죽어야 할 멍청이야.

你是该死的糊涂虫。
nǐ shì gāi sǐ de hú tú chóng
니 스 까이쓰더 후투충

제발 꼴값 떠는 소리 좀 하지 마라.

千万别说那种不自量力的话。
qiān wàn bié shuō nà zhǒng bù zì liàng lì de huà
치엔완 비에숴 나중 부쯔량리더 화

Unit 05
후회와 실망

■ 지금 후회하면 무슨 소용 있어?
现在后悔有什么用?
xiàn zài hòu huǐ yǒu shén me yòng
씨엔짜이 허우후이 요우 션머 융

■ 넌 꼭 후회할 걸.
你一定会后悔的。
nǐ yí dìng huì hòu huǐ de
니 이딩 후이 허우후이더

■ 너 언젠가는 반드시 후회할거야.
往后你肯定会后悔的。
wǎng hòu nǐ kěn dìng huì hòu huǐ de
왕허우 니 컨띵 후이 허우후이더

■ 난 절대 후회하지 않아.
我可不后悔。
wǒ kě bú hòu huǐ
워 커 부 허우후이

■ 아, 이젠 너무 늦었구나!
咳,现在已经太晚了!
hāi xiàn zài yǐ jīng tài wǎn le
하이 씨엔짜이 이징 타이 완러

■ 시기(때)가 늦지 않아.
为时不晚。
wéi shí bù wǎn
웨이스뿌완

153

감정

- 시기상조야.

为时过早。
wéi shí guò zǎo
웨이스 꿔 자오

为时太早。
wéi shí tài zǎo
웨이스 타이 자오

PART 4

화제에 관한 표현

계절과 날씨
해 · 월 · 일 · 요일 · 시간
고향 · 출신 · 나이 · 거주지
혈액형
자기 직업 말하기
가족에 대하여
성격과 태도
남의 사정을 물을 때
돈에 관한 표현
생일에 관한 표현
술을 마실 때
외모에 대해서
인간관계
장래희망

화제

Unit 01
계절과 날씨

■ 한국의 날씨는 어때요?
   韩国的天气怎么样？
   hán guó de tiān qì zěn me yàng
   한궈더 티엔치 쩐머양

■ 한국의 날씨는 정말 좋아요.
   韩国的天气真好。
   hán guó de tiān qì zhēn hǎo
   한궈더 티엔치 쩐 하오

■ 한국의 날씨는 사계절이 뚜렷해요.
   韩国的天气，四季分明。
   hán guó de tiān qì　　sì jì fēn míng
   한궈더 티엔치　　쓰지 펀밍

■ 봄은 따뜻하고 여름은 덥고, 가을은 시원하고 겨울은 추워요.
   春暖夏热，秋凉冬冷。
   chūnnuǎn xià rè　　qiū liáng dōng lěng
   츈놘 싸러　　치우량 똥렁

■ 한국에서는 7·8월이 가장 더운 시기에요.
   在韩国，7·8月份是最热的时期。
   zài hán guó　　yuè fèn shì zuì rè de shí qī
   짜이 한궈　　 치 빠 위에펀 스 쭈이 러더 스치

■ 시간이란 한 번 가버리면 다시 돌아올 수 없어.
   时间一过去了，就再不能回来。
   shí jiān yī guò qù le　　jiù zài bù néng huí lái
   스지엔 이꿔취러　　지우 짜이 뿌넝 훼이라이

봄

■ 봄이 왔어요.

春天到了。
chūn tiān dào le
츈티엔 따오러

■ 봄은 봄인데 날씨가 아직 좀 추워.

春天是春天，天气还有点儿冷。
chūn tiān shì chūn tiān   tiān qì hái yǒu diǎn r lěng
츈티엔 스 츈티엔   티엔치 하이 요우디알 렁

■ 날씨가 따뜻해요.

天气很暖和。
tiān qì hěn nuǎn huo
티엔치 헌 놘휘

■ 만물이 소생하기 시작했어요.

万物开始复苏了。
wàn wù kāi shǐ fù sū le
완우 카이스 푸쑤러

＊复苏(fùsū) : 재생하다, 소생하다

■ 요즘에는 봄·가을이 갈수록 짧아져요.

最近，春秋越来越短。
zuì jìn   chūn qiū yuè lái yuè duǎn
쭈이찐   츈치우 위에라이위에 똰

＊越 A 越 B : A 할수록 B 하다

■ 날씨가 정말 좋지요?

天气真好，对吧?
tiān qì zhēn hǎo   duì ba
티엔치 쩐 하오   뚜이바

계절과 날씨

157

화제

■ 오늘 날씨는 따뜻해.

今天天气很暖和。
jīn tiān tiān qì hěn nuǎn huo
찐티엔 티엔치 헌 눤훠

A : 너는 어느 계절을 가장 좋아하니?

你最喜欢哪个季节?
nǐ zuì xǐ huān nǎ ge jì jié
니 쭈이 씨환 나거 지지에

B : 봄이 제일 좋아, 봄은 춥지도 덥지도 않거든.

我最喜欢春天，因为春天不冷也不热。
wǒ zuì xǐ huān chūn tiān yīn wéi chūn tiān bú lěng yě bú rè
워 쭈이 씨환 츈티엔   인웨이 츈티엔 뿌렁예 부러

■ 나는 개나리꽃을 좋아해.

我很喜欢迎春花。
wǒ hěn xǐ huān yíng chūn huā
워 헌 씨환 잉츈화

여름

■ 오늘은 어제보다 더워.

今天比昨天热。
jīn tiān bǐ zuó tiān rè
찐티엔 비 쭤티엔 러

■ 곧 비가 오려고 해.

快要下雨了。
kuài yào xià yǔ le
콰이 야오 샤위러

＊(快)要~了 : (임박태) 곧 ~하려고 한다
　　kuài yào　　le

158

A : 어떡하지? 비가 오려고 하네.
怎么办? 快要下雨了。
zěn me bàn　　kuài yào xià yǔ le
쩐머 빤　　콰이 야오 샤위러

B : 절대로 비가 안 올 테니 안심해.
下不了雨, 放心吧。
xià bu liǎo yǔ　　fàng xīn ba
샤부랴오 위　　팡씬바

■ 날씨가 이렇게 좋은데, 절대 비가 올 리 없어.
天气这么好, 下不了雨。
tiān qì zhè me hǎo　　xià bu liǎo yǔ
티엔치 쩌머 하오　　샤부랴오 위

下不了(xiàbuliǎo) : 결코 (비나 눈이) 내리지 않다

■ 밖에는 비가 많이 내리고 있어.
外面下大雨呢。
wài miàn xià dà yǔ ne
와이미엔 샤따위너

* 外面下大雨呢。(○)　　外面大下雨呢。(×)
　wài miàn xià dà yǔ ne　　wài miàn dà xià yǔ ne

■ 날씨가 갈수록 더워.
天气越来越热。
tiān qì yuè lái yuè rè
티엔치 위에라이위에 러

■ 오늘 날씨는 정말 안 좋아.
今天天气真不好。
jīn tiān tiān qì zhēn bù hǎo
찐티엔 티엔치 쩐 뿌하오

■ 더워 죽겠어.
热死了。
rè sǐ le
러 쓰러

계절과 날씨

화제

■ 지금 비가 많이 와.
现在下大雨。
xiàn zài xià dà yǔ
씨엔짜이 샤 따위

■ 6월 말부터 7월 초까지는 장마철이에요.
六月底到七月初是梅雨期。
liù yuè dǐ dào qī yuè chū shì méi yǔ qī
리우위에_디따오 치위에츄 스 메이위치

A : 바깥 날씨가 어때?
外面的天气怎么样?
wài miàn de tiān qì zěn me yàng
와이미엔더 티엔치 쩐머양

B : 바깥은 더워.
外面很热。
wài miàn hěn rè
와이미엔 헌러

■ 아직 비가 내리고 있어.
还下雨呢。
hái xià yǔ ne
하이 샤위너

■ 비가 곧 멎을 것 같아.
雨快要住了。
yǔ kuài yào zhù le
위 콰이야오 쮸러

■ 내가 보기에 오늘은 비가 오지 않을 것 같아.
我看今天不会下雨。
wǒ kàn jīn tiān bú huì xià yǔ
워칸 찐티엔 부후이 샤쉬

계절과 날씨

■ 밖에 비가 오려고 하니 우산을 갖고 가라.

外面要下雨了，你带雨伞去吧。
wài miàn yào xià yǔ le　　nǐ dài yǔ sǎn qù ba
와이미엔 야오 샤위러　　니 따이 위싼 취바

■ 날씨가 너무 눅눅해(너무 축축해).

天气太潮湿。
tiān qì tài cháo shī
티엔치 타이 차오스

■ 보아하니 비가 올 것 같구나.

看样子会下雨。
kàn yàng zǐ huì xià yǔ
칸양즈 후이 샤위

■ 보아하니 비가 올 것 같지 않아.

看样子，不会下雨。
kàn yàng zǐ　　bú huì xià yǔ
칸 양즈　　부후이 샤위

■ 내일은 비가 올 거야.

明天会下雨。
míng tiān huì xià yǔ
밍티엔 후이 샤위

■ 이곳은 아주 무더워.

这个地方非常闷热。
zhè ge dì fāng fēi cháng mēn rè
쩌거 띠팡 페이챵 먼러

■ 비가 올 지도 모르겠어.

说不定要下雨。
shuō bu dìng yào xià yǔ
쉬부띵 야오 샤위

＊说不定 : 단언하기가 어렵다, 아마(짐작컨대) ～일 것이다, ～일지도 모른다

161

화제

A : 오늘 일기예보에서는 뭐라던가요?

今天的天气预报说什么？
jīn tiān de tiān qì yù bào shuō shén me
찐티엔더 티엔치 위빠오 쉬션머

B : 일기예보에 의하면 내일은 맑을 거래.

天气预报说明天会晴朗。
tiān qì yù bào shuō míng tiān huì qíng lǎng
티엔치 위빠오 쉬 밍티엔 후이 칭랑

■ 올해 여름은 작년보다 훨씬 더워.

今年夏天比去年热得多。
jīn nián xià tiān bǐ qù nián rè de duō
찐니엔 쌰티엔 비 취니엔 러더 뚸

A : 거기도 여기만큼 더운가요?

那儿也有这儿热吗？
nà r yě yǒu zhè r rè ma
날 예요우 쩔 러마

B : 응, 남경의 날씨도 꽤 더워.

对啊，南京的天气也可热。
duì a nán jīng de tiān qì yě kě rè
뚜이아   난징더 티엔치예 커 러
可 : 강조의 의미

■ 보아하니 나기가 내릴 것 같은데.

看来要下雷雨了。
kàn lái yào xià léi yǔ le
칸라이 야오 쌰 레이위러

■ 곧 많은 비가 내릴 것 같아.

快要下大雨了。
kuài yào xià dà yǔ le
콰이야오 쌰따위러

계절과 날씨

■ 날이 어두워졌어, 곧 비가 오려고 해.
天黑了，快要下雨了。
tiān hēi le　　kuài yào xià yǔ le
티엔 헤이러　　콰이아오 샤위러
*快要 ~ 了 : 곧 ~ 하려고 한다 (임박태)

■ 내일은 태풍이 불 거래요.
听说，明天要刮台风。
tīng shuō　　míng tiān yào guā tái fēng
팅쉬　　　　밍티엔 야오 꽈 타이펑
*刮风(guāfēng) : 바람이 불다

■ 어제는 폭우가 한바탕 내렸어.
昨天下了一场暴雨。
zuó tiān xià　le　　yì chǎng bào yǔ
쭤티엔 쌰러 이챵 빠오위

■ 난 어제 밤에 비가 많이 와서 잠을 못 잤어.
昨天晚上下大雨，没睡觉。
zuó tiān wǎnshang xià dà yǔ　　méi shuì zhào
쭤티엔 완샹 샤따위　　　워 쉐이부자오

■ 여름은 너무 더워.
夏天太热了。
xià tiān tài rè le
샤티엔 타이 러 러

■ 오늘은 더워 죽을 정도야.
今天热得要命。
jīn tiān rè de yào mìng
찐티엔 러더 야오밍

■ 여름엔 과일을 많이 먹을 수 있어.
夏天可能吃很多水果。
xià tiān kě néng chī hěn duō shuǐ guǒ
샤티엔 커넝 츠 헌 뛰 쉐이궈

163

화제

- 난 무더운 건 딱 질색이야.

  我最讨厌天气闷热的。
  wǒ zuì tǎo yàn tiān qì mēn rè de
  워 쭈이 타오옌 티엔치 먼러더

- 어제는 비가 많이 와서 올 수 없었어.

  昨天下大雨了，所以没能来。
  zuó tiān xià dà yǔ le　suǒ yǐ méi néng lái
  쭤티엔 샤따위러　쉬이 메이 넝 라이

가을

- 가을이 왔어.

  秋天到了。
  qiū tiān dào le
  치우티엔 따오러

- 오늘 날씨는 선선해.

  今天天气很凉快。
  jīn tiān tiān qì hěn liáng kuai
  찐티엔 티엔치 헌 량콰이

- 단풍이 들었어.

  枫叶红了。
  fēng yè hóng le
  펑예 훙러

- 가서 단풍을 보고 싶어.

  我想去看红叶。
  wǒ xiǎng qù kàn hóng yè
  워 샹 취칸 훙예

- 날씨는 그런 대로 좋다고 할 수 있어.

  天气还算可以。
  tiān qì hái suàn kě yǐ
  티엔치 하이쑤안 커이

계절과 날씨

■ 난 가을을 좋아해.

我喜欢秋天。
wǒ xǐ huān qiū tiān
워 씨환 치우티엔

■ 가을 하늘은 높고 날씨는 서늘해, 그렇지?

秋高气爽，对吧？
qiū gāo qì shuǎng duì ba
치우까오 치솽   뚜이바

■ 가을은 수확의 계절이야.

秋天是收获的季节。
qiū tiān shì shōu huò de jì jié
치우티엔 스 쇼우훠더 지지에

■ 비가 내리고 나자 기온이 내려갔어.

下了一场雨，气温就下去了。
xià le yī chǎng yǔ   qì wēn jiù xià qù le
싸러 이챵 위   치원 지우 샤취러

■ 비가 온 후로 날씨가 점점 추워지기 시작했어.

下雨以后，天气渐渐冷起来了。
xià yǔ yǐ hòu   tiān qì jiàn jiàn lěng qǐ lái le
싸위 이허우   티엔치 지엔지엔 렁치라이러

■ 오늘 날씨는 비도 오지 않고 맑지도 않아.

今天天气又不下雨，又不晴朗。
jīn tiān tiān qì yòu bú xià yǔ   yòu bù qíng lǎng
찐티엔 티엔치 요우부샤위   요우뿌칭랑

■ 오늘 날씨는 흐리고 찌뿌드드해.

今天天气真阴死巴活。
jīn tiān tiān qì zhēn yīn sǐ bā huó
찐티엔 티엔치 쩐 인쓰빠훠

165

화제

- 하늘이 갑자기 흐려지네, 또 비가 올 것 같아.

  天忽然阴下来了，又要下雨了。
  tiān hū rán yīn xià lái le　yòu yào xià yǔ le
  티엔 후란 인샹샤라이러　　요우 야오 쌰위러

- 내일은 바람도 불고 비도 온대.

  听说明天又刮风，又下雨。
  tīng shuō míng tiān yòu guā fēng　yòu xià yǔ
  팅쉬 밍티엔 요우 꽈펑　　요우 샤위

- 일기예보에서 내일 상해가 흐릴 거래요.

  天气预报说，明天上海会阴。
  tiān qì yù bào shuō　míng tiān shàng hǎi huì yīn
  티엔치 위빠오 쉬　　밍티엔 샹하이 후이 인

- 방금 까지만 해도 맑은 날씨였는데, 지금은 하늘이 또 흐려졌어.

  刚才还晴天呢，现在天又阴下来了.
  gāng cái hái qíng tiān ne　xiàn zài tiān yòu yīn xià lái le
  깡차이 하이 칭티엔너　　씨엔짜이 티엔 요우 인샤라이러

- 요즘 날씨는 금방 갰다 금방 흐렸다 하네.

  最近的天气一会儿晴一会儿阴。
  zuì jìn de tiān qì yī huì r qíng yī huì r yīn
  쭈이찐더 티엔치 이 후알 칭 이후알 인

- 북경의 날씨는 정말 이상해.

  北京的天气真奇怪。
  běi jīng de tiān qì zhēn qí guài
  베이징더 티엔치 쩐 치꽈이

- 어제부터 날씨가 갑자기 추워졌어.

  从昨天起，天气突然转冷了。
  cóng zuó tiān qǐ　tiān qì tū rán zhuǎn lěng le
  총 쭤티엔치　　티엔치 투란 좐렁러

  * 从 A (시간/공간의 출발점) 起 B : A부터 B 하기 시작하다.

겨울

■ 오늘은 어제보다 훨씬 추워.

今天比昨天冷得多。
jīn tiān bǐ zuó tiān lěng de duō
찐티엔 비 쭤티엔 렁더 뚸

今天比昨天冷得多。(○)
jīn tiān bǐ zuó tiān lěng de duō
今天比昨天很冷。(×) / 今天比昨天非常冷。(×)
jīn tiān bǐ zuó tiān hěn lěng   jīn tiān bǐ zuó tiān fēi cháng lěng
* 비교급에는 很(hěn), 非常(fēicháng) 등과 같은 부사는 쓸 수 없다.

■ 올 겨울은 예년보다 더 추워.

今年冬天比往年更冷。
jīn nián dōng tiān bǐ wǎng nián gèng lěng
찐니엔 똥티엔 비 왕니엔 껑렁

■ 남경의 겨울은 별로 춥지 않아.

南京的冬天不怎么冷。
nán jīng de dōng tiān bù zěn me lěng
난징더 똥티엔 뿌쩐머 렁

* 不怎么(bùzěnme) : 별로

■ 날씨가 점점 추워져.

天气渐渐冷了。
tiān qì jiàn jiàn lěng le
티엔치 지엔지엔 렁러

■ 바깥은 바람이 세차게 불어요.

外边刮大风呢。
wài biān guā dà fēng ne
와이비엔 꽈 따펑너

■ 날씨가 얼어죽을 정도로 추워.

天气冷得要冻死了。
tiān qì lěng de yào dòng sǐ le
티엔치 렁더 야오 똥쓰러

계절과 날씨

167

화제

■ 추워 죽겠어.

冷死了。
lěng sǐ le
렁 쓰러

■ 오늘 날씨는 춥지도 덥지도 않아.

今天天气不冷也不热。
jīn tiān tiān qì bù lěng yě bú rè
찐티엔 티엔치 뿌렁 예 부러

A : 오늘 날씨는 어때?

今天天气怎么样?
jīn tiān tiān qì zěn me yàng
찐티엔 티엔치 쩐머양

B : 오늘은 어제보다 추워.

今天比昨天冷。
jīn tiān bǐ zuó tiān lěng
찐티엔 비 쭤티엔 렁

■ 갑자기 날씨가 추워졌어.

突然天气冷起来了。
tū rán tiān qì lěng qǐ lái le
투란 티엔치 렁치라이러

■ 올 겨울은 특히 추워.

今年冬天特别冷。
jīn nián dōng tiān tè bié lěng
찐니엔 똥티엔 터비에 렁

■ 곧 눈이 올 것 같아.

快要下雪了。
kuài yào xià xuě le
콰이야오 샤쉐러

계절과 날씨

- 그곳의 날씨는 어때?

    那儿的天气怎么样?
    nà r de tiān qì zěn me yàng
    날더 티엔치 쩐머양

- 북경의 겨울은 상당히 추워.

    北京的冬天相当冷。
    běi jīng de dōng tiān xiāngdāng lěng
    베이징더 똥티엔 샹당 렁

- 난 겨울이 너무 추워서 싫어.

    我不喜欢冬天，因为太冷了。
    wǒ bù xǐ huān dōng tiān   yīn wéi tài lěng le
    워 뿌시환 똥티엔   인웨이 타이 렁러

- 오늘은 날씨가 흐리고 추우니 나가지 마라.

    今天天气又阴又冷，你不要出去。
    jīn tiān tiān qì yòu yīn yòu lěng   nǐ bù yào chū qù
    찐티엔 티엔치 요우 인 요우 렁   니 부야오 츄취

- 오늘은 조금도 춥지 않아.

    今天一点儿也不冷。
    jīn tiān yī diǎn r yě bù lěng
    찐티엔 이디알예 뿌렁

- 오늘은 눈이 오지만 날씨는 그다지 춥지 않아.

    今天下雪，不过天气不太冷。
    jīn tiān xià xuě   bú guò tiān qì bú tài lěng
    찐티엔 사쉐   뿌꿔 티엔치 부타이 렁

    * 不过(búguò) : 역접을 나타내는 접속사

- 눈이 많이 와서 길조차도 알아볼 수가 없어.

    下大雪了，连路都看不出来。
    xià dà xuě le   lián lù dōu kàn bu chū lái
    샤따쉐러   리엔루 또우 칸부츄 라이

169

화제

■ 오늘 날씨는 그다지 춥지 않지만, 바람은 센 편이야.

今天天气不太冷，就是风比较大。
jīn tiān tiān qì bù tài lěng   jiù shì fēng bǐ jiào dà
찐티엔 티엔치 부타이 렁   지우스 펑 비쟈오 따

就是 : 가벼운 역접
jiù shì

比较 (O) : 비교적
bǐ jiào

比较的 (x) : 우리말과 달리 '的'를 붙이지 않는 것에 주의.
bǐ jiào de   de

 우리말과 순서가 다른 중국어

介绍 소개(하다)   蔬菜 채소   命运 운명   和平 평화
jiè shào   shū cài   mìng yùn   hé píng
지에샤오   쑤차이   밍윈   허핑

拥抱 포옹하다   牙齿 치아(이)   光荣 영광   阶段 단계
yōng bào   yá chǐ   guāngróng   jiē duàn
용빠오   야츠   꽝롱   지에똰

互相 상호   黑暗 어두운(암흑)   山珍海味 산해진미
hù xiāng   hēi àn   shānzhēn hǎi wèi
후샹   헤이안   산쩐하이웨이

东南西北 동서남북
dōng nán xī běi
똥 난 씨 베이

170

Unit 02
해·월·일·요일·시간

해(年)

前年(qiánnián)	(치엔니엔)	재작년
去年(qùnián)	(취니엔)	작년
今年(jīnnián)	(찐니엔)	올해(금년)
明年(míngnián)	(밍니엔)	내년
后年(hòunián)	(허우니엔)	내후년

■ 올해는 2006년입니다.

今年是二零零六年。
jīn nián shì èr líng líng liù nián
찐니엔 스 얼링링리우 니엔

A : 너는 몇 년도에 중국에 왔니?

你是哪一年到中国来的?
nǐ shì nǎ yì nián dào zhōng guó lái de
니 스 나니엔 따오 쭝궈 라이더

B : 나는 2003년에 중국에 왔어.

我是二零零三年到中国来的。
wǒ shì èr líng líng sān nián dào zhōng guó lái de
워 스 얼링링싼 니엔 따오 쭝궈 라이더

곧 만 3년이 되어가.

快要满三年了。
kuài yào mǎn sān nián le
콰이야오 만싼니엔러

화제

■ 작년에 나는 미국에서 근무했어.

去年，我在美国工作了。
qù nián wǒ zài měi guó gōng zuò le
취니엔　워 짜이 메이궈 꽁쭈어러

■ 재작년에 나는 독일에서 유학했어.

前年，我在德国留学了。
qián nián wǒ zài dé guó liú xué le
치엔니엔　워 짜이 더궈 리우쉐러

■ 3년 전에 나는 유럽에 있었어.

三年前我在欧洲了。
sān nián qián wǒ zài ōu zhōu le
싼니엔치엔 워 짜이 어우쪼우러

■ 내년에 나는 대학교에 진학해.

明年我上大学。
míng nián wǒ shàng dà xué
밍니엔 워 샹 따쉐

■ 내후년에 나는 영국으로 유학 갈 거야.

后年我到英国去留学。
hòu nián wǒ dào yīng guó qù liú xué
허우니엔 워 따오 잉궈 취 리우쉐

■ 3년 후에 나는 결혼할 계획이야.

三年后我打算结婚。
sān nián hòu wǒ dǎ suàn jié hūn
싼니엔허우 워 따쏸 지에훈

■ 난 작년에 약혼했어.

我去年订婚了。
wǒ qù nián dìng hūn le
워 취니엔 띵훈러

월(月)

上上个月(shàngshànggèyuè) (샹 샹거 위에)	지지난 달
上个月(shànggèyuè) (샹거 위에)	지난 달
这个月(zhègèyuè) (쩌거 위에)	이번 달
下个月(xiàgèyuè) (샤거 위에)	다음 달
下下个月(xiàxiàgèyuè) (샤샤거 위에)	다다음 달

해·월·일·요일·시간

■ 나는 지난 달 초에 중국으로 왔어.
上个月初我到中国来。
shàng gè yuè chū wǒ dào zhōng guó lái
샹거위에츄 워 따오 쭝궈 라이

■ 다음 달 말에 나 이사 가.
下个月底我搬家。
xià gè yuè dǐ wǒ bān jiā
샤거 위에디 워 빤쟈

■ 그는 다다음 달에 한국으로 돌아간대.
听说, 下下个月他回韩国去。
tīng shuō xià xià gè yuè tā huí hán guó qù
팅숴   샤샤거 위에 타 훼이 한궈취

A : 너 지지난 달 내게 빌린돈 언제 돌려 줄 거야?
上上个月你借给我的钱, 什么时候还给我?
shàngshàng gè yuè nǐ jiè gěi wǒ de qián   shén me shí hòu huán gěi wǒ
샹샹거 위에 니지에게이 워더 치엔   션머스허우 환게이 워

B : 무슨 소리야? 내가 지난달에 이미 너에게 돈을 돌려줬잖아.
你说什么? 我上个月已经还给你钱了。
nǐ shuōshén me   wǒ shàng gè yuè yǐ jīng hái gěi nǐ qián le
니 숴 션머   워 샹거위에 이징 환게이니 치엔러

＊借(jiè) 빌리다 ↔ 还(huán) 상환하다
　借书(jièshū) 책을 빌리다 ↔ 还书(háishū) 책을 반납하다

173

화제

■ 너 어제 온 게 아니었어?

你不是昨天来的吗?
nǐ bù shì zuó tiān lái de ma
니 부스 쭤티엔 라이더마

*是~的 : 이미 일어난 사실에 대하여 시간, 방식, 장소 등을 강조한다. 강조하고자 하는 부분을 「是~的」사이에 두며, 是는 생략 가능하다. 的는 생략 불가.

■ 이 달은 내가 바빠.

这个月，我很忙。
zhè gè yuè　wǒ hěn máng
쩌거 위에　워 헌 망

■ 이 달에 난 중간고사가 있어.

这个月，我有中间考试。
zhè gè yuè　wǒ yǒu zhōng jiān kǎo shì
쩌거 위에　워 요우 쭝지엔 카오스

■ 다음달에 너 결혼한다며?

听说下个月你结婚。
tīng shuō xià gè yuè nǐ jié hūn
팅숴 샤거위에 니 지에훈

A : 그는 지난 달에 이사갔어.

他上个月搬走了。
tā shàng gè yuè bān zǒu le
타 상거위에 빤조우러

B : 어디로 이사갔는데?

搬到哪儿?
bān dào nǎ r
빤따오 날

A : 어디로 이사갔는지 나도 몰라.

我也不知道搬到哪儿。
wǒ yě bù zhī dào bān dào nǎ r
워예 뿌즈다오 빤따오 날

*哪 : 본래 '어느'의 뜻이지만 뒤에 '儿'이 붙으면 '어디'라는 장소를 나타낸다.

지시대명사 这, 那, 哪

这 (zhè) : 이	这里 / 这儿 (zhè lǐ / zhè r)	: 여기
那 (nà) : 그, 저	那里 / 那儿 (nà lǐ / nà r)	: 거기, 저기
哪 (nǎ) : 어느	哪里 / 哪儿 (nǎ lǐ / nǎ r)	: 어디

해·월·일·요일·시간

일(日)

今天 (jīntiān)	찐티엔	오늘
昨天 (zuótiān)	줘티엔	어제
前天 (qiántiān)	치엔티엔	그저께
明天 (míngtiān)	밍티엔	내일
后天 (hòutiān)	허우티엔	모레
大后天 (dàhòutiān)	따허우티엔	글피

■ 오늘은 9월 10일입니다.

今天是九月十号。
jīn tiān shì jiǔ yuè shí hào
찐티엔스 지우 위에 스 하오

* 是(shì)는 생략 가능

■ 내일은 1월 6일이야.

明天是一月六号。
míng tiān shì yī yuè liù hào
밍티엔스 이 위에 리우 하오

화제

■ 어제는 몇 월 며칠이었지?

昨天几月几号?
zuó tiān jǐ yuè jǐ hào
쭤티엔 지 위에 지 하오

■ 어제는 12월 7일이었어.

昨天十二月七号。
zuó tiān shí èr yuè qī hào
쭤티엔 스얼 위에 치 하오

A : 한국의 어린이날은 5월5일이에요.

韩国的儿童节是五月五号。
hán guó de r tóng jié shì wǔ yuè wǔ hào
한궈더 얼통제 스 우위에 우하오

B : 그래요? 중국의 어린이 날은 6월 1일인데.

是吗? 中国的儿童节是六月一号。
shì ma zhōng guó de r tóng jié shì liù yuè yī hào
스마   쭝궈더 얼통제 스 리우위에 이 하오

■ 오늘이 바로 한국의 어버이날이야.

今天就是韩国的父母节。
jīn tiān jiù shì hán guó de fù mǔ jié
찐티엔 지우스 한궈더 푸무지에

A : 오늘은 몇 월 며칠이지?

今天几月几号?
jīn tiān jǐ yuè jǐ hào
찐티엔 지위에 지하오

B : 오늘은 5월 8일이야.

今天五月八号。
jīn tiān wǔ yuè bā hào
찐티엔 우위에 빠하오

■ 그는 어제 돌아왔어.
他昨天回来了。
tā zuó tiān huí lái le
타 쭤티엔 훼이라이러

■ 나는 내일 여행을 가요.
我明天去旅行。
wǒ míng tiān qù lǚ xíng
워 밍티엔 취 뤼씽

■ 나는 내일 집에서 쉬어.
我明天在家休息。
wǒ míng tiān zài jiā xiū xi
워 밍티엔 짜이쟈 쓔시

A : 추석이 몇 월 며칠이지?
中秋节是几月几号?
zhōng qiu jié shì jǐ yuè jǐ hào
쭁치우제 스 지위에 지하오

* 한국에서는 추석을 秋夕라고 하지만, 중국에서는 中秋节(zhōngqiūjié), 种秋节 모두 사용이 가능하다.

B : 추석은 음력 8월 15일이야.
中秋节是阴历八月十五号。
zhōng qiū jié shì yīn lì bā yuè shí wǔ hào
쭁치우제 스 인리 빠위에 스우 하오

■ 중국에서는 추석에 월병을 먹어요.
在中国, 中秋节吃月饼。
zài zhōng guó　zhōng qiu jié chī yuè bǐng
짜이 쯍궈　쭁치우지에 츠 위에삥

☞ 쉬어가기
중국인은 우리와 달리 먹는 것을 제일로 생각하므로, 우리가 흔히 말하는 '의식주(衣食住)'를 중국인들은 食衣住(shíyīzhù)라고 말한다.

해 · 월 · 일 · 요일 · 시간

화제

■ 모레 오전에 약속 있어?

后天上午你有没有约会?
hòu tiān shàng wǔ nǐ yǒu méi yǒu yuē huì
허우티엔 샹우 니 요메이요 위에후이

* 有没有? = 有吗?

■ 모레는 내 친구의 생일이야.

后天是我朋友的生日。
hòu tiān shì wǒ péng yǒu de shēng rì
허우티엔 스 워 펑요우더 셩르

A : 너 그저께 어디 있었어?

你前天在哪儿了?
nǐ qián tiān zài nǎ r le
니 치엔티엔 짜이 날러

B : 나는 그저께 남경에 있었어.

我前天在南京了。
wǒ qián tiān zài nán jīng le
워 치엔티엔 짜이 난징러

■ 그끄저께 너 뭐했니?

大前天,你做什么了?
dà qián tiān nǐ zuò shén me le
따 치엔티엔 니 쮀 션머러

■ 글피에 너 무슨 계획 있어?

大后天,你有什么打算?
dà hòu tiān nǐ yǒu shén me dǎ suàn
따허우티엔 니 요우 션머 따쏸

■ 글피에 나도 기말고사가 있어.

大后天,我也有期末考试。
dà hòu tiān wǒ yě yǒu qī mò kǎo shì
따허우티엔 워예 요우 치모 카오스

■ 지금 시간 있어?
> **你现在有没有空?**
> nǐ xiàn zài yǒu méi yǒu kōng
> 니 씨엔짜이 요메이요 콩

■ 지금 시간 있으십니까?
> **您现在有空儿吗?**
> nín xiàn zài yǒu kōng r ma
> 닌 씨엔짜이 요우 콜마

> A : 오늘 시간 있어?
> > **今天你有没有空?**
> > jīn tiān nǐ yǒu méi yǒu kōng
> > 찐티엔 니 요메이요 콩
>
> B : 오늘은 시간이 얼마든지 있어.
> > **今天,时间有的是。**
> > jīn tiān shí jiān yǒu de shì
> > 찐티엔 스지엔 요우더 스

■ 내일 오후에 시간 있어?
> **明天下午有时间吗?**
> míng tiān xià wǔ yǒu shí jiān ma
> 밍티엔 사우 요우 스지엔마

■ 너 내일은 좀 일찍 와라.
> **你明天早点儿来吧。**
> nǐ míng tiān zǎo diǎn r lái ba
> 니 밍티엔 자오 디알 라이바

■ 날이 어두워졌어, 빨리 돌아가자.
> **天黑了,快回去吧。**
> tiān hēi le kuài huí qù ba
> 티엔 헤이러 콰이 훼이 취바

해·월·일·요일·시간

화제

요일 · 주(周)

星期一 (xīngqīyī)	씽치이	월요일
星期二 (xīngqīèr)	씽치얼	화요일
星期三 (xīngqīsān)	씽치싼	수요일
星期四 (xīngqīsì)	씽치쓰	목요일
星期五 (xīngqīwǔ)	씽치우	금요일
星期六 (xīngqīliù)	씽치리우	토요일
星期天/日 (xīngqītiān/rì)	씽치티엔/르	일요일

■ 오늘은 무슨 요일이지?

今天星期几?
jīn tiān xīng qī jǐ
찐티엔 씽치지

■ 오늘은 화요일이야.

今天星期二。
jīn tiān xīng qī èr
찐티엔 씽치얼

上上个星期 shàngshàng ge xīng qī	(상상거 씽치)	지지난 주
上个星期 shàng ge xīng qī	(상거 씽치)	지난 주
这个星期 zhè ge xīng qī	(쩌거 씽치)	이번 주
下个星期 xià ge xīng qī	(샤거 씽치)	다음 주
下下个星期 xià xià ge xīng qī	(샤샤거 씽치)	다다음 주

■ 모레는 수요일이야.

后天是礼拜三。
hòu tiān shì lǐ bài sān
허우티엔 스 리빠이싼

礼拜一(lǐbàiyī)	리빠이이	월요일
礼拜二(lǐbàièr)	리빠이얼	화요일
礼拜三(lǐbàisān)	리빠이싼	수요일
礼拜四(lǐbàisì)	리빠이쓰	목요일
礼拜五(lǐbàiwǔ)	리빠이우	금요일
礼拜六(lǐbàiliù)	리빠이리우	토요일
礼拜天(lǐbàitiān)	리빠이티엔	일요일

* 요일을 말할 때는 礼拜(lǐbài)보다 앞에서 언급한 星期(xīngqī)를 더 많이 사용한다.

해·월·일·요일·시간

■ 글피는 금요일이야.

大后天星期五。
dà hòu tiān xīng qī wǔ
따 허우티엔 씽치우

■ 다음 주말에 시간 있어?

下个周末你有空吗?
xià ge zhōu mò nǐ yǒu kōng ma
싸거 쩌우모 니 요우 콩마

■ 금요일에 뭐 하고 싶어?

星期六你想做什么?
xīng qī liù nǐ xiǎng zuò shén me
씽치리우 니샹 쭤선머

■ 이번 주말은 어떻게 보낼 계획이세요?

这个周末你打算怎么过?
zhè ge zhōu mò nǐ dǎ suàn zěn me guò
쩌거 죠우모 니 따쏸 쩐머 꿔?

■ 지난 토요일에 어디 갔었어?

上个星期六你去过哪儿了?
shàng ge xīng qī liù nǐ qù guò nǎ r le
상거 씽치리우 니 취궈 날러

화제

■ 이 번 주말에 어디 가고 싶어요?
这个周末你想去哪儿?
zhè ge zhōu mò nǐ xiǎng qù nǎ r
쩌거 쪼우모 니 샹 취 날

■ 그는 이번 주 목요일에 하얼빈에 간대.
听说这个星期四他去哈尔滨。
tīng shuō zhè ge xīng qī sì tā qù hā ěr bīn
팅쉐 쩌거 씽치쓰 타 취 하얼삔

■ 그저께는 금요일이었어요.
前天是礼拜五。
qián tiān shì lǐ bài wǔ
치엔티엔 스 리빠이우

前天是星期五。
qián tiān shì xīng qī wǔ
치엔티엔 스 씽치우

■ 나는 토요일에야 집으로 돌아 가.
我星期六才回家去。
wǒ xīng qī liù cái huí jiā qù
워 씽치리우 차이훼이쟈 취

■ 다음 주말에 뭐 해?
下个周末你干什么?
xià ge zhōu mò nǐ gān shén me
샤거 죠우모 니 깐 션머

A: 이번 일요일에 무슨 계획 있어요?
这个星期天, 你有什么打算?
zhè ge xīng qī tiān　nǐ yǒu shén me dǎ suàn
쩌거 씽치티엔　니 요우 션머 따쏸

B: 이번 일요일에 나는 아들을 데리고 '어린이 공원'에 가요.
这个星期天, 我带我儿子去'儿童公园'。
zhè ge xīng qī tiān　wǒ dài wǒ r zǐ qù　ér tónggōngyuán
쩌거 씽치티엔　워 따이 워 얼즈 취 '얼통꽁위엔'

■ 매주 일요일에 나는 교회에 가요.

每个礼拜天我去教堂。
měi ge lǐ bài tiān wǒ qù jiào táng
메이거 리빠이티엔 워취 쟈오탕

■ 저는 글피에 귀국하려고 해요.

大后天我要回国。
dà hòu tiān wǒ yào huí guó
따허우티엔 워 야오 훼이궈

시간

A : 지금 몇 시지?

现在几点？
xiàn zài jǐ diǎn
씨엔짜이 지디엔

B : 지금은 오후 3시야.

现在下午三点钟。
xiàn zài xià wǔ sān diǎn zhōng
씨엔짜이 샤우 싼디엔쭝

■ 지금은 6시 30분(반)이에요.

现在六点三十分。
xiàn zài liù diǎn sān shí fēn
씨엔짜이 리우디엔 싼스펀

现在六点半。
xiàn zài liù diǎn bàn
씨엔짜이 리우디엔 빤

■ 지금은 7시 15분이야.

现在七点一刻。
xiàn zài qī diǎn yī kè
씨엔짜이 치디엔 이커

现在七点十五分。
xiàn zài qī diǎn shí wǔ fēn
씨엔짜이 치디엔 스우펀

해 · 월 · 일 · 요일 · 시간

刻

一刻(yīkè)는 15분이며, 30분은 '三十分(sānshífēn)혹은 半(bàn)이라 하고, 45분은 三刻(sānkè)라 한다. '差~分'은 '~분 전'이란 뜻이 된다.

■ 방금 오후 3시가 되었어.

刚刚下午三点了。
gānggāng xià wǔ sān diǎn le
깡강 쌰우 싼디엔러

■ 지금은 12시 15분입니다.

现在是十二点十五分。
xiàn zài shì shí èr diǎn shí wǔ fēn
씨엔짜이 스얼디엔 스우펀

现在十二点一刻。
xiàn zài shí èr diǎn yī kè
씨엔짜이 스얼디엔 이커

■ 지금은 오후 2시 17분입니다.

现在是下午两点十七分。
xiàn zài shì xià wǔ liǎngdiǎn shí qī fēn
씨엔짜이 쌰우 량디엔 스치펀

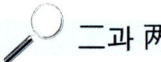 二과 两

1. 일반적으로 양사 앞에서는 两(liǎng)을 쓴다.
2. 十(shí)앞에서는 二(èr)을 쓰고, 百(bǎi) 앞에서는 二(èr)과 两(liǎng)을 모두 쓸 수 있다.
   二十(èrshí), 二百(èrbǎi) / 两百(liǎngbǎi)
* 2002는 两千零二이라고 하며, 뒤에 二는 절대로 两이라고 할 수 없다. 二千零二라고도 말할 수 있다.

■ 지금은 오전 8시입니다.

现在上午八点。
xiàn zài shàng wǔ bā diǎn

씨엔짜이 샹우 빠디엔

■ 지금 몇 시나 됐지요?

现在几点了?
xiàn zài jǐ diǎn le

씨엔짜이 지디엔러

* 了는 변화를 나타낸다.

예) 现在几点? 지금 몇 시죠? / 现在几点了? 지금 몇 시나 됐지요?
xiàn zài jǐ diǎn   xiàn zài jǐ diǎn le

■ 오후 7시 7분입니다.

下午七点七分。
xià wǔ qī diǎn qī fēn

샤우 치디엔 치펀

■ 8시 15분이야.

八点一刻。
bā diǎn yí kè

빠디엔 이커

八点十五分。
bā diǎn shí wǔ fēn

빠디엔 스우펀

■ 오전 8시 25분이요.

上午八点二十五分钟。
shàng wǔ bā diǎn èr shí wǔ fēn zhōng

샹우 빠디엔 얼스우펀쭝

■ 지금은 9시 반이야.

现在九点半。
xiàn zài jiǔ diǎn bàn

씨엔짜이 지우디엔 빤

现在九点三十分。
xiàn zài jiǔ diǎn sān shí fēn

씨엔짜이 지우디엔 싼스펀

해·월·일·요일·시간

화제

- 12시가 다 돼 가지요?

  快要十二点了吧?
  kuài yào shí èr diǎn le ba
  콰이 야오 스얼 디엔러바

  *吧 : 문장의 끝에 쓰여 추측, 권유, 명령의 어기를 나타낸다.

  예) 你是学生吗? 당신은 학생입니까?
  nǐ shì xué shēng ma
  (상대방이 학생인 줄 모르는 상태에서 하는 질문)

  你是学生吧? 당신은 학생이지요?
  nǐ shì xué shēng ba
  (상대방이 학생이라고 추측한 상태에서 확인하는 어감)

- 4시 45분입니다. (15분전 5시입니다)

  四点三刻。
  sì diǎn sān kè
  쓰디엔 싼커

  四点四十五分。
  sì diǎn sì shí wǔ fēn
  쓰디엔 쓰스우펀

  差十五分五点。
  chà shí wǔ fēn wǔ diǎn
  차 스우펀 우디엔

  差一刻五点。
  chà yī kè wǔ diǎn
  차이커 우디엔

- 5분전 6시입니다.

  差五分六点。
  chà wǔ fēn liù diǎn
  차 우펀 리우디엔

- 나는 너를 15분 기다렸어.

  我等你一刻了。
  wǒ děng nǐ yí kè le
  워 떵 니 이커러

  我等你十五分了。
  wǒ děng nǐ shí wǔ fēn le
  워 떵 니 스우펀러

■ 지금은 오후 3시입니다.

现在下午三点钟。
xiàn zài xià wǔ sān diǎn zhōng
씨엔짜이 샤우 싼디엔쭁

■ 몇 시에 올래?

你几点过来?
nǐ jǐ diǎn guò lái
니 지디엔 꿔라이

■ 그가 몇 시에 나갔지?

他几点出去的?
tā jǐ diǎn chū qù de
타 지디엔 츄취더

■ 지금은 9시 반입니다.

现在是九点半。
xiàn zài shì jiǔ diǎn bàn
씨엔짜이 지우디엔 빤

现在九点三十分。
xiàn zài jiǔ diǎn sān shí fēn
씨엔짜이 지우디엔 싼스펀

■ 4시 15분입니다.

四点一刻。
sì diǎn yí kè
쓰디엔 이커

四点十五分。
sì diǎn shí wǔ fēn
쓰디엔 스우펀

■ 7시 4분입니다.

七点四分。
qī diǎn sì fēn
치디엔 쓰펀

해·월·일·요일·시간

|화제|

■ 지금 벌써 10시가 됐어요.

现在都是十点了。
xiàn zài dōu shì shí diǎn le
씨엔짜이 또우스 스디엔러

＊都 : 부사로서 '이미, 벌써'라는 뜻

■ 지금 12시 5분전이야.

现在差五分十二点。
xiàn zài chā wǔ fēn shí èr diǎn
씨엔짜이 챠 우펀 스얼디엔

■ 12시 15분전이네.

差一刻十二点。
chā yī kè shí èr diǎn
챠 이커 스얼디엔

■ 11시 45분입니다.

十一点四十五分。
shí yī diǎn sì shí wǔ fēn
스이디엔 쓰스우펀

■ 벌써 12시가 되었는데, 그 사람은 왜 아직 안 돌아왔지?

都十二点了，他怎么还没回来？
dōu shí èr diǎn le   tā zěn me hái méi huí lái
또우 스얼 디엔러   타 쩐머 하이메이 훼이라이

■ 내 시계가 좀 빨라서 정확하지 않아.

我的表快点，不清楚。
wǒ de biǎo kuài diǎn   bù qīng chu
워더 빠오 콰이디엔   뿌칭츄

＊(手)表 : 손목시계
shǒu biǎo

■ 벌써 8시가 되었어요.

都八点了。
dōu bā diǎn le
또우 빠디엔러

Unit 03
고향 · 출신 · 나이 · 거주지

고향, 출신

■ 어디에서 오셨지요?
你是从哪来的?
nǐ shì cóng nǎ lái de
니스 충 나라이더

■ 나는 북경에서 왔어요.
我是从北京来的。
wǒ shì cóng běi jīng lái de
워스 충 베이징 라이더

A : 당신은 어디에서 왔어요?
你从哪儿来?
nǐ cóng nǎ r lái
니 충 날라이

B : 나는 한국에서 왔어요.
我是从韩国来的。
wǒ shì cóng hán guó lái de
워 스 충 한궈 라이더

■ 당신의 고향은 어디인가요?
你的老家是哪儿?
nǐ de lǎo jiā shì nǎ r
니더 라오쟈 스 날

189

화제

■ 당신의 고향은 어디입니까?
您的家乡是哪儿?
nín de jiā xiāng shì nǎ r
닌더 자샹 스 날

■ 내 고향은 상해예요.
我的老家是上海。
wǒ de lǎo jiā shì shàng hǎi
워더 라오쟈 스 샹하이

■ 당신은 어느 나라 사람인가요?
你是哪国人?
nǐ shì nǎ guó rén
니 스 나궈런

■ 나는 한국인입니다.
我是韩国人。
wǒ shì hán guó rén
워 스 한궈런

■ 나는 프랑스인입니다.
我是法国人。
wǒ shì fǎ guó rén
워스 파궈런

■ 당신은 어디 사람인가요?
你是哪里人?
nǐ shì nǎ lǐ rén
니 스 나리런

■ 나는 북경사람입니다.
我是北京人。
wǒ shì běi jīng rén
워 스 베이징런

나이

■ 몇 살이니?

你几岁?
nǐ jǐ suì
니 지쑤이

* 10살 이하의 어린이에게 사용하는 말이다. 10 이상의 수를 물을 때는 几(jǐ)를 사용하며, 그 이상의 수를 물을 때는 多少(duōshǎo)를 쓴다.

A : 몇 년 생이세요?

你是哪年出生的?
nǐ shì nǎ nián chū shēng de
니 스 나니엔 츄성더

B : 저는 1965년생입니다.

我是一九六五年出生的。
wǒ shì yī jiǔ liù wǔ nián chū shēng de
워 스 이 지우 리우 우 니엔 츄성더

■ 꼬마야, 너 몇 살이니?

小朋友，你几岁?
xiǎopéng yǒu　nǐ jǐ suì
샤오 펑요우　니 지쮀이

■ 올해 (나이가) 몇이세요?

你今年多大了?
nǐ jīn nián duō dà le
니 찐니엔 뒤따러

* 일반적으로 많이 쓰이는 표현이다. 나이 차이가 많이 나는 어른들에 대한 표현으로는 多大岁数?가 있다

A : 올해 몇 살이나 됐어요?

你今年多大了?
nǐ jīn nián duō dà le
니 찐니엔 뒤따러

B : 스물 두 살 이예요.

我二十二岁。
wǒ èr shí èr suì
워 얼스얼 쮀이

고향·출신·나이·거주지

191

화제

■ 금년에 연세가 어떻게 되세요?

您今年多大岁数?
nín jīn nián duō dà suì shù
닌 찐니엔 둬따 쒜이수

■ 연세가 얼마나 되세요?

您多大岁数?
nín duō dà suì shù
닌 둬따 쑤이수

■ 내가 너보다 한 살 많아.

我比你大一岁。
wǒ bǐ nǐ dà yí suì
워 비니 따 이 쑤이

* 나이가 많다는 표현은 多가 아닌 大로 나타낸다.

■ 내가 당신보다 세 살 많아요.

我比你大三岁。
wǒ bǐ nǐ dà sān suì
워 비 니 따 싼쒜이

■ 넌 나보다 한 살 적어.

你比我小一岁。
nǐ bǐ wǒ xiǎo yí suì
니 비워 샤오 이 쑤이

* 나이가 적다는 표현은 少(shǎo)가 아닌 小(xiǎo)로 나타낸다.

A : 무슨 띠입니까?

你属什么?
nǐ shǔ shén me
니 수 션머

B : 나는 개띠예요.

我属狗。
wǒ shǔ gǒu
워 수 꺼우

■ 나는 양띠야.
我属羊(的)。
wǒ shǔ yáng de
워 수 양(더)
＊的는 생략 가능

■ 나는 호랑이 띠야.
我属老虎(的)。
wǒ shǔ lǎo hū de
워 수 라오후(더)

■ 나는 쥐띠야.
我属老鼠(的)。
wǒ shǔ lǎo shǔ de
워 수 라오수(더)

Unit 04
혈액형

- 나는 혈액형이 A형이야.

  我的血型是A型。
  wǒ de xiě xíng shì xíng
  워더 쉐씽 스 A씽

- 나는 혈액형이 B형이야.

  我的血型是B型。
  wǒ de xiě xíng shì xíng
  워더 쉐씽 스 B씽

  A : 넌 무슨 혈액형이야?

  你是什么血型?
  nǐ shì shén me xiě xíng
  니 스 션머 쉐씽

  B : 난 AB형이야.

  我的血型是AB型。
  wǒ de xiě xíng shì xíng
  워더 쉐씽 스 AB씽

- 난 O형이야.

  我的血型是O型。
  wǒ de xiě xíng shì xíng
  워더 쉐씽 스 오씽

Unit 05
자기 직업 말하기

■ 나는 은행에서 일합니다.
我在银行工作。
wǒ zài yín xíng gōng zuò
워 짜이 인항 꿍쭤

■ 나는 공무원입니다.
我是公务员。
wǒ shì gōng wù yuán
워 스 꿍우위엔

■ 나는 가정주부입니다.
我是家庭主妇。
wǒ shì jiā tíng zhǔ fù
워 스 쟈팅주푸

■ 나는 노동자입니다.
我是工人。
wǒ shì gōng rén
워스 꿍런

■ 나는 기술자입니다.
我是技术员。
wǒ shì jì shù yuán
워스 지수위엔

■ 나는 엔지니어입니다.
我是工程师。
wǒ shì gōngchéng shī
워스 꿍청스

화제

■ 나는 변호사입니다.
我是律师。
wǒ shì lǜ shī
워 스 뤼스

■ 나는 교수입니다.
我是教授。
wǒ shì jiào shòu
워스쟈오쇼우

■ 나는 법관입니다.
我是法官。
wǒ shì fǎ guān
워스파관

■ 나는 비서입니다.
我是秘书。
wǒ shì mì shū
워스 미수

■ 나는 관광안내원입니다.
我是导游。
wǒ shì dǎo yóu
워스 따오요우

■ 나는 상인입니다.
我是做买卖的。
wǒ shì zuò mǎi mài de
워스 쭤마이마이더

我是商人。
wǒ shì shāng rén
워 스 샹런

我是个做买卖的。
wǒ shì ge zuò mǎi mài de
워 스거 쭤마이마이더

我是买卖人。
wǒ shì mǎi mài rén
워 스 마이마이런

■ 나는 지배인입니다.
我是经理。
wǒ shì jīng lǐ
워스 찡리

* 经理는 '사장'을 지칭하기도 하는데, 总经理(zǒngjīnglǐ)라고 말하면 더욱 완벽하게 '사장'이라는 뜻이 된다.

■ 나는 운전 기사입니다.
我是个开车的。
wǒ shì ge kāi chē de
워 스거 카이쳐더

■ 나는 택시운전기사입니다.
我是出租汽车司机。
wǒ shì chū zū qì chē sī jī
워스 츄주치쳐 쓰지

■ 나는 간호사입니다.
我是护士。
wǒ shì hù shì
워 스 후스

■ 나는 의사입니다.
我是医生。
wǒ shì yī shēng
워 스 이셩

■ 나는 교사입니다.
我是个教书的。
wǒ shì ge jiào shū de
워 스거 쟈오수더

■ 나는 요리사입니다.
我是个做饭的。
wǒ shì ge zuò fàn de
워 스거 쭤판더

我是厨师。
wǒ shì chú shī
워 스 츄스

자기 직업 말하기

화제

 ~的

> ~的 : 직업을 나타내기도 한다. (~하는 사람)
>
> 买卖的 : 사고 파는 사람(=상인)
> mǎi mài de
>
> 念书的 : 공부하는 사람(=학생)
> niàn shū de
>
> 要饭的 : 밥 달라고 하는 사람(=거지)
> yào fàn de
>
> 做饭的 : 음식 만드는 사람(=요리사)
> zuò fàn de
>
> 开车的 : 운전하는 사람(=운전 기사)
> kāi chē de
>
> 送报的 : 신문배달부
> sòng bào de

■ 나는 화장품 회사에서 일을 합니다.

我在化妆品公司工作。
wǒ zài huà zhuāng pǐn gōng sī gōng zuò
워 짜이 화좡핀 꿍쓰 꿍쭤

■ 나는 화장품 판매원입니다.

我是化妆品推销员。
wǒ shì huà zhuāng pǐn tuī xiāo yuán
워 스 화좡핀 투이샤오위엔

■ 나는 점원입니다.

我是营业员。
wǒ shì yíng yè yuán
워 스 잉예위엔

■ 나는 자동차 회사에서 일을 합니다.

我在汽车公司工作。
wǒ zài qì chē gōng sī gōng zuò
워 짜이 치쳐 꿍쓰 꿍쭤

■ 우리 회사는 휴대폰 영업을 해요.

我门公司做手机生意。
wǒ méngōng sī zuò shǒu jī shēng yì
워먼 꿍쓰 쭤 쇼우지 셩이

■ 제가 하는 일은 컴퓨터를 판매하는 것입니다.

我的工作是推销电脑。
wǒ de gōng zuò shì tuī xiāo diàn nǎo
워더 꿍쭤 스 투이샤오 띠엔나오

■ 나는 컴퓨터 회사에서 일합니다.

我在电脑公司工作。
wǒ zài diàn nǎo gōng sī gōng zuò
워 짜이 띠엔나오 꿍쓰 꿍쭤

■ 나는 컴퓨터 분석가입니다.

我是电脑分析家。
wǒ shì diàn nǎo fēn xī jiā
워 스 띠엔나오 펀시쟈

■ 나는 회사원입니다.

我是公司职员。
wǒ shì gōng sī zhí yuán
워 스 꿍쓰 즈위엔

■ 나는 셀러리맨입니다.

我是工薪族。
wǒ shì gōng xīn zú
워 스 꿍씬주

■ 나는 사무원입니다.

我是事务员。
wǒ shì shì wù yuán
워 스 스우위엔

자기 직업 말하기

화제

- 나는 기자입니다.
  我是记者。
  wǒ shì jì zhě
  워 스 지져

- 나는 경리예요.
  我是会计。
  wǒ shì huì jì
  워 스 후이지

- 나는 우편배달부입니다.
  我是邮递员。
  wǒ shì yóu dì yuán
  워 스 요우띠위엔

- 나는 한국 기업에서 근무하고 있습니다.
  我在一个韩国企业工作。
  wǒ zài yī ge hán guó qǐ yè gōng zuò
  워 짜이 이거 한궈 치예 꿍쭤

- 나는 사진사입니다.
  我是摄影师。
  wǒ shì shè yǐng shī
  워스 셔잉스

- 나는 회계사입니다.
  我是会计师。
  wǒ shì huì jì shī
  워 스 콰이지스

- 나는 프리랜서입니다.
  我是自由职业者。
  wǒ shì zì yóu zhí yè zhě
  워 스 쯔요우 즈예져

200

Unit 06
가족에 대하여

■ 우리는 네 식구예요.

我家有四口人。
wǒ jiā yǒu sì kǒu rén
워쟈 요우 쓰커우런

A : 식구가 몇이세요?

你家有几口人?
nǐ jiā yǒu jǐ kǒu rén
니쟈 요우 지커우런

B : 다섯 명입니다.

我家有五口人。
wǒ jiā yǒu wǔ kǒu rén
워쟈 요우 우커우런

A : 모두 누구 누구예요?

都有什么人?
dōu yǒu shén me rén
또우요우 션머런

B : 할머니, 아빠, 엄마, 오빠 그리고 저예요.

奶奶, 爸爸, 妈妈, 哥哥和我。
nǎi nai   bà ba   mā ma   gē ge hé wǒ
나이나이   빠바   마마   꺼거 허 워

■ 우리 식구는 세 명입니다.

我家有三口人。
wǒ jiā yǒu sān kǒu rén
워 쟈런 요우 싼커우런

화제

- 아빠, 엄마, 그리고 저예요.

  爸爸，妈妈和我。
  bà bà　mā mā hé wǒ
  빠바　마마 허워

- 우리 엄마도 일을 하셔요(직장에 다녀요).

  我妈妈也工作。
  wǒ mā mā yě gōng zuò
  워 마마 예 꿍쭤

- 우리 오빠(형)는 이미 결혼했어요.

  我哥哥已经结婚了。
  wǒ gē ge yǐ jīng jié hūn le
  워 꺼거 이징 지에훈러

- 올해 우리 아이는 다섯 살이 되었어요.

  今年我孩子五岁了。
  jīn nián wǒ hái zǐ wǔ suì le
  찐니엔 워 하이즈 우쒜이러

- 가족이 누구 누구인가요?

  你家都有什么人?
  nǐ jiā dōu yǒu shén me rén
  니쟈 또우 요우 선머런

- 당신 아버지, 어머니는 무슨 일을 하시나요?

  你爸爸，妈妈做什么工作?
  nǐ bà bà　mā mā zuò shén me gōng zuò
  니 빠바　마마 쭤 선머 꿍쭤

- 아버지는 교수이시고, 엄마는 의사셔요.

  我爸爸是教授，我妈妈是医生。
  wǒ bà bà shì jiào shòu　wǒ mā mā shì yī shēng
  워 빠바 스 쟈오쇼우　워 마마 스 이성

■ 당신 오빠는요?

你哥哥呢?
nǐ gē ge ne
니 꺼거너

■ 우리 오빠는 대학생이에요.

我哥哥是大学生。
wǒ gē ge shì dà xué shēng
워 꺼거 스 따쉐셩

> A : 당신 딸은 누구를 닮았어요?
>
> 你的女儿像谁?
> nǐ de nǚ r xiàng shéi
> 니더 뉘얼 샹 쉐이
>
> B : 그 아이는 제 아내를 닮았어요.
>
> 她像我太太。
> tā xiàng wǒ tài tài
> 타 샹 워 타이타이

■ 어쩐지, 은희가 엄마처럼 예쁘네요.

怪不得，恩姬像她妈妈一样漂亮。
guài bu de   ēn jī xiàng tā mā ma yī yàng piào liàng
꽈이부더   언지 샹 타 마마 이양 퍄오량

*怪不得(guàibùde) / 难怪(nánguài) : 어쩐지

■ 나는 막내딸이에요.

我是老姑娘。
wǒ shì lǎo gū niáng
워 스 라오꾸냥

*我是最小的。(나는 막내입니다.) 아들과 딸 구분 없이 막내라는 뜻

■ 저는 남동생 하나, 여동생이 하나 있어요.

我有一个弟弟，一个妹妹。
wǒ yǒu yī ge dì di   yī ge mèi mei
워 요우 이거 띠디   이거 메이메이

203

화제

- 제가 맏이예요.
  ### 我是老大。
  wǒ shì lǎo dà
  워 스 라오 따

> **그 아버지에 그 아들(부전자전)**
>
> ### 有什么父亲，有什么样的儿子。
> yǒu shén me fù qīn   yǒu shén me yàng de r zǐ
> 요우 션머 푸친   요우 션머양더 얼즈

- 나는 부산에서 태어났지만, 서울에서 자랐어요.
  ### 我生在釜山，长在首尔。
  wǒ shēng zài fǔ shān   zhǎng zài shǒu ěr
  워 셩짜이 푸샨   쟝짜이 셔우얼

- 내 남동생은 미국에서 유학해요.
  ### 我弟弟在美国留学。
  wǒ dì di zài měi guó liú xué
  워 띠디 짜이 메이궈 리우쉐

- 우리 언니(누나)는 외국에 살아요.
  ### 我姐姐住在外国。
  wǒ jiě jie zhù zài wài guó
  워 지에제 쮸짜이 와이궈

- 우리 언니(누나)는 대학원에 다녀요.
  ### 我姐姐在研究所念书。
  wǒ jiě jie zài yán jiū suǒ niàn shū
  워 지에제 짜이 옌지우숴 니엔수

- 내 남동생은 아직 초등학생이에요.
  ### 我弟弟还在小学念书。
  wǒ dì di hái zài xiǎo xué niàn shū
  워 띠디 하이 짜이 샤오쉐 니엔수

■ 내 여동생은 아직 대학교에 다녀요.

我妹妹还在大学念书。
wǒ mèi mei hái zài dà xué niàn shū

워 메이메이 하이짜이 따쉐 니엔수

■ 우리 애는 아직 철이 없어요.

我孩子还不懂事。
wǒ hái zi hái bù dǒng shì

워 하이즈 하이 뿌똥 스

*不懂事(bùdǒngshì): 철이 없다

■ 그들 부부에게는 아직 아이가 없어요.

他们一对夫妻还没有孩子。
tā men yí duì fū qī hái méi yǒu hái zi

타먼 이뚜이 푸치 하이메이요 하이즈

*一对夫妻: 한 쌍의 부부

■ 우린 모두 한 가족입니다.

我们都是一家人。
wǒ men dōu shì yī jiā rén

워먼 또우스 이자런

■ 나는 이미 결혼했어요.

我已经结婚了。
wǒ yǐ jing jié hūn le

워 이징 지에훈러

■ 당신의 부모는 누구와 사시지요?

你父母跟谁一起生活?
nǐ fù mǔ gēn shéi yī qǐ shēng huó

니 푸무 껀 셰이 이치 성훠

■ 너는 부모님과 함께 사니?

你和父母一起过吗?
nǐ hé fù mǔ yī qǐ guò ma

니 허 푸무 이치 꿔마

가족에 대하여

화제

■ 당신 부모님은 건강하게 살아 계시나요?
你父母都健在吗?
nǐ fù mǔ dōu jiàn zài ma
니 푸무 또우 찌엔짜이마

A : 당신은 아이가 몇 명이에요?
你有几个孩子?
nǐ yǒu jǐ ge hái zi
니요우 지거 하이즈

B : 저는 아이가 둘이에요.
我有两个孩子。
wǒ yǒu liǎng ge hái zi
워 요우 량거 하이즈

＊两(liǎng) : 일반적으로 양사 앞에서는 二(èr)을 쓰지 않고 两(liǎng)을 쓴다.

■ 당신은 형제자매가 있어요?
你有没有兄弟姐妹?
nǐ yǒu méi yǒu xiōng dì jiě mèi
니 요메이요 슝디 지에메이

■ 형제자매가 몇이세요?
你有几个兄弟姐妹?
nǐ yǒu jǐ ge xiōng dì jiě mèi
니 요우 지거 슝디 지에메이

■ 저는 오빠가 둘, 언니가 하나 있어요.
我有两个哥哥，一个姐姐。
wǒ yǒu liǎng ge gē ge   yī ge jiě jie
워 요우 량거 꺼거   이거 지에제

■ 제 아들은 아직 초등학생입니다.
我儿子还在小学念书。
wǒ ér zǐ hái zài xiǎo xué niàn shū
워 얼즈 하이짜이 샤오쉐 니엔수

가족에 대하여

A : 저는 외아들이에요.

我是独生子。
wǒ shì dú shēng zǐ
워 스 두셩즈

B : 그래요? 저도 외동딸이에요.

是吗? 我也是独生女。
shì ma　wǒ yě shì dú shēng nǚ
스마　　워예 스 두셩뉘

 가족과 친족을 나타내는 말

가족관계

爷爷(yéye)	예예	할아버지
奶奶(nǎinai)	나이나이	할머니
父亲(fùqīn)	푸친	아버지
爸爸(bàba)	빠바	아빠
母亲(mǔqīn)	무친	어머니
妈妈(māma)	마마	엄마
哥哥(gēge)	꺼거	오빠(형)
姐姐(jiějie)	지에지에	언니(누나)
弟弟(dìdi)	띠디	남동생
妹妹(mèimei)	메이메이	여동생
儿子(érzi)	얼즈	아들
女儿(nǚér)	뉘얼	딸

친가친척관계

| 大伯(dàbó) | 따보 | 큰아버지 |
| 大爷(dàyé) | 따예 | 큰아버지 |

207

화제

大娘(dàniáng)	따냥	큰어머니
叔叔(shūshū)	수수	작은아버지(삼촌)
婶儿(shēnér)	셜	작은어머니(숙모)
姑姑(gūgu)	꾸구	고모
姑夫(gūfu)	꾸푸	고모부

*姑夫/姑父 모두 가능

嫂子(sǎozǐ)	싸오즈	형수
姐夫(jiěfu)	지에푸	형부
妹夫(mèifu)	메이푸	매부
侄子(zhízi)	즈즈	조카(남)
侄女(zhínǚ)	즈뉘	조카(여)
孙子(sūnzi)	쑨즈	손자
孙女(sūnnǚ)	쑨뉘	손녀
儿媳(érxí)	얼씨	며느리
女婿(nǚxù)	쥐쉬	사위
公公(gōnggong)	꿍궁	시아버지
婆婆(pópo)	포포	시어머니

외가친척관계

老爷(lǎoyé)	라오예	외할아버지
外公(wàigōng)	와이꿍	외할아버지
外祖父(wàizǔfù)	와이주푸	외할아버지
老老(lǎolao)	라오라오	외할머니
外祖父(wàizǔfù)	와이주무	외할머니
岳父(yuèfù)	위에푸	장인
岳母(yuèmǔ)	위에무	장모
舅舅(jiùjiu)	지우지우	외삼촌
舅母(jiùmǔ)	지우무	외숙모
舅妈(jiùmā)	지우마	외숙모
姨(yí)	이	이모
姨妈(yímā)	이마	이모

*姨妈/姨母 모두 가능

姨夫(yífu)	이푸	이모부

Unit 07
성격과 태도

성격과 태도

■ 난 정말 너의 오만한 태도를 견딜 수 없어.
我真受不了你的傲气。
wǒ zhēn shòu bu liǎo nǐ de ào qì
워 쩐 쇼우부랴오 니더 아오치

A : 그 사람의 됨됨이는 어때요?
他为人怎么样?
tā wéi rén zěn me yàng
타 웨이런 쩐머양

B : 그 사람은 됨됨이가 좋대요.
听说，他为人很好。
tīng shuō tā wéi rén hěn hǎo
팅숴 타 웨이런 헌하오

■ 그 사람은 걸핏하면 욕을 해요.
他动不动就骂人。
tā dòng bu dòng jiù mà rén
타 똥부똥 지우 마 런

＊动不动 : 걸핏하면, 뒤에 오는 就와 호응한다.

■ 그 여자는 걸핏하면 울어요.
她动不动就哭。
tā dòng bu dòng jiù kū
타 똥부똥 지우 쿠

화제

■ 그 사람은 항상 실언을 해.

他常失言。
tā cháng shī yán
타 창 스옌

失言(shīyán) : 실언하다.
食言(shíyán) : 언약한대로 실행하지 않다.
矢言(shǐyán) : 맹세
出矢言(chūshǐyán) : 맹세를 하다.
※ 위의 단어는 발음이 모두 같고 성조의 차이만 있을 뿐이므로 주의

■ 그녀의 태도가 오만해서, 보고 있으면 정말 눈꼴이 시어.

她的态度很傲慢, 看起来真不顺眼。
tā de tài dù hěn ào màn   kàn qǐ lái zhēn bù shùn yǎn
타더 타이뚜 헌 아오만   칸치라이 쩐 뿌슌옌

* 不顺眼(bùshùnyǎn) : 눈에 거슬리다, 눈꼴사납다, 눈꼴이 시다

■ 그녀의 성격은 정말 이상해.

她的脾气真奇怪。
tā de pí qì zhēn qí guài
타더 피치 쩐 치꽈이

■ 그는 허풍쟁이라, 그가 하는 말은 깎아서 들어야 한대요.

听说他是个吹牛大王, 对他的话要打折扣。
tīng shuō tā shì ge chuī niú dà wáng   duì tā de huà yào dǎ zhé kòu
팅쉬 타 스거 추이니우 따왕   뚜이 타더 화 야오 따져커우

* 吹牛大王(chuīniúdàwáng) : 허풍쟁이

■ 그는 남을 제 멋대로 좌지우지하려고 한대요.

听说, 他企图随便摆布别人。
tīng shuō   tā qǐ tú suí biàn bǎi bù bié rén
팅쉬   타 치투 수이비엔 바이뿌 비에런

■ 그는 사람을 보는 눈이 정확해.

他看人的眼光是对头的。
tā kàn rén de yǎn guāng shì duì tóu de
타 칸런더 옌꽝 스 뚜이토우더

* 眼光(yǎnguāng) : 안목, 식견

■ 그는 대단히 성실해.

他非常认真。
tā fēi cháng rèn zhēn
타 페이창 런쩐

■ 그 사람은 오뚝이 같아요.

他好像不到翁。
tā hǎo xiàng bu dào wēng
타 하오샹 부따오웡

* 不到翁(bùdàowēng) : 오뚝이

■ 그는 뒤끝이 없는 사람이야.

他是个不记仇的人。
tā shì ge bú jì chóu de rén
타 스거 부찌쵸우더 런

■ 그에게는 무슨 말을 해도 마이동풍이야.

对他说什么话都是耳边风。
duì tā shuōshén me huà dōu shì ěr biānfēng
뚜이타쉬 션머화 또우스 얼비엔펑

* 耳边风(ěrbiānfēng) : 마이동풍

■ 그는 아직 철부지야.

他还是个不懂事的人。
tā hái shì ge bù dǒng shì de rén
타 하이스거 뿌똥스더 런

■ 그 사람은 안하무인이야.

他目中无人。
tā mù zhōng wú rén
타 무쭝우런

* 目中无人(mùzhōngwúrén) : 안하무인

■ 나는 되통맞아서 실수를 많이 해.

我太蠢笨，做事得好出错。
wǒ tài chǔn bèn　zuò shì de hǎo chū cuò
워 타이 츈뻔　쭤스더 하오츄춰

화제

■ 그 사람은 말과 행동이 일치해.

他言行一致。
tā yán xíng yí zhì
타 옌씽이즈

■ 그는 시간을 아주 잘 지켜.

他非常守时。
tā fēi cháng shǒu shí
타 페이챵 쇼우스

■ 그는 혼자 북치고 장구 쳐.

他自吹自擂。
tā zì chuī zì lèi
타 쯔추이 쯔레이

* 自吹自擂 : 자기 혼자 나팔불고 북치다, 자기 자랑을 하다, 자화자찬하다

A : 왜 모두들 그 사람을 싫어하지?

为什么大家都不喜欢他?
wèi shén me dà jiā dōu bù xǐ huān tā
웨이션머 따쟈 또우 뿌씨환 타

B : 왜냐하면 그는 너무 교활해서 항상 사람을 속이기 때문이야.

因为他太狡猾了，常常骗人。
yīn wéi tā tài jiǎo huá le cháng cháng piàn rén
인웨이 타 타이 쟈오화러   챵챵 피엔런

■ 그는 자신을 과대평가해.

他自视过高。
tā zì shì guò gāo
타 쯔스 궈까오

■ 그 사람은 정말 싹수가 없어.

他真没有出息。
tā zhēn méi yǒu chū xī
타 쩐 메이요 츄시

■ 저 사람은 정말 믿을 만 해.

那个人真可靠。
nà ge rén zhēn kě kào
나거런 쩐 커카오

■ 그는 예의가 전혀 없는 사람이야.

他是一点儿也没有礼貌的人。
tā shì yì diǎn r yě méi yǒu lǐ mào de rén
타 스 이디알예 메이요 리마오더 런

■ 그는 쓸모 없는 사람이야.

他是个没用的人。
tā shì ge méi yòng de rén
타스거 메이 융더런

■ 그 사람 말 듣지 마.

你不要听他的话。
nǐ bú yào tīng tā de huà
니 부아오 팅 타더 화

A : 난 그가 이렇게 좋은 사람인지 전에는 정말 몰랐어.

我以前没知道他是个这么好人。
wǒ yǐ qián méi zhī dào tā shì ge zhè me hǎo rén
워 이치엔 메이 즈다오 타 스거 쩌머 하오런.

B : 그래요, 모두 그를 좋아해요.

对啊, 大家都喜欢他。
duì a   dà jiā dōu xǐ huān tā
뚜이아   따쟈 또우 씨환 타

■ 세상에는 어떤 사람이든 모두 있어요.

世界上都有什么人。
shì jiè shàng dōu yǒu shén me rén
스지에상 또우 요우 션머런

성격과 태도

213

화제

Unit 08 남의 사정을 물을 때

■ 그 사람은 뭐 하는 사람이에요?

他是干什么的?
tā shì gān shén me de
타 스 깐 션머더

A : 그 사람은 뭐 하는 사람이에요?

他是干什么的?
tā shì gān shén me de
타 스 깐 션머더

B : 그는 회사에 다니는 화이트칼라래요.

听说他是公司白领。
tīng shuō tā shì gōng sī bái lǐng
팅쉬 타 스 꿍쓰 바이링

* 白领(báilǐng) : 화이트칼라

■ 그는 중국인 아니면 일본인이야.

他不是中国人,就是日本人。
tā bú shì zhōng guó rén jiù shì rì běn rén
타 부스 쯍궈런 지우스 르뻔런

不是 A 就是 B : A 아니면 B이다.
bú shì   jiù shì
不是 A 而是 B : A 아니라 B이다.
bú shì   ér shì

■ 그는 부모님이 돌아가신 지 3년이 되었어요.

他父母死了三年了。
tā fù mǔ sǐ le sān nián le
타푸무 쓰러 싼니엔러

214

■ 어젯밤에 그들이 다투어서, 나는 깊이 잠들지 못했어.

昨天晚上他们吵架了，结果我没睡好。
zuó tiān wǎnshang tā men chǎo jià le jié guǒ wǒ méi shuì hǎo
쭤티엔 완샹 타먼 차오쟈러 지에궈 워 메이 쉐이하오

＊吵架(chǎojià)：말다툼하다(심하게 다투는 것) / 打仗(dǎzhàng)：치고 받고 싸우다
斗嘴(dòuzuǐ)：토닥토닥 다투는 것

■ 그는 싸우기만 하면 져요.

他打一仗，败一仗。
tā dǎ yí zhàng bài yí zhàng
타 따 이 쨩 빠이 이 쨩

■ 그가 항상 나쁘다고는 할 수 없어.

不算他常错。
bù suàn tā cháng cuò
부쏸 타 창춰

■ 그는 낯이 익지만 누구인지 생각이 나지 않아.

他看着面熟，就是想不起来是谁。
tā kàn zhe miàn shú jiù shì xiǎng bù qǐ lái shì shéi
타 칸져 미엔수 지우스 샹 부 치라이 스 셰이

A : 장선생은 퇴직 후에 어떻게 지내요?

张先生退休以后过得怎么样?
zhāng xiānsheng tuì xiū yǐ hòu guò de zěn me yàng
쨩셴셩 퉤이씨우 이허우 꿔더 쩐머양

B : 나도 그가 어떻게 지내는지 몰라요.

我也不知道他过得怎么样。
wǒ yě bù zhī dào tā guò de zěn me yàng
워예 뿌즈다오 타 꿔더 쩐머양

■ 나를 제외하고, 그들은 모두 상인들이에요.

除了我以外，他们都是个买卖的。
chú le wǒ yǐ wài tā men dōu shì ge mǎi mài de
츄러 워 이와이 타먼 또우 스거 마이마이더

＊除了(chúle) A 以外(yǐwài)：A를 제외하고

화제

■ 너는 그가 나쁘다고 하고, 그는 네가 나쁘다고 하니, 도대체 누가 나쁜 거야?

你说他不好，他说你不好，到低谁不好？
nǐ shuō tā bù hǎo　　tā shuō nǐ bù hǎo　　dào dī shéi bù hǎo
니숴 타 뿌하오　　타숴 니 뿌하오　　따오디 쉐이 뿌하오

■ 그 두 사람의 기술은 막상막하래.

听说他们俩的技术不相上下。
tīng shuō tā men liǎ de jì shù bú xiāng shàng xià
팅숴 타먼랴더 지수 부상 상샤

＊不相上下 : 막상막하

■ 저 아이는 엄마 말을 안 들어.

那个孩子不听妈妈的话.
nà ge hái zi bù tīng mā ma de huà
나거 하이즈 뿌팅 마마더 화

■ 그 두 사람은 이 문제에 대한 견해가 완전히 달라요.

他们俩对这个问题的看法完全不一样。
tā men liǎ duì zhè ge wèn tí de kàn fǎ wánquán bù yí yàng
타먼 랴 뚜이 쩌거 원티더 칸파 완췐 뿌이양

A : 그가 어디에 사는지 알아?

你知道他住在哪儿吗？
nǐ zhī dào tā zhù zài nǎ r ma
니 즈다오 타 쭈짜이 날마

B : 나도 그가 어디에 사는지 몰라.

我也不知道他住在哪儿。
wǒ yě bù zhī dào tā zhù zài nǎ r
워예 뿌즈다오 사 쮸짜이 날

■ 그 사람은 분명히 알 거야.

他肯定会知道。
tā kěn dìng huì zhī dào
타 컨띵 후이 즈다오

■ 그 사람 오늘 기분이 좋지 않은 것 같아.
我觉得他今天心情不好。
wǒ jué de tā jīn tiān xīn qíng bù hǎo
워 쥐더 타 찐티엔 씬칭 뿌하오

■ 그가 가면, 난 안 가.
要是他去，我就不去。
yào shì tā qù　　wǒ jiù bú qù
야오스 타취　　워 지우 부취

■ 그 사람들은 모두 해외유학파래요.
听说他们都是海归派。
tīng shuō tā men dōu shì haǐ guī pùi
팅쉬 타먼 또우스 하이꾸이파이

■ 저 사람은 이 회사의 헤드헌터래요.
听说他是这个公司的猎头。
tīng shuō tā shì zhè ge gōng sī de liè tóu
팅쉬 타 스 쩌거 꽁쓰더 리에토우

＊猎头(liètóu)：헤드헌터

■ 저 사람은 우리 회사의 정보통이래.
听说他是个我们公司的包打听。
tīng shuō tā shì ge wǒ men gōng sī de bāo dǎ tīng
팅쉬 타 스거 워먼 꽁쓰더 빠오따팅

＊包打听：소식통

■ 저 사람이 자꾸 나를 때려.
他老打我。
tā lǎo dǎ wǒ
타 라오 따 워

■ 그는 한 시대를 주름잡던 사람이래.
听说他是个风云人物。
tīng shuō tā shì ge fēng yún rén wù
팅쉬 타 스거 펑윈런우

＊风云人物：풍운아

화제

■ 그는 세계에서 가장 훌륭한 과학자예요.
他是个世界上最优秀的科学家。
tā shì ge shì jiè shàng zuì yōu xiù de kē xué jiā
타 스거 스지에상 쭈이 요우씨우더 커쉐쟈

A : 그는 서른도 안 됐는데 성공했대.
听说，他还不到三十岁就成功了。
tīng shuō tā hái bú dào sān shí suì jiù chénggōng le
팅쉬 타 하이부따오 싼스 쑤이 지우 쳥꽁러

B : 그는 정말 대단한 사람이야.
他真是个了不起的人。
tā zhēn shì ge liǎo bu qǐ de rén
타 쪈 스거 랴오부치더 런

■ 그는 나에게 잘 대해 줘.
他对我很好。
tā duì wǒ hěn hǎo
타 뚜이 워 헌 하오

■ 나는 그를 좋아하지 않아.
我不喜欢他。
wǒ bù xǐ huān tā
워 뿌씨환 타

■ 내가 보기에 저 아가씨는 얌전하네요.
我看，那个小姐很文静。
wǒ kàn nà ge xiāo jiě hěn wén jìng
워칸, 나거 샤오제 헌 원찡

■ 어떤 이는 이렇게, 어떤 이는 저렇게 말하는데, 나는 어느 것이 맞는지 몰라.
有的人这样说，有的人那样说，我不知道哪个
yǒu de rén zhè yàngshuō yǒu de rén nà yàngshuō wǒ bù zhī dào nǎ ge
是对的。
shì duì de
요우더런 쪄양숴 요우더런 나양숴 워 뿌즈다오 나거 스 뚜이더

남의 사정을 물을 때

■ 내가 안가면 그가 화를 낼 거야.

我不去，他会生气。
wǒ bú qù　　　tā huì shēng qì
워 부취　　　　타 후이 셩치

■ 그는 내 친한 친구야.

他是我的好朋友。
tā shì wǒ de hǎo péng yǒu
타 스 워 하오 펑요우

■ 그는 척척박사라 모르는 게 없대.

听说他是个百事通，无所不知。
tīng shuō tā shì ge bǎi shì tōng　　wú suǒ bù zhī
팅쉬 타스거 바이스통　　　　　　우쉬뿌즈

* 百事通(bǎishìtōng) : 모든 일에 능한 사람, 척척박사

■ 그를 감싸줄 사람은 하나도 없어.

一个人也没有包庇他。
yí gè rén yě méi yǒu bāo bì tā
이거런예 메이요 빠오삐 타

* 包庇(bāobì) : (나쁜 사람/나쁜 일을) 비호하다, 감싸주다, 은폐하다

■ 우리 사장님은 둘도 없이 좋은 사람이야.

我的总经理是个再没有比他更好的人了。
wǒ de zǒng jīng lǐ shì ge zài méi yǒu bǐ tā gēng hǎo de rén le
워더 쫑찡리 스거 짜이 메이요 비타 껑하오더 런러

■ 그는 주말마다 디스코장에 가요.

他每个周末去迪斯科舞厅。
tā měi ge zhōu mò qù dí sī kē wǔ tīng
타 메이거 쬬우모 취 디쓰커 우팅

* 迪斯科舞厅 : 디스코장

■ 그의 솜씨는 아무도 따라잡을 수 없어.

他的手艺没有人赶得上。
tā de shǒu yì méi yǒu rén gǎn de shàng
타더 쇼우이 메이요런 깐더상

화제

Unit 09
돈에 관한 표현

- 누가 돈 있으면 나 좀 빌려줘.

  谁有钱，谁就借我。
  shéi yǒu qián　shéi jiù jiè wǒ
  세이 요우치엔, 세이 지우지에 워

  谁就借我点儿。
  shéi jiù jiè wǒ diǎn r
  세이 지우 지에 워 디알

  谁有钱，借我点儿。
  shéi yǒu qián　jiè wǒ diǎn r
  세이 요우치엔　지에 워 디알

- 어떡하면 좋아? 나도 돈이 없어.

  怎么办好？我也没有钱。
  zěn me bàn hǎo　wǒ yě méi yǒu qián
  쩐머빤 하오　워예 메이요 치엔

- 어쩌나, 오늘은 돈이 모자라네요.

  糟糕，今天钱不够。
  zāo gāo　jīn tiān qián bú gòu
  짜오까오　찐티엔 치엔 부꺼우

- 과용하시게 해서 미안합니다.

  让您破费了，不好意思。
  ràng nín pò fèi le　bù hǎo yì sī
  랑닌 포페이러　뿌하오이쓰

  意思：① 不好意思에서와 같이 '미안하다'의 뜻이 있다
  yì sī　　bù hǎo yì sī
  ② 什么意思에서와 같이 '뜻, 의미'의 뜻이 있다
  　　shén me yì sī
  ③ 有/没有意思에서와 같이 '재미, 흥미'의 뜻이 있다
  　　yǒu　méi yǒu yì sī

220

■ 돈만 있으면 방법은 있어.

只要有钱就有办法。
zhǐ yào yǒu qián jiù yǒu bàn fǎ
즈야오 요우 치엔 지우 요우 빤파

■ 돈만 있으면 방법은 얼마든지 있어.

只要有钱就有的是办法。
zhǐ yào yǒu qián jiù yǒu de shì bàn fǎ
즈야오 요우 치엔 지우 요우더스 빤파

■ 나는 돈이 없어.

我没有钱。
wǒ méi yǒu qián
워 메이요 치엔

> A : 너 지난번에 그에게 얼마를 빌렸지?
>
> ### 你上次跟他借了多少钱?
> nǐ shàng cì gēn tā jiè le duō shǎo qián
> 니 샹츠 껀타 지에러 뛰샤오 치엔
>
> B : 천 원, 하지만 모두 갚았어.
>
> ### 一千块，可是我都还了。
> yī qiān kuài   kě shì wǒ dōu huán le
> 이치엔콰이   커스 워 또우 환러

■ 돈이 없어졌어. (돈을 다 썼던가 혹은 잃어버렸던가)

钱，没有了。
qián méi yǒu le
치엔 메이요러

■ 나도 돈이 있어.

我也有钱。
wǒ yě yǒu qián
워예 요우 치엔

돈에 관한 표현

화제

■ 나에게 돈이 생겼어.

我有钱了。
wǒ yǒu qián le
워 요우 치엔러

 了(상태의 변화)

了는 상태의 변화를 나타내기도 한다.

有	있다
有了	생겼다 / (잃어버린 걸) 찾았다
没有	없다
没有了	없어졌다

돈이 있다.　　돈이 생겼다.

我有钱。 → 我有钱了。
wǒ yǒu qián　　wǒ yǒu qián le

그는 의사다.　　그는 의사가 되었다.

他是医生。 → 他是医生了。
tā shì yī shēng　　tā shì yī shēng le

■ 나는 돈이 모자라.

我的钱不够。
wǒ de qián bú gòu
워더 치엔 부꺼우

■ 낭비하지 마.

不要浪费。
bú yào làng fèi
부아오 랑페이

222

돈에 관한 표현

■ 그는 구두쇠야.
他是个钱串子。
tā shì ge qiánchuàn zǐ
타 스거 치엔촨즈

A : 그는 부자야.
他有的是钱。
tā yǒu de shì qián
타 요우더스 치엔

B : 그래? 그가 부러운걸.
是吗? 我真羡慕他。
shì ma wǒ zhēnxiàn mù tā
스마   워 쪈 씨엔무 타

■ 그녀는 부자래.
听说她有的是钱。
tīng shuō tā yǒu de shì qián
팅쉬 타 요우더스 치엔

■ 나는 돈을 벌어야 해.
我得赚钱。
wǒ děi zhuànqián
워 데이 쫜치엔

■ 어제 돈을 얼마나 썼어?
昨天你花了多少钱?
zuó tiān nǐ huā le duō shǎoqián
쭤티엔 니 화러 뚸사오 치엔

＊돈을 '쓰다'라는 동사는 花(huā)를 쓴다.
花钱(huāqián) : 돈을 쓰다
写字(xiězì) : 글자를 쓰다

■ 나는 가난해, 돈이 없어.
我很穷, 没有钱。
wǒ hěn qióng méi yǒu qián
워 헌 츙   메이요 치엔

223

화제

■ 거스름돈이 틀려요(거스름돈을 잘못 거슬러줬어요).

零钱找错了。
líng qián zhǎo cuò le
링치엔 쟈오춰러

 동사 + 错了

동사 + 错了 : 동사의 결과가 잘못되었다
  cuò le

  打错了 (전화를) 잘못 걸었다
  dǎ cuò le

  看错了 잘못 봤다
  kàn cuò le

  听错了 잘못 들었다
  tīng cuò le

  说错了 잘못 말했다
  shuō cuò le

  认错了 (사람 등을) 잘못 알아봤다, 착각했다
  rèn cuò le

  走错了 길을 잘못 들었다
  zǒu cuò le

  做错了 (일을) 잘못 했다
  zuò cuò le

■ 듣자하니 그는 돈푼께나 있다고 건방지다던데요.

听说他有了几个钱就神气起来了。
tīng shuō tā yǒu le jǐ ge qián jiù shén qì qǐ lái le
팅숴 타 요우러 지거 치엔 지우 션치 치라이러

■ 예전에 그의 집은 찢어지게 가난했었대.

听说，以前他家里穷得叮当响。
tīng shuō   yǐ qián tā jiā lǐ qióng de dīng dāng xiǎng
팅숴   이치엔 타 자리 치웅더 띵땅상

■ 대부분의 사람은 돈에 눈이 어두운 것 같아.

我觉得大部分的人见财忘意。
wǒ jué de dà bù fēn de rén jiàn cái wàng yì
워 쥐더 따부펀더 런 지엔차이 왕이

* 见财忘意 : 재물을 보면 의리를 잊는다, 돈에 눈이 어둡다

■ 너는 수전노야.

你是个财迷。
nǐ shì ge cái mí
니 스거 차이미

* 财迷(cáimí) : 수전노, 돈을 모으는데 광적인 사람

■ 난 돈이 없는데, 뭘로 장사를 하지?

我没有钱，拿什么做生意？
wǒ méi yǒu qián   ná shén me zuò shēng yì
워메이요 치엔   나션머 쭤 성이

돈에 관한 표현

화제

Unit 10
생일에 관한 표현

■ 생일 축하해!

祝你生日快乐!
zhù nǐ shēng rì kuài lè
쮸니 셩르 콰이러

A : 오늘이 무슨 날이게?

你猜猜今天是什么日子?
nǐ cāi cai jīn tiān shì shén me rì zi
니 차이차이 찐티엔 스 션머 르즈

B : 오늘이 네 생일인 거 맞지?

今天是你的生日，对吧?
jīn tiān shì nǐ de shēng rì   duì ba
찐티엔 스 니더 셩르   뚜이바

■ 오늘이 바로 네 생일이었구나!

原来今天就是你的生日啊!
yuán lái jīn tiān jiù shì nǐ de shēng rì a
위엔라이 찐티엔 지우스 니더 셩르아

■ 너 주려고 작은 선물을 가져왔어.

我给你带来了一个小礼物。
wǒ gěi nǐ dài lái le yí ge xiǎo lǐ wù
워 게이 니 따이라이러 이디알 홍선

■ 받아 주십시오.

请收下。
qǐng shōu xià
칭 쇼우샤

■ 어쩐지 네가 그렇게 기뻐하더라니.

怪不得你那么高兴。
guài bu de nǐ nà me gāo xìng
꽈이 부 더 니 쩌머머 까오싱

* 怪不得(guàibude) / 难怪(nánguài) : 어쩐지

■ 내가 작은 선물을 가져왔어.

我带来了小礼物。
wǒ dài lái le xiǎo lǐ wù
워 따이라이러 샤오 리우

A : '장수면'은 먹었겠지?

你吃'长寿面'了吧?
nǐ chī chángshòumiàn le ba
니 츠 창쇼우미엔 러마

B : 그럼, 당연하지.

那当然。
nà dāng rán
나 땅란

■ 우리 중국인은 생일에 반드시 '장수면'을 먹어요.

我们中国人，过生日的时候一定吃'长寿面'。
wǒ men zhōng guó rén guò shēng rì de shí hòu yí dìng chī chángshòumiàn
워먼 쭝궈런 꿔셩르도 스허우 이딩 츠 창쇼우미엔

■ 누가 그러는데, 중국사람은 생일에 계란을 꼭 먹는대요.

有的人说，中国人过生日的时候一定吃鸡蛋。
yǒu de rén shuō zhōng guó rén guò shēng rì de shí hòu yí dìng chī jī dàn
요우더런 쉬 쭝궈런 꿔 셩르더 스허우 이띵츠 지딴

■ 이건 제 작은 성의니, 받아주십시오.

这是我的小心意，请你收下吧。
zhè shì wǒ de xiǎo xīn yì qǐng nǐ shōu xià ba
쩌 스 워 더샤오 씬이 칭 니 쇼우샤바

생일에 관한 표현

227

화제

■ 생일파티는 몇 시에 시작하지?

生日晚会几点开始？
shēng rì wǎn huì jǐ diǎn kāi shǐ
성르 완후이 지디엔 카이스

■ 우리가 함께 네 생일파티에 갈게.

我们一起去你的生日晚会。
wǒ men yì qǐ qù nǐ de shēng rì wǎn huì
워먼 이치 취 니더 성르 완후이

■ 네 생일파티에 꼭 갈게.

我一定去你的生日晚会。
wǒ yí dìng qù nǐ de shēng rì wǎn huì
워 이띵 취 니더 성르 완후이

A : 내일이 네 생일이지?

明天是你的生日吧？
míng tiān shì nǐ de shēng rì ba
밍티엔 스 니더 셩르바

B : 어떻게 알았어?

你怎么知道的？
nǐ zěn me zhī dào de
니 쩐머 즈다올더

A : 우린 친한 친구잖아.

我们是好朋友。
wǒ men shì hǎo péng yǒu
워먼 스 하오 펑요우

■ 이것은 너에게 주는 작은 선물이야.

这是给你的小礼物。
zhè shì gěi nǐ de xiǎo lǐ wù
쩌스 게이 니더 샤오 리우

■ 오늘이 네 생일인데, 내가 어떻게 안 올 수 있어?

今天是你的生日， 我怎么能不来？
jīn tiān shì nǐ de shēng rì   wǒ zěn me néng bù lái
찐티엔 스 니더 성르   워 쩐머 넝 뿌라이

■ 오늘 나는 일이 있어서 네 생일파티에 참가할 수 없어.

今天我有事，不能参加你的生日晚会。
jīn tiān wǒ yǒu shì　　bù néng cān jiā nǐ de shēng rì wǎn huì
찐티엔 워 요우 스　　뿌넝 찬쟈 니더 성르 완후이

A : 네 생일을 잊어버렸어, 정말 미안해.

我忘掉你的生日，真对不起。
wǒ wàng diào nǐ de shēng rì　zhēn duì bu qǐ
워 왕디아오 니더 성르　쩐 뚜이부치

B : 어떻게 잊어버릴 수가 있어?

怎么能忘掉了?
zěn me néng wàng diào le
쩐머 넝 왕디아오러

A : 미안해, 요즘 바빴거든.

对不起，最近我很忙。
duì bu qǐ　zuì jìn wǒ hěn máng
뚜이부치　쭈이진 워 헌 망

■ 너에게 선물을 하나 하고 싶어.

我想送给你一个小礼物。
wǒ xiǎng sòng gěi nǐ yí ge xiǎo lǐ wù
워샹 쏭게이니 이거 샤오 리우

생일에 관한 표현

화제

Unit 11
술을 마실 때

■ 건배!

干杯!
gān bēi
깐뻬이

■ 자, 건배합시다!

来，干杯!
lái　　gān bēi
라이　　깐뻬이

■ 건배! 행운을 빕니다!

干杯! 祝你幸运!
gān bēi　　zhù nǐ xìng yùn
깐뻬이　　쮸니 씽윈

■ 우리의 우정을 위해 건배!

为我们的友谊干杯!
wèi wǒ men de yǒu yì gān bēi
웨이 워먼더 요우이 깐뻬이

* 为(wéi) : ~를 위하여

■ 우리의 성공을 위하여 건배!

为我们的成功，干杯!
wèi wǒ men de chénggōng　　gān bēi
웨이 워먼더 청꽁　　　　　깐뻬이

■ 제가 한 잔 올리겠습니다.

我敬你一杯。
wǒ jìng nǐ yì bēi
워 찡니 이뻬이

■ 자, 제가 한 잔 더 올리겠습니다.
来，我再敬你一杯。
lái　wǒ zài jìng nǐ yì bēi
라이　워 짜이 찡니 이뻬이

■ 안돼요, 더 마시면 제가 취합니다.
不行，再喝，我就要醉了。
bù xíng　zài hē　wǒ jiù yào zuì le
뿌씽　짜이 허　워 지우야오 쭈이러

■ 난 술을 마시기만 하면 얼굴이 빨개져요.
我一喝酒，脸就红。
wǒ yī hē jiǔ　liǎn jiù hóng
워 이허 지우　리엔 지우 홍

■ 나는 술을 조금 마셔도 얼굴이 빨개져요.
我喝点儿酒，脸就红。
wǒ hē diǎn r jiǔ　liǎn jiù hóng
워 허디알 지우　리엔 지우 홍

■ 나는 맥주 외에는, 어느 것도 마시지 않아요.
我除了啤酒以外，什么都不喝。
wǒ chú le pí jiǔ yǐ wài　shén me dōu bù hē
워 추러 피지우 이와이　선머 또우 부허
＊즉, '나는 맥주만 마신다'는 뜻이다.
除了 ~ 以外 : ~외에는, ~를 제외하고

■ 내가 술 한잔 따를게.
我给你倒一杯酒。
wǒ gěi nǐ dào yī bēi jiǔ
워 게이 니 따오 이뻬이 지우

■ 난 그만 마실래, 벌써 취했어.
我不再喝了，已经醉了。
wǒ bú zài hē le　yǐ jīng zuì le
워부짜이 허러　이징 쭈이러

231

화제

- 상관없어요, 술배는 따로 있어.

  没什么，酒有别肠。
  méi shén me　jiǔ yǒu bié cháng
  메이 션머　　지우 요우 비에창

  * 酒有别肠 : 술배는 따로 있다, 남에게 술을 권할 때 하는 말

- 나는 주량이 적어.

  我酒量小窄。
  wǒ jiǔ liáng xiǎo zhǎi
  워 지우량 샤오자이

- 나는 술이 센 편이야.

  我酒量比较大。
  wǒ jiǔ liáng bǐ jiào dà
  워 지우량 비자오 따

- 그는 벌써 술에 취해서 비틀거려.

  他已经酒晕。
  tā yǐ jīng jiǔ yūn
  타 이징 지우윈

- 그는 술꾼이래요.

  听说他是个酒虫子。
  tīng shuō tā shì ge jiǔ chóng zǐ
  팅숴 타 스거 지우 총즈

- 그는 술고래예요.

  他是个酒鬼。
  tā shì ge jiǔ guǐ
  타 스거 지우꿰이

- 술주정 부리지 마세요.

  你别发酒疯。
  nǐ bié fā jiǔ fēng
  니 비에 파 지우펑

  * 发酒疯(fājiǔfēng) : 술주정을 부리다

■ 미안합니다, 술로 인한 실언이었어요.
对不起，酒后失言了。
duì bu qǐ　jiǔ hòu shī yán le
뚜이부치　지우허우 스옌러

■ 내가 보기에 넌 술버릇이 나쁜 것 같아.
我看，你好像没有酒德。
wǒ kàn　nǐ hǎo xiàng méi yǒu jiǔ dé
워칸　니 하오샹 메이요 지우더

■ 저 사람은 매일 술독에 빠져 지낸대요.
他那个人，每天过得掉在酒缸里。
tā nà ge rén　měi tiān guò de diào zài jiǔ gāng lǐ
타 나거런　메이티엔 꿔더 따오짜이 지우깡리

＊掉在酒缸里 : 술독에 빠지다

■ 원래 취중에 진담이 나온다잖아.
听说本来酒后见真情。
tīng shuō běn lái jiǔ hòu jiàn zhēnqíng
팅숴 뻔라이 지우허우 지엔 쩐칭

＊酒后见真情 : 술에 취하면 본성이 나타난다, 술 먹으면 바른 말 한다

■ 오늘 저녁 우리집에서 칵테일파티가 열려요.
今晚，我家里开鸡尾酒会。
jīn wǎn　wǒ jiā lǐ kāi jī wěi jiǔ huì
찐완　워 쟈리 카이 지 웨이 지우후이

■ 대접 잘 받았습니다.
酒足饭饱。
jiǔ zú fàn bǎo
지우주 판바오

＊ 직역하면 '술과 밥을 배불리 먹었다'라는 뜻으로 남에게 대접을 받고 나서 하는 인사이다.

酒不醉人，人自醉
jiǔ bú zuì rén　rén zì zuì
지우 부쭈이런　런 쯔쭈이

술이 사람을 취하게 하는 것이 아니라, 사람이 스스로 취한다.

술을 마실 때

화제

Unit 12
외모에 대해서

■ 너는 너무 말랐어.

你太瘦了。
nǐ tài shòu le
니 타이 쇼우러

■ 나는 너무 뚱뚱해.

我太胖了。
wǒ tài pàng le
워 타이 팡러

A : 큰일이네, 난 갈수록 뚱뚱해져.

糟糕，我越来越胖。
zāo gāo wǒ yuè lái yuè pàng
짜오까오   워 위에라이 위에 팡

B : 나도 너무 뚱뚱해, 다이어트 해야겠어.

我也太胖了，要减肥。
wǒ yě tài pàng le   yào jiǎn féi
워예 타이 팡러   야오 지엔페이

■ 어떤 약은 다이어트에 위험하대요.

听说，有的药对减肥危险。
tīng shuō yǒu de yào duì jiǎn féi wēi xiǎn
팅쉬   요우더 야오 뚜이 지엔페이 웨이씨엔

■ 한국인은 특히 용모에 신경을 써요.

韩国人特别讲究容貌。
hán guó rén tè bié jiǎng jiū róng mào
한궈런 터비에 장지우 롱마오

■ 그 사람은 어떻게 생겼어?
他长得怎么样?
tā zhǎng de zěn me yàng
타 장더 쩐머양

■ 그 사람 아주 잘 생겼어.
他长得很帅。
tā zhǎng de hěn shuài
타 장더 헌 솨이

*帅(shuài):五官端正(wǔguānduānzhèng)과 함께 남자가 잘 생겼다는 표현으로 쓰인다.

■ 그의 겉모습만 보지 마.
你别光看他外表。
nǐ bié guáng kàn tā wài biǎo
니 비에 꽝칸 타 와이뱌오

■ 그녀는 정말 예쁘군요!
她真漂亮啊!
tā zhēn piāo liàng a
타 쩐 퍄오량아

■ 그녀는 정말 우아하게 생겼어요.
她长得真秀气。
tā zhǎng de zhēn xiù qì
타 장더 쩐 씨우치

■ 겉치레에 치중하지 마.
你别讲究假装外表。
nǐ bié jiǎng jiū jiǎ zhuāng wài biǎo
니 비에 쟝지우 쟈쫭 와이뱌오

■ 외모는 별로 중요하지 않아요.
外貌不怎么重要的。
wài mào bù zěn me zhòng yào de
와이마오 뿌쩐머 쭝야오더

외모에 대해서

235

화제

■ 그녀는 차림새에 신경을 써요.

她很讲究穿着。
tā hěn jiǎng jiū chuānzhuó
타 헌 장지우 촨줘

A : 나는 그에게 호감이 없어.
我对他没有好感。
wǒ duì tā méi yǒu hǎo gǎn
워 뚜이타 메이요 하오깐

B : 그래도 좀 만나 봐.
还是见一下吧。
hái shì jiàn yí xià ba
하이스 지엔 이샤바

Unit 13
인간관계

■ 그들은 당신과 어떤 사이죠?
他们是你的什么人？
tā men shì nǐ de shén me rén
타먼 스 니더 션머런

■ 우리는 막연한 사이예요.
我们是莫逆之交。
wǒ men shì mò nì zhī jiāo
워먼 스 모니즈쟈오

■ 그는 나와 동기동창이야.
他是我同班同学。
tā shì wǒ tóng bān tóng xué
타 스 워 통빤통쉐

■ 그들은 모두 제 동료들입니다.
他们都是我的同事。
tā men dōu shì wǒ de tóng shì
타먼 또우 스 워더 통스

■ 그녀는 내 이웃이에요.
她是我的邻居。
tā shì wǒ de lín jū
타 스 워더 린쥐

■ 우린 어려서부터 클 때까지 줄곧 좋은 친구예요.
我们从小到大一直是好朋友。
wǒ men cóng xiǎo dào dà yì zhí shì hǎo péng yǒu
워먼 총 샤오 따오 따 이즈 스 하오 펑요우

＊ 从(cóng)从 A 到(dào) B：A부터 B까지

237

화제

- 그는 우리 사장님이야.

　他是我的总经理。
　tā shì wǒ de zǒng jīng lǐ
　타 스 워더 쫑징리

- 그 두 분은 우리 부모님이세요.

　他们两位是我的父母。
　tā men liǎng wèi shì wǒ de fù mǔ
　타먼 량웨이 스 워더 푸무

- 그 분은 우리 선생님이세요.

　那位是我的老师。
　nà wèi shì wǒ de lǎo shī
　나 웨이 스 워더 라오스

- 그는 내 남편이에요.

　他是我先生。
　tā shì wǒ xiānsheng
　타 스거 워 셴셩

- 그녀는 내 아내입니다.

　她是我爱人。
　tā shì wǒ ài rén
　타 스거 워 아이런

　* 爱人(àirén) : 배우자

- 이 분은 우리 교회 목사님이세요.

　这位是我们教堂的牧师。
　zhè wèi shì wǒ men jiào táng de mù shī
　쩌웨이 스 워먼 쟈오탕더 무스

- 이 분은 우리 교회 사모님(목사부인)이세요.

　这位是我们教堂的师母。
　zhè wèi shì wǒ men jiào táng de shī mǔ
　쩌웨이 스 워먼 쟈오탕더 스무

Unit 14
장래희망

■ 이 다음에 크면 무슨 일을 하고 싶니?

你长大以后，想做什么?
nǐ zhǎng dà yǐ hòu　xiǎng zuò shén me
니 장따 이허우　　　샹 쮜션머

■ 이 다음에 넌 뭘 하고 싶니?

将来你想做什么?
jiāng lái　nǐ xiǎng zuò shén me
쨩라이 니 샹 쮜 션머

■ 가수가 되고 싶어요.

我想当歌手。
wǒ xiǎngdāng gē shǒu
워 샹 땅 꺼쇼우

　　A : 넌 이 다음에 뭐가 되고 싶니?

　　你以后想当什么?
　　nǐ　yǐ hòu xiǎngdāng shén me
　　니 이허우 샹 땅 션머

　　B : 난 선생님이 되고 싶어요.

　　我想当老师。
　　wǒ xiǎngdāng lǎo shī
　　워 샹 땅 라오스

■ 난 의사가 되고 싶어, 너는?

我想当医生，你呢?
wǒ xiǎngdāng yī shēng　nǐ ne
워 샹 땅 이성　　　　니너

화제

■ 나는 선생님이 되고 싶어.
我希望当老师。
wǒ xī wàngdāng lǎo shī
워 씨왕 땅 라오스

■ 나는 간호사가 되고 싶어.
我想当护士。
wǒ xiǎngdāng hù shì
워상 땅 후스

■ 나는 교수님이 되고 싶어요.
我想当教授。
wǒ xiǎngdāng jiào shòu
워상 땅 쟈오쇼우

■ 나는 파일럿이 되고 싶어.
我想当飞行员。
wǒ xiǎngdāng fēi xíngyuán
워상 땅 페이씽위엔

■ 나는 공무원이 될 거야.
我希望当公务员。
wǒ xī wàngdānggōng wù yuán
워 씨왕 땅 꽁우위엔

■ 나는 사장님이 되고싶어.
我想当总经理。
wǒ xiǎngdāngzǒng jīng lǐ
워상 땅 쫑징리

■ 너는 왜 승려가 되고 싶어?
你为什么想当出家人?
nǐ wèi shén me xiǎngdāng chū jiā rén
니 웨이션머 샹땅 츄쟈런

장래희망

A : 너는 말하는 것이 또박또박 아주 분명하구나.

你说得一字一板的清楚极了。
nǐ shuō de yí zì yì bǎn de qīng chǔ jí le
니 쉬더 이쯔이빤더 칭츄 지러

넌 장차 뭐가 되고 싶니?

你将来想当什么?
nǐ jiāng lái xiǎng dāng shén me
니 장라이 샹 땅 션머

B : 저는 아나운서가 되고 싶어요.

我想当播音员。
wǒ xiǎng dāng bō yīn yuán
워샹 땅 뽀인위엔

 一와 不의 성조변화

一의 성조변화
    1. 一 자체는 1성이다.
    2. 4성 앞에서는 2성으로 변한다.
    3. 1, 2, 3성 앞에서는 4성으로 변한다.

不의 성조변화
    4성 앞에서는 2성으로 변한다.

PART 5

일상에 관한 표현

전화
식당에서
운동
병원과 건강
약국
물건을 빌릴 때
컴퓨터에 관하여
학교 · 학습에 관하여
약속
쇼핑
직업 · 구직에 대하여
출근과 퇴근
회사에서
세탁소

일상

Unit 01
전화

전화 걸기

■ 여보세요.

喂。
wèi
웨이

A : 여보세요, 이은영 집에 있습니까?

喂，请问李恩荣在家吗?
wèi qǐng wèn lǐ ēn róng zài jiā ma
웨이 칭원 리언롱 짜이 쟈마

B : 전데요. 어디십니까?

我就是。请问哪里?
wǒ jiù shì   qǐng wèn nǎ lǐ
워 지우 스   칭 원 나리

A : 여기는 대한공사인데요.

这里是大韩公司。
zhè lǐ shì dà hán gōng sī
쩌리 스 따한꿍쓰

■ 여보세요, 임화평의 집인가요?

喂，林和平家吗?
wèi   lín hé píng jiā ma
웨이   린허핑 쟈마

전화

■ 여보세요, 거기가 왕선생 집인가요?

喂，你那儿是不是王先生家?
wèi　　nǐ nà r shì bu shì wángxiānsheng jiā
웨이　　니 날 스부스 왕셴셩쟈

■ 왕현 있습니까?

请问，王贤在不在?
qǐng wèn　　wángxián zài bu zài
칭원　　왕씨엔 짜이 부 짜이

*在不在? (긍정+부정): 정반 의문문 = 在吗?

A : 거기 홍길동네 집 아닙니까?

请问，那儿不是洪吉童家吗?
qǐng wèn　　nà r bú shì hóng jí tóng jiā ma
칭원　　날 부스 홍지통 쟈 마

B : 누구십니까?

请问，哪一位?
qǐng wèn　　nǎ yí wèi
칭원　　나이웨이

■ 여보세요, 거기 시청이죠?

喂，那儿是市政府吗?
wèi　　nà r shì shì zhèng fǔ ma
웨이　　날 스 스쩡푸마

■ 여보세요, 1234-5678인가요?

喂，是不是 1234-5678?
wèi　　shì bu shì
웨이　　스부스 야오 얼 싼 쓰 우 리우 치 빠

*전화 상에서는 '1'을 'yī'라고 읽지 않고, 'yāo(야오)'라고 읽는다.
전화번호는 순서대로 하나 하나 그대로 읽는다.

245

일상

 숫자 '1'

1(yī) 과 7(qī)는 듣기에 따라 가끔 구별이 안될 때가 있으므로 전화번호, 방 번호, 버스 번호 등에 사용할 때는 yāo라고 읽는다.

예) 전화번호 : 792 - 3146 → qī jiǔ èr - sān yāo sì liù
　 방 번호   : 104号 → yāo líng sì hào
　 버스 번호 : 517路 → wǔ yāo qī lù

■ 여보세요, 거기가 국제공사입니까?

喂，请问你那儿是不是国际公司？
wèi　qǐng wèn nǐ nà r shì bú shì guó jì gōng sī
웨이　칭원 니날 스부스 궈지꽁쓰

■ 여보세요, 교환대죠?

喂，是总机吗？
wèi　shì zǒng jī ma
웨이　스 쫑지마

■ 교환원, 305번 연결해 주십시오.

话务员，请接三零五。
huà wù yuán　qǐng jiē sān líng wǔ
화우위엔　칭지에 싼링우

■ 김부장님 계십니까?

请问，金部长在不在？
qǐng wèn　jīn bù cháng zài bú zài
칭원　찐뿌장 짜이부짜이

246

전화

A : 여보세요, 사장님 좀 바꿔주시겠어요?

喂，能不能给我换换总经理？
wèi　néng bu néng gěi wǒ huànhuan zǒng jīng lǐ
웨이　넝부넝 게이 워 환환 쭝징리

B : 회의중 이신데요.

他在开会呢。
tā zài kāi huì ne
타 짜이 카이후이너

＊在(zài) ~ 呢(ne) : 현재 진행, ~하는 중이다

■ 여보세요, 미스 리 계신가요?

喂，李小姐在吗？
wèi　　lǐ xiǎo jiě zài ma
웨이　　리샤오제 짜이마

A : 여보세요, 李선생 집에 있나요?

喂，李先生在家吗？
wèi　　lǐ xiānshēng zài jiā ma
웨이　　리셴셩 짜이 쟈마

B : 그 사람 집에 없는데요, 방금 나갔어요.

他不在家，刚刚出去了。
tā bú zài jiā　　gānggang chū qù le
타 부짜이 쟈　　깡강 츄취러

247

일상

전화 응대와 연결

■ 전화를 담당 부서로 연결해 드리겠습니다.
把电话给您转到担当部门。
bǎ diàn huà gěi nín zhuǎn dào dān dāng bù mén
바 띠엔화 게이닌 쫜따오 딴당뿌먼

A : (전화를 받으며) 안녕하세요, 인터내셔널 호텔입니다.
喂，你好，国际大饭店。
wèi　　nǐ hǎo　　guó jì　dà fàn diàn
웨이　　니 하오　　궈지 따판디엔

B : 678 실로 연결 좀 해주세요.
请接一下六七八号房间。
qǐng jiē yí xià liù qī bā hào fáng jiān
칭지에 이씨아 리우치빠 하오 팡지엔

A : 잠시만 기다리십시오.
请稍微等。
qǐng shāo wēi děng
칭 샤오웨이 떵

■ 교환, 연결이 잘못됐어요.
接线员，接错了。
jiē xiànyuán　　jiē cuò le
지에씨엔위엔　　지에취러

■ 제가 좀 받아볼게요.
我接接看。
wǒ jiē jie kàn
워 지에지에 칸

■ 전화 왔어요.
电话来了。
diàn huà lái le
띠엔화 라이러

248

■ 전화 좀 받아 주시겠어요?

帮我接接电话，好吗?
bāng wǒ jiē jie diàn huà　hǎo ma
빵워 지에지에 띠엔화　하오마

A : (전화를 받으며) 안녕하세요, 북경호텔입니다.

喂，你好，北京大饭店。
wèi　nǐ hǎo　běi jīng dà fàn diàn
웨이　니 하오　베이징 따판디엔

B : 7089번 방으로 돌려주세요.

请转七零八九号房间。
qǐng zhuǎn qī líng bā jiǔ hào fáng jiān
칭쫜 치링빠 지우 하오 팡지엔

■ 전화 받으십시오.

请接电话。
qǐng jiē diàn huà
칭 지에 띠엔화

■ 전데요, 누구시지요?

我就是，哪一位啊?
wǒ jiù shì　nǎ yí wèi a
워 지우스　나 이웨이아

A : 여보세요, 미미 있어요?

喂，美美在吗?
wèi　měi měi zài ma
웨이　메이메이 짜이마

B : 전데요, 누구시지요?

我就是，哪一位啊?
wǒ jiù shì　nǎ yí wèi a
워 지우 스　나 이 웨이아

A : 나 소연이야.

我是小燕。
wǒ shì xiǎo yàn
워 스 샤오옌

전화

249

일상

■ 그는 지금 다른 전화를 받고 있어요.
他正在接另一部电话呢。
tā zhèng zài jiē lìng yí bù diàn huà ne
타 쩡 짜이지에 링 이뿌 띠엔화너

A : 누구십니까?
请问，您是哪位啊?
qǐng wèn   nín shì nǎ wèi a
칭원   닌 스 나웨이아

B : 서울에서 온 박문수입니다.
我是从首尔来的朴文秀。
wǒ shì cóng shǒu ěr lái de piáo wén xiù
워스 총 쇼우얼 라이더 퍄오원씨우

전화를 바꿔줄 때

■ 어느 분을 바꿔드릴까요?
请问，换哪一位?
qǐng wèn   huàn nǎ yí wèi
칭원   환 나이웨이

■ 어느 분을 찾으십니까?
请问，您找哪一位?
qǐng wèn   nín zhǎo nǎ yí wèi
칭원   닌 쟈오 나이웨이

■ 상대방과 연결되었으니 말씀하십시오.
对方接通了，请讲话。
duì fāng jiē tōng le   qǐng jiǎng huà
뚜이팡 지에통러   칭장화

■ 메리 좀 바꿔 주십시오.
请换马丽一下。
qǐng huàn mǎ lì yí xià
칭환 마리 이사

전화

- 잠시만 기다리세요, 그가 방금 들어왔습니다.

  请稍等，他刚刚进来了。
  qǐng shāo děng　　tā gānggang jìn lái le
  칭샤오덩　　　타 깡강 찐라이러

- 제가 전화 받을게요.

  我来接电话。
  wǒ lái jiē diàn huà
  워 라이 지에 띠엔화

  A : 이선생, 전화받아요.

  李先生，接电话吧。
  lǐ xiānshēng　　jiē diàn huà ba
  리셴셩　　　지에 띠엔화바

  B : 누구한테서 온 전화지요?

  谁来的电话?
  shéi lái de diàn huà
  셰이 라이더 띠엔화

부재중일 때

- 그 사람은 오늘 출근하지 않았어요.

  今天他没有上班。
  jīn tiān tā méi yǒu shàng bān
  찐티엔 타 메이요 샹빤

  A : 여보세요, 김선생 계세요?

  喂，金先生在吗?
  wèi　　jīn xiānshēng zài ma
  웨이　　찐셴셩 짜이마

  B : 지금 자리에 안 계세요.

  现在他不在。
  xiàn zài tā bú zài
  씨엔짜이 타 부짜이

일상

■ 그는 오늘 비번이에요.

他今天不上班。
tā jīn tiān bú shàng bān
타 찐티엔 뿌상빤

■ 그 사람 나갔는데요.

他出去了。
tā chū qù le
타 츄취러

■ 그는 집에 없어요.

他不在家。
tā bú zài jiā
타 부짜이 쟈

■ 그는 몇 시에 돌아오지요?

他几点回来?
tā jǐ diǎn huí lái
타 지디엔 훼이라이

A : 여보세요, 李선생 집에 있나요?

喂，李先生在家吗?
wèi   lǐ xiānsheng zài jiā ma
웨이   리셴셩 짜이 쟈마

B : 그는 집에 없는데요, 방금 나갔어요.

他不在家，刚刚出去了。
tā bú zài jiā   gānggang chū qù le
타 부짜이 쟈   깡강 츄취러

■ 그는 일본으로 출장 갔어요.

他去日本出差了。
tā qù rì běn chū chāi le
타 취 르뻔 츄챠이러

■ 나중에 다시 걸지요.

以后我再给他打电话。
yǐ hòu wǒ zài gěi tā dǎ diàn huà
이허우 워 짜이 게이타 따 띠엔화

■ 급한 일이면 핸드폰으로 거세요.

有急事就打他的手机吧。
yǒu jí shì jiù dǎ tā de shǒu jī ba
요우 지스 지우 따 타더 쇼우지바

잘못 걸었을 때

■ 몇 번으로 거셨습니까?

您打几号?
nín dǎ jǐ hào
닌 따 지하오

■ 전화 잘 못 거셨습니다.

您打错了。
nín dǎ cuò le
닌 따 춰러

■ 여기는 무역회사가 아니에요.

这儿不是贸易公司。
zhè r bú shì mào yì gōng sī
쩔 부스 마오이 꽁쓰

A : 거기 항공회사지요?

你那儿是航空公司吗?
nǐ nà r shì hángkōnggōng sī ma
니 날 스 항콩꽁쓰마

B : 전화 잘 못 걸었어요.

你打错了。
nǐ dǎ cuò le
니 따춰러

전화

253

일상

■ 여기는 김미숙의 집이 아닙니다.
这儿不是金美淑家。
zhè r bú shì jīn měi shū jiā
쩔 부스 찐메이수 쟈

메시지 남기기

■ 그에게 메시지를 남기겠어요.
我要给他留言。
wǒ yào gěi tā liú yán
워 야오게이 타 리우옌

■ 그에게 꼭 전해 드릴게요.
我一定转告他。
wǒ yí dìng zhuǎn gào tā
워 이딩 쫜까오 타

■ 제 메시지를 전해주시겠습니까?
您可以帮我留言吗?
nín kě yǐ bāng wǒ liú yán ma
니 커이 빵워 리우옌마

A : 메시지를 남기시겠습니까?
您要不要留言?
nín yào bu yào liú yán
닌 야오 부야오 리우옌

B : 메시지를 남기겠어요.
我要留言。
wǒ yào liú yán
워 야오 리우옌

■ 죄송하지만, 그 사람더러 리리에게 전화하라고 해 주십시오.

麻烦您，让他莉莉回个电话。
má fán nín　　ràng tā　lì　lì　huí ge diànhuà
마판닌　　　랑타 리리 훼이거 띠엔화

■ 돌아오면 전화 좀 해 달라고 전해 주십시오.

请转告他回来就给我回电话。
qǐng zhuǎn gào tā huí lái jiù gěi wǒ huí diànhuà
칭 쫜까오 타 훼이라이 지우게이워 훼이 띠엔화

■ 왕선생이 돌아오면, 꼭 전화 드리라고 할게요.

王先生回来以后，我一定让他给你回电话。
wáng xiānshēng huí lái yǐ hòu　　wǒ yí dìng ràng tā gěi nǐ huí diànhuà
왕셴셩 훼이라이 이허우　　워 이띵 랑타 게이니 훼이 띠엔화

■ 그는 당신이 즉시 전화해 주기를 바라던데요.

他要你立刻回电话。
tā yào nǐ　lì　kè huí diànhuà
타 야오 리커 띠엔화

A : 죄송하지만 제게 전화 해 달라고 전해 주세요.

麻烦你转告他，让他给我打个电话。
má fán nǐ zhuǎn gào tā　　ràng tā gěi wǒ dǎ ge diànhuà
마판 니 쫜까오 타, 랑타 게이 워 따거 띠엔화

B : 꼭 전해 드릴게요.

我一定转告他。
wǒ yí dìng zhuǎn gào tā
워 이띵 쫜까오 타

■ 그에게 전해 드릴까요?

你要不要我转告他?
nǐ yào bu yào wǒ zhuǎn gào tā
니 야오부야오 워 쫜까오 타

전화

일상

A : 제가 전화했었다고 전해 주십시오.
请转告他，我来过电话。
qǐng zhuǎn gào tā   wǒ lái guò diàn huà
칭 쫜까오 타   워 라이궈 띠엔화

B : 예, 회의가 끝나면 바로 전해드릴게요.
好，等会议完了我就转告他。
hǎo   děng huì yì wán le   wǒ jiù zhuǎn gào tā
하오   떵 후이이 완러 워 지우 쫜까오 타

■ 그에게 뭐라고 전해드릴까요?
我转告他什么?
wǒ zhuǎn gào tā shén me
워 쫜까오 타 션머

A : 여보세요, 김 부장님 계십니까?
喂，请问金部长在不在?
wèi   qǐng wèn jīn bù cháng zài bu zài
웨이   칭원 찐뿌장 짜이부짜이

B : 출장 가셨는데요.
他出差了。
tā chū chāi le
타 츄챠이러

A : 그래요? 언제 돌아오시지요?
是吗? 他什么时候回来?
shì ma   tā shén me shí hòu huí lái
스마   타 션머스허우 훼이라이

B : 확실하지 않아요. 메시지를 남기시겠어요?
不太清楚。你要不要留言?
bú tài qīng chǔ   nǐ yào bu yào liú yán
부타이 칭츄   니 야오부야오 리우옌

A : 아니오, 다음에 제가 다시 걸죠.
不要，下次我再打。
bú yào   xià cì wǒ zài dǎ
부야오   샤츠 워 짜이 따

256

기타 통화중 내용

■ 수신자 부담(컬렉트콜)로 하겠어요.

我要对方附款的。
wǒ yào duì fāng fù kuǎn de
워 야오 뚜이팡 푸콴더

■ 내게 전화 온 것 있어요?

有没有我的电话?
yǒu méi yǒu wǒ de diàn huà
요메이요 워더 띠엔화

■ 제가 없을 때 다녀가셨다면서요.

听说我不在的时候，你找过来。
tīng shuō wǒ bú zài de shí hòu   nǐ zhǎo guò lái
팅숴 워 뿌짜이더 스허우   니 쟈오꿔 라이

■ 혼선이 됐어요.

串线了。
chuàn xiàn le
촨씨엔러

■ 상대방의 말소리가 안 들려요.

听不见对方的说话。
tīng bu jiàn duì fāng de shuō huà
팅부지엔 뚜이팡더 쉬화

■ 통화중이니, 잠시 후에 다시 거세요.

占线，待会儿再打过来。
zhàn xiàn   dài huì r zài dǎ guò lái
짠시엔   따이 후알 짜이 따궈라이

■ 잡음이 들려요.

听到杂音。
tīng dào zá yīn
팅 따오 짜인

전화

일상

- 좀 큰 소리로 해 주십시오.

  请大声点儿。
  qǐng dà shēngdiǎn r
  칭 따성 디알

- 이리로 오려고요?

  你要来我这儿吗?
  nǐ yào lái wǒ zhè r ma
  니 야오 라이 워 쩔마

- 전화 주셔서 감사합니다.

  谢谢你来电话。
  xiè xie nǐ lái diàn huà
  씨에시에 니 라이 띠엔화

- 아무도 전화를 받지 않아요.

  没有人接。
  méi yǒu rén jiē
  메이요 런 지에

- 전화번호부 있어요?

  有没有电话号码簿?
  yǒu méi yǒu diàn huà hào mǎ bù
  요메이요 띠엔화 하오마뿌

  * 电话号码簿 / 电话号码册 : 전화번호부

- 나는 지금 장거리 전화를 기다리고 있어.

  我在等长途电话。
  wǒ zài děngcháng tú diàn huà
  워 짜이 떵 창투띠엔화

  * 在 ~ : 현재 진행중인 상황에 쓴다. ~하는 중이다

- 국제전화예요?

  是不是国际电话?
  shì bu shì guó jì diàn huà
  스부스 궈지 띠엔화

A : 이 전화번호는 당신 집의 번호인가요?
这个电话号码是不是你家的?
zhè ge diàn huà hào mǎ shì bu shì nǐ jiā de
쩌거 띠엔화 하오마 스부스 니 자더

B : 집 전화번호가 아니라, 제 사무실 거예요.
不是我家的，是我办公室的。
bú shì wǒ jiā de　shì wǒ bàn gōng shì de
부스 워 자더, 스 워 빤꿍쓰더

■ 출근하거든, 곧바로 나에게 전화 해 줘.
上班以后，马上就给我打电话吧。
shàng bān yǐ hòu　mǎ shàng jiù gěi wǒ dǎ diàn huà ba
샹빤 이허우　마샹 지우 게이 워 따 띠엔화바

■ 퇴근 전에 나에게 전화 해 줘.
下班以前，给我打电话吧。
xià bān yǐ qián　gěi wǒ dǎ diàn huà ba
샤빤 이치엔　게이 워 따 띠엔화바

■ 내가 너에게 전화 했지만, 받는 사람이 없었어.
我给你打电话，不过没有人接。
wǒ gěi nǐ dǎ diàn huà　bú guò méi yǒu rén jiē
워 게이 니 따 띠엔화　부꿔 메이요 런 지에

■ 무슨 급한 일이라도 있으십니까?
您有什么急事吗?
nín yǒu shén me jí shì ma
닌 요우 션머 지스마

■ 아무도 그의 전화번호를 몰라요.
谁也不知道他的电话号码。
shéi yě bù zhī dào tā de diàn huà hào mǎ
셰이예 뿌즈다오 타더 띠엔화 하오마

일상

■ 당신의 핸드폰 번호는 몇 번인가요?

你的手机号码是多少?
nǐ de shǒu jī hào mǎ shì duō shǎo
니더 쇼우지 하오마 스 뛰사오

■ 돌아오자마자 제게 전화하세요.

你回来马上就给我打电话吧。
nǐ huí lái mǎ shàng jiù gěi wǒ dǎ diàn huà ba
니 훼이라이 마상 지우 게이워 따 띠엔화바

■ 내가 너에게 여러 번 전화를 했지만, 매번 아무도 전화를 받지 않았어.

我给你打电话几次，不过每次都没有人接。
wǒ gěi nǐ dǎ diàn huà jǐ cì   bú guò měi cì dōu méi yǒu rén jiē
워 게이니 따 띠엔화 지츠   부꿔 메이츠 또우 메이요 런지에

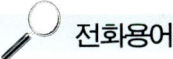 전화용어

家用电话 jiā yòng diàn huà	자융 띠엔화	가정용 전화
办公室电话 bàn gōng shì diàn huà	빤꿍쓰 띠엔화	사무실 전화
公用电话 gōng yòng diàn huà	꿍융 띠엔화	공중전화
传真 chuán zhēn	촨쩐	팩스
自动留言机 zì dòng liú yán jī	쯔똥 리우옌지	자동응답기
电话卡 diàn huà kǎ	띠엔화 카	전화카드
电话费 diàn huà fèi	띠엔화 페이	전화요금
总机 zǒng jī	쭝지	교환대
话务员 huà wù yuán	화우위엔	교환원
分机号码 fēn jī hào mǎ	펀지 하오마	교환번호
国际电话 guó jì diàn huà	궈지 띠엔화	국제전화
战线/通话中 zhàn xiàn tōng huà zhōng	짠씨엔/통화중	통화중
直通电话 zhí tōng diàn huà	즈통 띠엔화	직통전화
可视电话 kě shì diàn huà	커스 띠엔화	화상전화
区号 qū hào	취하오	지역번호
三方通话 sān fāng tōng huà	싼팡통화	3인통화
骚扰电话 sāo rǎo diàn huà	싸오라오 띠엔화	장난전화
手机/移动电话 shǒu jī yí dòng diàn huà	쇼우지/이똥 띠엔화	핸드폰

전화

일상

Unit 02
식당에서

A : 어디 가세요?

你去哪儿?
nǐ qù nǎ r
니 취 날

B : 밥 먹으러 식당에 가요.

我去食堂吃饭。
wǒ qù shí táng chī fàn
워 취 스탕 츠판

* 동사는 去(qù)와 吃(chī)인데, 이처럼 한 문장 안에 동사가 2개 있을 때는 뒤의 동사가 목적이 되며, 앞 동사의 행위가 먼저 이루어진다.

주인(종업원)이 손님을 맞을 때

■ 어서 오십시오.

欢迎光临!
huānyíngguāng lín
환잉 꽝린

■ 어서 오세요, 들어오십시오.

欢迎光临，请进。
huānyíngguāng lín qǐng jìn
환잉꽝린   칭찐

A : 몇 분이시죠?

几位?
jǐ wèi
지 웨이

B : 세 사람입니다. 금연석으로 부탁합니다.

三个人。我要禁烟席。
sān ge rén　　wǒ yào jìn yān xí
싼거런　　　워 야오 찐옌씨

■ 지금은 자리가 다 찼는데요.

现在满桌了。
xiàn zài mǎnzhuō le
씨엔짜이 만 쮜러

■ 저를 따라 오시겠어요?

跟我来，好不好?
gēn wǒ lái　　hǎo bu hǎo
껀워 라이　　하오부하오

＊跟(gēn) : ~를 따라서

■ 저를 따라 오십시오.

请你们跟我来。
qǐng nǐ men gēn wǒ lái
칭 니먼 껀 워 라이

■ 앉으십시오.

请坐。
qǐng zuò
칭쭤

■ 손님, 메뉴 여기 있습니다.

菜单在这里，客人。
cài dān zài zhè lǐ　　kè rén
차이딴 짜이 쩌리　　커런

263

일상

■ 주문하시겠어요?

点菜吗?
diǎn cài ma
디엔차이마

＊点菜 : 음식을 주문하다

A : 주문하시겠어요?

要不要点菜?
yào bu yào diǎn cài
야오부야오 디엔차이

B : 잠시만요, 아직 결정 못했어요.

等一下, 还没决定。
děng yí xià　　hái méi jué dìng
떵이샤　　하이메이 쮜띵

■ 주문하시겠습니까?

请问要点菜吗?
qǐng wèn yào diǎn cài ma
칭원 야오 디엔차이마

■ 어떤 음식을 드시겠어요?

您要吃哪一种菜?
nín yào chī nǎ yì zhǒng cài
닌 야오 츠 나이쭁 차이

■ 밥을 드시겠어요, 아니면 빵을 드시겠어요?

你要吃饭, 还是吃面包?
nǐ yào chī fàn　　hái shì chī miàn baō
니 야오 츠판　　하이스 츠 미엔빠오

＊是 A 还是 B? : A인가, 아니면 B인가? (선택형 의문문)

식당에서

A : 뭘 드시겠습니까?
你们要吃什么?
nǐ men yào chī shén me
니먼 야오 츠 션머

B : 불고기 주세요.
我们要吃烤肉。
wǒ men yào chī kǎo ròu
워먼 야오 츠 카오로우

A : 직접 구우시겠어요?
你们要不要自己烤?
nǐ men yào bu yào zì jǐ kǎo
니먼 야오부야오 쯔지 카오

B : 우리가 직접 구울게요.
我们要自己烤。
wǒ men yào zì jǐ kǎo
워먼 야오 쯔지 카오

음식을 주문할 때

■ 주문을 하고 싶은데요.
我要点菜。
wǒ yào diǎn cài
워 야오 디엔차이

■ 메뉴를 좀 보여주세요.
给我看看菜单。
gěi wǒ kàn kan cài dān
게이워 칸칸 차이딴

■ 메뉴 좀 갖다 주십시오.
请拿一下菜单。
qǐng ná yí xià cài dān
칭 나 이샤 차이딴

일상

- 종업원, 메뉴 좀 갖다 주세요.

  服务员，来菜单吧。
  fú wù yuán　lái cài dān ba
  푸우웬　　　라이 차이딴바

- 식탁 좀 닦아주시겠어요?

  察一下桌子，好吗?
  chá yí xià zhuō zǐ　hǎo ma
  차이싸 쮜즈　　　　하오마

- 주인장, 메뉴 갖다주세요.

  老板，拿菜单来吧。
  lǎo bǎn　ná cài dān lái ba
  라오반　　나 차이딴 라이바

- 이 요리는 이름이 뭐죠?

  这个菜叫什么名字?
  zhè ge cài jiào shén me míng zì
  쩌거차이 쟈오 션머 밍즈

- 종업원, 통오리구이 한 마리 주세요.

  服务员，给我们一只烤鸭。
  fú wù yuán　gěi wǒ men yì zhǐ kǎo yā
  푸우위엔　　게이 워먼 이즈 카오야

- 이것으로 주세요.

  我要这个。
  wǒ yào zhè ge
  워 야오 쩌거

- 저도 같은 것으로 주세요.

  我也要同样的。
  wǒ yě yào tóng yàng de
  워예 야오 통양더

266

■ 뭘 주문해야 좋을지 모르겠어요.

我不知道点什么好。
wǒ bù zhī dào diǎn shén me hǎo
워 뿌즈다오 디엔 션머 하오

■ 무슨 요리가 제일 맛있지요?

什么菜最拿手?
shén me cài zuì ná shǒu
션머 차이 쭈이 나쇼우

■ 이 곳에서 가장 유명한 음식은 뭐죠?

在这个地方最有名的菜是什么?
zài zhè ge dì fang zuì yǒu míng de cài shì shén me
짜이쩌거 띠팡 쭈이 요우밍더 차이 스 션머

    A : (일행에게) 나는 어떻게 주문하는지 몰라.

    我不知道怎么点菜。
    wǒ bù zhī dào zěn me diǎn cài
    워 뿌즈다오 쩐머 디엔차이

    B : 그럼 내가 주문할게.

    那我来点菜。
    nà wǒ lái diǎn cài
    나 워 라이 디엔차이

■ 이 식당에서 제일 잘하는 요리가 뭐죠?

这个食堂里, 最拿手菜是什么?
zhè ge shí táng lǐ   zuì ná shǒu cài shì shén me
쩌거 스탕리   쭈이 나쇼우 차이 스 션머

  * 拿手菜 : 가장 자신있는 요리, 가장 맛있는 요리

■ 저는 여기서 가장 최고의 음식을 먹겠어요.

我要吃这里的最拿手菜。
wǒ yào chī zhè lǐ de zuì ná shǒu cài
워 야오 츠 쩌리더 쭈이 나쇼우차이

일상

■ 나는 볶은 밥으로 주세요.

我要吃炒饭。
wǒ yào chī chǎo fàn
워 아오 츠 챠오판

■ 좀 빨리요.

快点儿!
kuàidiǎn r
콰이 디알

■ 빨리 갖다 주세요.

快拿来吧。
kuài ná lái ba
콰이 나라이

■ 오늘은 무슨 특별한 요리라도 있나요?

今天有没有什么特别的菜?
jīn tiān yǒu méi yǒu shén me tè bié de cài
찐티엔 요메이요 션머 터비에더 차이

■ 가져갈 수 있나요?

能不能带走?
néng bu néng dài zǒu
넝부넝 따이 조우

A : (일행에게) 뭐 먹을래?

你要吃什么?
nǐ yào chī shén me
니 아오 츠 션머

B : 네가 시키는 음식으로 먹을게.

你点什么，我吃什么。
nǐ diǎn shén me   wǒ chī shén me
니 디엔 션머   워 츠 션머

*A 什麼 B 什麼 : A 하는 대로 B 한다

식당에서

■ 이건 내가 주문한 것이 아닌데요.
这个不是我点的。
zhè ge bú shì wǒ diǎn de
쪄거 부스 워 디엔더

■ 종업원, (끓인) 물 한 잔 갖다 주시겠어요?
服务员，来一杯开水，好吗?
fú wù yuán　　lái yī bēi kāi shuǐ　　hǎo ma
푸우위엔　　라이 이뻬이 카이쉐이　　하오마

■ 주인장, 밥 한 공기 더 주세요.
老板，再来一碗饭吧。
lǎo bǎn　　zài lái yì wǎn fàn ba
라오반　　짜이라이 이완 판바

■ 얼마나 기다려야 하죠?
要等多久?
yào děng duō jiǔ
야오 떵 뚸지우

■ 젓가락이 땅에 떨어졌는데, 좀 바꿔 주십시오.
筷子掉地下了，请换一下吧。
kuài zǐ diào dì xià le　　qǐng huàn yí xià ba
콰이즈 따오 띠샤러　　칭 환 이샤바

맛을 표현할 때

■ 이건 맛이 어때요?
这个味道怎么样?
zhè ge wèi dào zěn me yàng
쪄거 웨이따오 쩐머양

269

일상

■ 맛 좀 봐, 맛이 어때?

你尝尝看，味道怎么样?
nǐ chángchang kàn wèi dào zěn me yàng
니 창창칸   웨이따오 쩐머양

■ 맛있어요.

很好吃。
hěn hǎo chī
헌 하오츠

■ 이 음식은 너무 시어.

这菜太酸了。
zhè cài tài suān le
쩌 차이 타이 쏸러

A : 맛 좀 보세요, 이 음식 맛이 어때요?

你试试看，这个菜味道怎么样?
nǐ shì shi kàn zhè ge cài wèi dào zěn me yàng
니 스스칸   쩌거차이 웨이따오 전머양

B : 너무 달아요.

太甜了。
tài tián le
타이 티엔러

■ 난 짠 것을 좋아하지 않아.

我不喜欢吃咸的。
wǒ bù xǐ huān chī xián de
워 부씨환 츠 씨엔더

■ 맛이 좋네요.

味道不错。
wèi dào bú cuò
웨이따오 부춰

■ 이 음식은 먹을수록 맛있어.

这个菜，越吃越好吃。
zhè ge cài　　yuè chī yuè hǎo chī
쩌거 차이　　　위에츠위에 하오츠

A : 이 요리는 매운가요?

这菜辣不辣?
zhè cài là bu là
쩌 차이 라부라

B : 전혀 맵지 않아요.

一点儿也不辣。
yì diǎn r yě bú là
이디알예 부라

■ 나는 매운 것을 그다지 좋아하지 않아.

我不太喜欢吃辣的。
wǒ bú tài xǐ huān chī là de
워 부타이 씨환 츠 라더

■ 일반적으로 한국인은 매운 것을 좋아해요.

一般来说，韩国人喜欢吃辣的。
yì bān lái shuō　　hán guó rén xǐ huān chī là de
이빤 라이쉬　　　한궈런 씨환 츠 라더

■ 중국요리는 너무 기름진 것 같아.

我觉得中国菜太油腻了。
wǒ jué de zhōng guó cài tài yóu nì le
워줴더 쫑궈차이 타이 요우니러

■ 대부분의 중국음식은 기름진 것 같아.

我看，大部分的中国菜好象都很油腻。
wǒ kàn　　dà bù fēn de zhōng guó cài hǎo xiàng dōu hěn yóu nì
워칸　　　따부펀더 쫑궈차이 하오샹 또우헌 요우니

식당에서

일상

■ 사천요리는 비교적 한국인의 입맛에 맞아요.
四川菜比较适合韩国人的口味。
sì chuān cài bǐ jiào shì hé hán guó rén de kǒu wèi
쓰촨차이 비자오 스허 한궈런더 커우웨이

■ 나는 중국요리를 좋아해.
我爱吃中国菜。
wǒ ài chī zhōng guó cài
워 아이 츠 쫑궈 차이

■ 중국요리는 한국요리만큼이나 맛있어요.
中国菜有韩国菜那么好吃。
zhōng guó cài yǒu hán guó cài nà me hǎo chī
쭝궈 차이 요우 한궈 차이 나머 하오츠

■ 오늘은 음식이 별로야.
今天没有什么菜。
jīn tiān méi yǒu shén me cài
찐티엔 메이요 션머차이

■ 먹을만한 게 없어.
没什么可吃的。
méi shén me kě chī de
메이션머 커츠더

■ 이 음식은 조금 시어요.
这菜有点儿酸。
zhè cài yǒu diǎn r suān
쩌 차이 요우디알 쏸

■ 이 요리는 내가 지난번에 먹은 것보다 맛있어.
这个菜比我上次吃过的好。
zhè ge cài bǐ wǒ shàng cì chī guò de hǎo
쩌거 차이 비 워 샹츠 츠궈더 하오

식당에서

■ 뭐야, 하나도 맛이 없잖아.

什么呀，一点儿也不好吃。
shén me ya　　yì diǎn r　yě bù hǎo chī
션머야　　　　이디알예 뿌하오 츠

＊什么呀(shénmeya)：반대나 반박을 나타내는 语气

■ 맛있기는 하지만, 좀 매워요.

好吃是好吃，不过有点儿辣。
hǎo chī shì hǎo chī　　bú guò yǒu diǎn r　là
하오츠 스 하오츠　　　부꿔 요우디알 라

■ 이 돼지고기는 너무 질겨요.

这猪肉太硬了。
zhè zhū ròu tài yìng le
쩌 쥬로우 타이 잉러.

■ 이런 요리는 내 입맛에 별로 맞지 않아요.

这钟菜不怎么合我的口味儿。
zhè zhōng cài bù zěn me hé wǒ de kǒu wèi r
쩌종 차이 뿌쩐머 허 워더 커우월

■ 중국 요리는 맛있기는 하지만 좀 느끼해.

中国菜好吃是好吃，不过有点儿腻。
zhōng guó cài hǎo chī shì hǎo chī　　bú guò yǒu diǎn r　nì
쯩궈차이 하오츠 스 하오츠　　　부꿔 요우디알 니

A : 삼계탕을 먹어본 적 있어?

你以前吃过参鸡汤吗？
nǐ yǐ qián chī guò shēn jī tāng ma
니 이치엔 츠궈 쎤지탕마

B : 먹어봤지, 맛이 끝내주던걸.

吃过了，味道好及了。
chī guò le　　wèi dào hǎo jí le
츠 궈러　　　웨이따오 하오지러

일상

자신이 사겠다고 할 때

■ 오늘은 내가 쏠게.
今天我请客。
jīn tiān wǒ qǐng kè
찐티엔 워 칭커

■ 당신께 저녁을 대접하고 싶어요.
我想请你吃晚饭。
wǒ xiǎng qǐng nǐ chī wǎn fàn
워샹 칭니 츠 완판

■ 당신의 식성이 어떤지 모르겠어요.
我不知道你的口味怎么样。
wǒ bù zhī dào nǐ de kǒu wèi zěn me yàng
워 뿌즈다오 니더 커우웨이 쩐머양

■ 천천히 드십시오.
请慢用。
qǐng màn yòng
칭 만융

■ 사양하지 말고 많이 드십시오.
不要客气, 请多多用。
bú yào kè qì qǐng duō duo yòng
부야오 커치 칭 뛰둬융

■ 고맙지만 벌써 배불리 먹었어요.
谢谢, 我已经吃饱了。
xiè xie wǒ yǐ jīng chī bǎo le
씨에시에 워 이징 츠 바오러

■ 내일은 내가 너희들에게 저녁밥 살게.
明天我请你们吃晚饭。
míng tiān wǒ qǐng nǐ men chī wǎn fàn
밍티엔 워 칭 니먼 츠 완판

식당에서

A : 오늘은 내가 쏜다.
今天我请你吃饭。
jīn tiān wǒ qǐng nǐ chī fàn
찐티엔 워칭 니 츠판

밥을 먹을래, 면을 먹을래?
你要吃饭，还是吃面？
nǐ yào chī fàn hái shì chī miàn
니 야오 츠판 하이스 츠 미엔

B : 아무거나 상관없어.
什么都无所谓。
shén me dōu wú suǒ wèi
션머 또우 우쉬웨이

* 无所谓 : 상관없다, 아무래도 좋다

■ 많이 드십시오.
请多用。
qǐng duō yòng
칭 뚸용

A : 오늘 내가 쏠게요.
今天我请你吃饭。
jīn tiān wǒ qǐng nǐ chī fàn
찐티엔 워 칭 니 츠판

B : 아니에요, 우리 터치페이 합시다.
不，我们AA制吧。
bù wǒ men zhì ba
뿌 워먼 에이에이즈바

* AA制 : 더치페이

A : 오늘은 내가 내고, 다음에 당신이 사면 되잖아요.
今天我来请，下次你来请就行了。
jīn tiān wǒ lái qǐng xià cì nǐ lái qǐng jiù xíng le
찐티엔 워 라이 칭 샤츠 니 라이 칭 지우 씽 러

275

일상

■ 오늘은 당신이 한 턱 낼 차례예요.
今天该你请客了。
jīn tiān gāi nǐ qǐng kè le
찐티엔 까이 니 칭커러

계산할 때

■ 종업원, 계산서 주세요.
服务员，买单!
fú wù yuán   mǎi dān
푸우위엔   마이딴

■ 제 것을 계산해 주십시오.
请算我的帐。
qǐng suàn wǒ de zhàng
칭쏸 워더 쌍

■ 제가 계산할게요.
让我付帐。
ràng wǒ fù zhàng
랑워 푸짱

■ 계산서 작성해 주세요.
请开买单。
qǐng kāi mǎi dān
칭카이 마이딴

■ 모두 합해서 얼마죠?
一共多少钱?
yí gòng duō shǎo qián
이꽁 뚸사오 치엔

都와 一共

都 : 모두 (종류)
　　우리는 모두 학생이다.
　　我们都是学生.(○)　　我们一共是学生.(×)

一共 : 모두 (합계)
　　모두 얼마지요?
　　一共多少钱? (○)　　都多少钱? (×)

식성에 관한 표현

■ 나는 날 것도 먹지 않고, 찬 것도 먹지 않아.

我不吃生的，也不吃冷的。
wǒ bù chī shēng de　yě bù chī lěng de
워 뿌츠 성더　　　　예 뿌츠 렁더

■ 나는 해물을 좋아해.

我喜欢海鲜。
wǒ xǐ huān haǐ xiān
워 씨환 하이씨엔

■ 난 오랫동안 한국요리를 먹을 기회가 없었어.

我很久没有吃韩国菜的机会。
wǒ hěn jiǔ méi yǒu chī hán guó caì de jī huì
워 헌 지우 메이요우츠 한궈 차이더 지후이

■ 불고기랑 한국김치가 정말 먹고 싶어.

我真想吃烤肉和韩国泡菜。
wǒ zhēnxiǎng chī kǎo ròu hé hán guó pào caì
워 쩐 샹츠 카오로우 허 한궈 파오차이

식당에서

일상

■ 난 사천 요리를 좋아해.

我喜欢吃西川菜。
wǒ xǐ huān chī xī chuān cài
워 씨환 츠 쓰촨 차이

■ 난 광동 요리를 좋아해.

我喜欢吃广东菜。
wǒ xǐ huān chī guǎngdōng cài
워 씨환 츠 꽝똥 차이

■ 산동요리와 사천요리의 특징은 뭐지?

山东菜和四川菜的特点是什么?
shāndōng cài hé sì chuān cài de tè diǎn shì shén me
산동차이 허 쓰촨차이더 터디엔 스 션머

■ 입맛은 사람마다 달라요.

口味人各不同。
kǒu wèi rén gè bù tóng
커우웨이 꺼 뿌통

■ 당신은 늘 양식을 먹어요?

你常吃西餐吗?
nǐ cháng chī xī cān ma
니 창츠 씨찬마

■ 어떤 사람은 밥을 좋아하고, 어떤 사람은 면(분식)을 좋아해.

有的人喜欢吃米饭,   有的人喜欢吃面食。
yǒu de rén xǐ huān chī mǐ fàn   yǒu de rén xǐ huān chī miàn shí
요우더 런 씨환 츠 미판   요우더 런 씨환 츠 미엔스

* 有는 '있다'는 뜻 외에 文头에 오면 '어느'라는 뜻도 있다.
　有的人 A 有的人 B ： 어떤 사람은 A하고, 어떤 사람은 B하다
　有的 A 有的 B ： 어떤 것은 A하고, 어떤 것은 B하다

■ 무엇이든 개의치 않아요. (어떤 음식이든 다 좋다.)

我什么都可以,   不在乎。
wǒ shén me dōu kě yǐ   bù zài hu
워 선머 또우 커이   부짜이후

배가 고플 때의 표현

■ 배고파.

我很饿。
wǒ hěn è
워 헌 으어

■ 난 하루종일 밥을 먹지 못해서 꼭 밥을 먹어야 해.

我整天没吃饭，非吃饭不可。
wǒ zhěng tiān méi chī fàn　　fēi chī fàn bù kě
워 쩡티엔 메이 츠판　　페이 츠판 뿌커

＊非 ~ 不可 : ~하지 않으면 안 된다, 꼭 해야한다

■ 난 하루종일 아무 것도 먹지 않았어.

我一天到晚什么都没吃。
wǒ yī tiān dào wǎnshén me dōu méi chī
워 이티엔 따오완 션머또우 메이 츠

A : 배고프지?

你饿了吧?
nǐ è le ba
니 으어러마

B : 배고파 죽겠어.

饿死了。
è sǐ le
으어 쓰러

■ 배고픈데, 우리 뭐 좀 먹읍시다.

肚子饿了，我们吃点儿东西吧。
dù zǐ è le　　wǒ men chī diǎn r dōng xi ba
뚜즈 어러　　워먼 츠디알 똥씨바

■ 이 식당에 들어가서 뭐 좀 먹읍시다.

进去这家餐厅吃点什么吧。
jìn qù zhè jiā cān tīng chī diǎnshén me ba
찐취 쩌쟈찬팅 츠디엔 션머바

식당에서

279

일상

■ 여기 롯데리아가 있네, 들어가자.
这儿有乐天利，进去吧。
zhè r yǒu lè tiān lì　jìn qù ba
쩔 요우 러티엔지　찐취바

■ 이 부근엔 식당이 없어요.
这附近没有食堂。
zhè fù jìn méi yǒu shí táng
쩌 푸진 메이요 스탕

■ 아무거나 빨리 되는 걸로 먹읍시다.
快什么，吃什么吧。
kuài shén me　chī shén me ba
콰이 션머　츠 션머바

■ 있는 대로 먹을 수밖에 없어요.
只好有什么，就吃什么。
zhǐ hǎo yǒu shén me　jiù chī shén me
즈하오 요우 션머　지우 츠 션머

■ 음식이 식겠어요, 우리 먹으면서 이야기합시다.
菜都快凉了，我们一边吃一边谈吧。
cài dōu kuài liáng le　wǒ men yī biān chī yī biān tán ba
차이 또우 콰이 량러　워먼 이비엔 츠 이비엔 탄바

배부른 놈은 굶주린 자의 배고픔을 알지 못한다
饱汉不知饿汉饥
bǎo hàn bù zhī è hàn jī
빠오한 뿌즈 으어한지

배가 부를 때의 표현

■ 난 배가 불러.
我吃饱了。
wǒ chī bǎo le
워 츠바오러

식당에서

A : 난 벌써 배가 불러.
我已经吃饱了。
wǒ yǐ jīng chī bǎo le
워 이징 츠 바오러

B : 나도 배불러.
我也吃饱了。
wǒ yě chī bǎo le
워예 츠 바오러

■ 나는 정말 배가 불러요.
我真的吃饱了。
wǒ zhēn de chī bǎo le
워 쩐더 츠 바오러

■ 지금은 아무 것도 먹고 싶지 않아.
我现在什么都不想吃。
wǒ xiàn zài shén me dōu bù xiǎng chī
워 씨엔짜이 션머 또우 뿌샹츠

■ 나는 조금도 배고프지 않아.
我一点儿也不饿。
wǒ yì diǎn r yě bú è
워 이디알예 부 으어

■ 나는 하나만 더 먹으면 충분해.
我再吃一个就够了。
wǒ zài chī yí gè jiù gòu le
워 짜이 츠 이거 지우 꺼우러

■ 이렇게 많은 음식을 나 혼자 어떻게 먹을 수 있어요?
这么多的菜，我一个人怎么吃得了?
zhè me duō de cài   wǒ yí gè rén zěn me chī de liǎo
쩌머 뚸더 차이   워 이거런 쩐머 츠더 랴오

吃得了(chīdeliǎo) 먹을 수 있다 ↔ 吃不了(chībùliǎo) 먹을 수 없다.

281

일상

먹을 수 없는 이유에 따른 표현

吃不了 (너무 많아서) 먹을 수 없다
chī bu liǎo
츠부랴오

吃不惯 (습관이 안되어) 먹을 수 없다
chī bu guàn
츠부꽌
　　　↳ 吃不来와 같은 뜻

吃不来 (습관이 안되어) 먹을 수 없다
chī bu lái
츠부라이
　　　↳ 吃不惯 과 같은 뜻

吃不下 (배가 불러서) 먹을 수 없다
chī bu xià
츠부샤

吃不得 (음식이 나빠서) 먹을 수 없다
chī bu de
츠부더

吃不起 (값이 비싸서, 돈이 없어서) 먹을 수 없다
chī bu qǐ
츠부치

吃不上 (가난해서) 먹을 수 없다
chī bu shàng
츠부샹

吃不过来 (종류가 많아서) 다 먹을 수 없다
chī bu guò lái
츠부꿔라이

제 배가 부르면 종 배고픈 줄 모른다

饱肚不知饿肚饥
bǎo dù bù zhī è dù jī
빠오뚜 뿌즈 으어뚜지

가정에서의 식사 초대

■ 오늘 저녁에 우리 집에 와서 함께 식사합시다.

今晚，你来我家一起吃饭，好吧？
jīn wǎn　　nǐ lái wǒ jiā yì qǐ chī fàn　　hǎo ba
찐완　　　니 라이 워쟈 이치 츠판　　　하오바

A : 한국 요리 먹어본 적 있어요?

你吃过韩国菜吗？
nǐ chī guò hán guó cài ma
니 츠궈 한궈차이마

B : 몇 번 먹은 적 있어요.

我吃过几次。
wǒ chī guò jǐ cì
워 츠궈 지츠

*过는 동사 뒤에서 과거의 경험을 나타낸다.

■ 한국 김치 있어요?

有没有韩国泡菜?
yǒu méi yǒu hán guó pào cài
요메이요 한궈 파오차이

■ 한국 김치를 먹은 적이 있어요?

你吃过韩国泡菜吗？
nǐ chī guò hán guó pào cài ma
니 츠궈 한궈 파오차이마

■ 먹어본 적 있어요.

吃过了。
chī guò le
츠궈러

■ 난 여태 못 먹어봤어요.

我从来没吃过。
wǒ cóng lái méi chī guò
워 총라이 메이 츠궈

일상

- 맛이 어떤지 좀 먹어봐요.

  你尝尝味道怎么样。
  nǐ chángchang wèi dào zěn me yàng
  니 창창 웨이따오 쩐머양

- 맛있긴 한데, 좀 매워요.

  好吃是好吃，辣一点。
  hǎo chī shì hǎo chī　　là　yì diǎn
  하오츠 스 하오츠　　라 이디엔

- 좀 더 드세요.

  再吃点吧。
  zài chī diǎn ba
  짜이 츠 디엔바

- 뭐가 바빠요, 저녁 드시고 가세요.

  忙什么，吃了晚饭再走吧。
  mángshén me　　chī le wǎn fàn zài zǒu ba
  망 션머　　츠러 완판 짜이 조우바

  A : 여보, 다 됐어요?

  太太，做好了吗?
  tài tai　　zuò hǎo le ma
  타이타이　쭤 하오러마

  B : 서둘지 마요, 밥이 다 되어가요.

  别着急，饭快要熟了。
  bié zhuó jí　　fàn kuài yào shú le
  비에 쟈오지　판 콰이 야오 수러

- 음식이 다 되었어요.

  菜都做好了。
  cài dōu zuò hǎo le
  차이 또우 쮜하오러

■ 식사하러 오세요.
你们来吃饭吧。
nǐ men lái chī fàn ba
니먼 라이 츠 판바

■ 드십시오.
请用吧。
qǐng yòng ba
칭 융 바

■ 먼저 식사를 하고 나서 이야기합시다.
我们先吃饭再谈谈吧。
wǒ men xiān chī fàn zài tán tan ba
워먼 씨엔 츠판 짜이 탄탄바

* 先(xiān) A 再(zài) B : 먼저 A 하고 나서 B 하다

■ 얘야, 먼저 손을 씻고 나서 밥 먹어라.
小孩子，你先洗手再吃饭吧。
xiǎo hái zǐ　　nǐ xiān xǐ shǒu zài chī fàn ba
샤오 하이즈　　니 씨엔 씨쇼우 짜이 츠판바

■ 사양하지 마시고 좀 더 드세요.
不要客气，多吃点儿。
bú yào kè qi　　duō chī diǎn r
부야오 커치　　뚸츠 디알

■ 제가 과식을 한 것 같아요.
我好像吃多了。
wǒ hǎo xiàng chī duō le
워 하오샹 츠뚸러

■ 우리 차를 마시면서 이야기합시다.
我们一边喝茶，一边谈吧。
wǒ men yī biān hē chá　　yī biān tán ba
워먼 이비엔 허챠　　이비엔 탄바

* 一边(yībiān) A 一边(yībiān) B : A하면서 B하다

식당에서

285

일상

예약에 관한 표현

■ 예약하려는데, 오늘 저녁 빈자리가 있습니까?

我要预定，今晚有空席吗?
wǒ yào yù dìng　　jīn wǎn yǒu kōng xí ma
워 야오 위띵　　　찐완 요우 콩 씨마

A : 자리를 예약하려고 하는데요.

我想订一个坐。
wǒ xiǎng dìng yí ge zuò
워샹 띵 이거 쭤

B : 예약 인원은 몇 분이십니까?

请问，预订人是几位?
qǐng wèn　　yù dìng rén shì jǐ wèi
칭원　　　지 웨이

A : 예약 인원수는 7명입니다.

预订人数是七个人。
yù dìng rén shù shì qī ge rén
위띵런 수 스 치거런

중국음식·해산물

北京烤鸭(běijīngkǎoyā)	베이징 카오야	북경 통오리구이
麻婆豆腐(mápódòufǔ)	마포 또우푸	마파두부
牛肉面(niúròumiàn)	니우로우 미엔	쇠고기 국수
虾仁炒面(xiārénchǎomiàn)	쌰런 챠오미엔	새우볶음면
带鱼(dàiyú)	따이위	갈치
青鱼(qīngyú)	칭위	고등어
三文鱼(sānwényú)	싼원위	연어
金枪鱼(jīnqiāngyú)	찐창위	참치
鱿鱼(yóuyú)	요우위	오징어
鳗鱼(mányú)	만위	장어
贝(bèi)	뻬이	조개
虾(xiā)	쌰	새우
鲤鱼(lǐyú)	리위	잉어
泥鳅(níqiū)	니치우	미꾸라지
鲫鱼(jìyú)	지위	붕어
螃蟹(pángxiè)	팡씨에	게
明太鱼(míngtàiyú)	밍타이위	명태
鲅鱼(bàyú)	빠위	삼치

일상

음료를 마실 때

- 자스민 차를 마시겠어요.
  我要喝茉莉花茶。
  wǒ yào hē mò lì huā chá
  워 야오 흐어 모리화차

- 우롱차 마실게요.
  我要喝乌龙茶。
  wǒ yào hē wū lóng chá
  워 야오 흐어 우롱차

- 콜라 마시고 싶어요.
  我想喝一杯可乐。
  wǒ xiǎng hē yī bēi kě lè
  워샹 흐어 이뻬이 커러

A : 뭐라도 좀 마시겠습니까?
  您想喝点什么吗?
  nín xiǎng hē diǎnshén me ma
  닌 샹 허디엔 션머마

B : 주스 마실게요.
  我想喝果汁。
  wǒ xiǎng hē guǒ zhī
  워샹 흐어 궈즈

- 녹차 주세요.
  我要喝绿茶。
  wǒ yào hē lǜ chá
  워 야오 흐어 뤼차

A : 뭐 마실래?

你要喝什么?
nǐ yào hē shén me
니 야오 흐어 션머

B : 콜라 마실래요.

我要喝可乐。
wǒ yào hē kě lè
워 야오 흐어 커러

■ 홍차 주세요.

我要喝红茶。
wǒ yào hē hóng chá
워 야오 흐어 홍차

A : 꼬마야, 뭘 마실래?

小朋友，你要喝什么?
xiǎopéng yǒu   nǐ yào hē shén me
샤오 펑요우   니 야오 흐어 션머

B : 우유 마시고 싶어요.

我想喝牛奶。
wǒ xiǎng hē niú nǎi
워샹 흐어 니우나이

식당에서

289

일상

Unit 03
운동

■ 나는 운동을 그다지 좋아하지 않아.

我不太喜欢运动。
wǒ bú tài xǐ huān yùn dòng
워 부타이 씨환 윈뚱

A : 운동을 좋아하세요?

你喜欢运动吗?
nǐ xǐ huān yùn dòng ma
니 씨환 윈뚱마

B : 나는 운동을 좋아해요.

我很喜欢运动。
wǒ hěn xǐ huān yùn dòng
워 헌 씨환 윈뚱

■ 나는 축구를 제일 좋아해.

我最喜欢踢足球。
wǒ zuì xǐ huān tī zú qiú
워 쭈이 씨환 티주치우

■ 나는 운동에 관심이 없어요.

我对运动没有兴趣。
wǒ duì yùn dòng méi yǒu xīng qù
워 뚜이 윈뚱 메이요 씽취

■ 나는 요즘 태권도를 배워요.

最近我学跆拳道。
zuì jìn wǒ xué tái quán dào
쭈이진 워 쉐 타이췐따오

A : 어떤 운동을 좋아해요?

你喜欢什么运动？
nǐ xǐ huān shén me yùn dòng
니 씨환 션머 윈똥

B : 나는 수영을 좋아해요.

我喜欢游泳。
wǒ xǐ huān yóu yǒng
워 씨환 요우용

■ 당신은 운동선수인가요?

你是运动员吗？
nǐ shì yùn dòng yuán ma
니 스 윈뚱위엔마

■ 나는 육상선수입니다.

我是田径比赛员。
wǒ shì tián jìng bǐ sài yuán
워 스 티엔징 비싸이 위엔

■ 무슨 스포츠를 좋아하세요?

你喜欢哪种体育项目？
nǐ xǐ huān nǎ zhǒng tǐ yù xiàng mù
니 씨환 나쭁 티위 샹무

■ 저는 뭐든지 좋아하는데, 특히 조깅을 제일 좋아해요.

我什么都喜欢，特别慢跑最喜欢。
wǒ shén me dōu xǐ huān   tè bié màn pǎo zuì xǐ huān
워 션머 또우 씨환   터비에 만파오 쭈이 씨환

■ 농구, 달리기, 탁구 등등을 좋아해요.

打蓝球，跑步，乒乓球，什么的都喜欢。
dǎ lán qiú   pǎo bù   pīng pāng qiú   shén me de dōu xǐ huān
따란치우   파오뿌   핑팡치우   션머더 또우 씨환

운동

291

일상

■ 나는 스포츠광이에요.
我是个体育迷。
wǒ shì ge tǐ yù mí
워스거 티위미

■ 골프 치는 것을 좋아하세요?
你喜欢打高尔夫吗?
nǐ xǐ huān dǎ gāo ěr fū ma
니 씨환 까오얼푸마

■ 롤러 스케이트 탈 줄 알아요?
你会不会滑冰?
nǐ huì bu huì huá bīng
니 후이부후이 화삥

A : 스키 탈 줄 알아요?
你会滑雪吗?
nǐ huì huá xuě ma
니 후이 화쉐마

B : 그럼, 매년 겨울 친구와 함께 스키장에 가는 걸.
当然，每个冬天我和朋友一起去滑雪场。
dāng rán měi ge dōng tiān wǒ hé péng you yì qǐ qù huá xuě chǎng
땅란 메이거 똥티엔 워 허 펑요우 이치 취 화쉐챵

■ 테니스 칠 줄 아세요?
你会不会打网球?
nǐ huì bu huì dǎ wǎng qiú
니 후이 부후이 따 왕치우

■ 나는 테니스를 좋아하지 않아요.
我不喜欢打网球。
wǒ bù xǐ huān dǎ wǎng qiú
워 부후이 따 왕치우

■ 나는 일요일마다 야구경기를 봐요.

我每个星期天，观看棒球比赛。
wǒ měi ge xīng qī tiān guān kàn bàng qiú bǐ sài
워 메이거 씽치티엔 꽌칸 빵치우 비싸이

■ 월드컵경기에서 어느 팀을 응원할거야?

世界杯比赛，你要支持哪个队?
shì jiè bēi bǐ sài nǐ yào zhī chí nǎ ge duì
스지에뻬이 비싸이 니 야오 즈츠 나거 뚜이

■ 우리 함께 중국팀을 응원합시다.

我们一起支持中国队吧。
wǒ men yì qǐ zhī chí zhōng guó duì ba
워먼 이치 즈츠 쭝궈뚜이바

A: 스케이트 탈 줄 알아요?

你会滑冰吗?
nǐ huì huá bīng ma
니 후이 화삥마

B: 요즘 스케이트를 배워요.

最近我学滑冰。
zuì jìn wǒ xué huá bīng
쭈이진 워 쉐 화삥

■ 당신은 하루 운동량이 얼마나 됩니까?

你一天运动量多少?
nǐ yì tiān yùn dòng liáng duō shǎo
니 이티엔 윈똥량 뚜어사오

■ 저 사람이 바로 스포츠 영웅이래요.

听说，他就是运动健将。
tīng shuō tā jiù shì yùn dòng jiàn jiāng
팅숴 타 지우스 윈똥 지엔장

운동

일상

🔍 스포츠

门球(ménqiú)	먼 치우	게이트볼
高尔夫球(gāoěrfūqiú)	까오 얼 푸	골프
马拉松(mǎlāsōng)	마 라 송	마라톤
保龄球(bǎolíngqiú)	빠오링 치우	볼링
网球(wǎngqiú)	왕치우	테니스
足球(zúqiú)	주치우	축구
排球(páiqiú)	파이치우	배구
篮球(lánqiú)	란치우	농구
乒乓球(pīngpāngqiú)	핑팡치우	탁구
慢跑(mànpǎo)	만파오	조깅
羽毛球(yǔmáoqiú)	위마오 치우	배드민턴
滑雪(huáxuě)	화쉐	스키를 타다
滑雪场(huáxuěchǎng)	화쉐챵	스키장
棒球(bàngqiú)	빵치우	야구
足球迷(zúqiúmí)	주치우미	축구광
柔道(róudào)	로우따오	유도
世界杯(shìjièbēi)	스지에뻬이	월드컵
亚运会(yàyùnhuì)	야윈후이	아시안 게임
奥运会(àoyùnhuì)	아오윈후이	올림픽
金牌(jīnpái)	찐파이	금메달
银牌(yínpái)	인파이	은메달
铜牌(tóngpái)	통파이	동메달

Unit 04
병원과 건강

진찰을 받을 때

■ 이 병원은 몇 시부터 시작하죠?
这个医院从几点开始?
zhè ge yī yuàncóng jǐ diǎn kāi shǐ
쩌거 이위엔 총 지디엔 카이스

A : 이 병원은 몇 시부터 시작하죠?
这个医院从几点开始?
zhè ge yī yuàncóng jǐ diǎn kāi shǐ
쩌거 이위엔 총 지디엔 카이스

B : 잠시만 기다리세요, 9시 반부터 시작해요.
稍微等一下，从九点半开始。
shāo wēi děng yí xià cóng jiǔ diǎn bàn kāi shǐ
샤오웨이 떵이샤   총 지우디엔 빤 카이스

■ 어디가 불편하신지 말씀하십시오.
请告诉我哪儿不舒服。
qǐng gào su wǒ nǎ r bù shū fu
칭 까오수 워 날 뿌수푸

A : 어디가 불편하세요?
你哪儿不舒服?
nǐ nǎ r bù shū fu
니 날 뿌수푸

B : 머리가 몹시 아파요.
我头疼得厉害。
wǒ tóu téng de lì hài
워 터우텅더 리하이

295

일상

■ 언제부터 열이 나기 시작했어요?

从什么时候起发烧?
cóng shén me shí hòu qǐ fā shāo
총 션머스허우 치 파사오

■ 먼저, 체온을 좀 재 보죠.

先，给你量一下体温吧。
xiān gěi nǐ liáng yí xià tǐ wēn ba
씨엔 게이니 량이샤 티원바

A : 의사 선생님, 요 며칠 몸이 좀 불편해요.

大夫，这几天我身体有点儿不舒服。
dài fu zhè jǐ tiān wǒ shēn tǐ yǒu diǎn r bù shū fu
따이푸 쩌 지티엔 워 션티 요우디알 뿌수푸

B : 몸의 어디가 불편하세요?

你身体哪儿不舒服?
nǐ shēn tǐ nǎ r bù shū fu
니 션티 날 뿌슈푸

＊舒服 편안하다 ↔ 不舒服 불편하다

■ 기침을 하나요?

咳嗽吗?
ké sòu ma
커쏘우마

A : 식욕은 어때요?

胃口怎么样?
wèi kǒu zěn me yàng
웨이커우 쩐머양

B : 아무 것도 먹고 싶지 않아요.

我什么都不想吃。
wǒ shén me dōu bù xiǎng chī
워 션머 또우 뿌샹 츠

296

■ 지금은 열이 나시네요.

你现在发烧。
ní xiàn zài fā shāo
니 쌰이 파사오

■ 주사 맞을 필요는 없어요.

不用打针。
bú yòng dǎ zhēn
부융 따쩐

■ 주사 한 대 놓아야겠어요.

要打一针。
yào dǎ yī zhēn
야오 따 이쩐

A : 의사 선생님, 무슨 병이죠?

大夫，是什么病？
dà fu　　shì shén me bìng
따이푸　　스 션머 삥

B : 유행성 감기예요.

是流行性感冒。
shì liú xíng xìng gǎn mào
스 류씽씽 깐마오

■ 급성간염이에요.

是急性肝炎。
shì jí xìng gān yán
스 지씽 깐옌

■ 급성 장염이에요.

是急性肠炎。
shì jí xìng cháng yán
스 지씽 창옌

병원과 건강

일상

■ 만성 위염입니다.
是慢性胃炎。
shì mànxìng wèi yán
스 만씽 웨이옌

■ 기관지염입니다.
是气管炎。
shì qì guǎn yán
스 치꽌옌

■ 편도선염입니다.
是扁桃腺炎。
shì biǎn táo xiàn yán
스 삐엔타오옌

■ 관절염이에요.
是关节炎。
shì guān jié yán
스 꽌지에옌

■ 변비예요.
是便秘。
shì biàn mì
스 삐엔미

A: 제가 죽지는 않겠지요?
我不会死吧?
wǒ bú huì sǐ ba
워 부후이 쓰바

B: 절대 죽지 않을테니 안심하세요.
绝对不会死，你放心吧。
jué duì bú huì sǐ   nǐ fàng xīn ba
쮀뚜이 부후이 쓰   니 팡씬바

■ 건강을 지키기 위해 앞으로는 반드시 금연해야 해요.

为了保持健康，以后你应该戒烟。
wèi le bǎo chí jiàn kāng   yǐ hòu nǐ yīng gāi jiè yān
웨이러 바오츠 지엔캉   이허우 니 잉까이 지에옌

■ 앞으로 당신은 반드시 술을 끊어야 해요.

今后你应该戒酒。
jīn hòu nǐ yīng gāi jiè jiǔ
찐허우 니 잉까이 지에지우

■ 이번 감기는 열은 나지 않지만, 기침이 아주 심해요.

这次感冒不发烧，但是咳嗽得厉害。
zhè cì gǎn mào bù fā shāo   dàn shì ké sòu de lì hài
쩌츠 깐마오 뿌파샤오   딴스 커쏘우더 리하이

■ 처방을 해 드릴게요.

我给你开个药方。
wǒ gěi nǐ kāi ge yào fāng
워게이니 카이거 야오팡

■ 당신은 입원해야 해요.

你得住院。
nǐ děi zhù yuàn
니데이 쮸 위엔

■ 며칠 지나서 다시 와 보세요.

过几天再来看看吧。
guò jǐ tiān zài lái kàn kan ba
꿔 지티엔 짜이라이 칸칸바

■ 검사 좀 해 봅시다.

检查检查吧。
jiǎn chá jiǎn chá ba
지엔챠 지엔챠바

병원과 건강

299

일상

■ 제 병이 심각한가요?

我的病严重吗?
wǒ de bìng yán zhòng ma
워더 뼁 옌쭝마

A : 입원해야 하나요?

要不要住院?
yào bu yào zhù yuàn
야오부야오 쮸 이엔

B : 입원할 필요는 없어요.

不用住院。
bú yòng zhù yuàn
부융 쮸 이엔

* 住院(zhùyuàn) 입원하다 ↔ 出院(chūyuàn) 퇴원하다

■ 전보다 많이 좋아졌어요.

比以前好得多。
bǐ yǐ qián hǎo de duō
비 이치엔 하오더 뚸

A : 내 건강에 무슨 문제라도 있나요?

我的健康有什么问题吗?
wǒ de jiàn kāng yǒu shén me wèn tí ma
워더 지엔캉 요우 션머 원티마

B : 아무 문제없어요. 몸을 잘 돌보세요.

没什么问题。你多多保重。
méi shén me wèn tí　nǐ duō duo bǎo zhòng
메이 션머 원티　니 뛰뛰 바오쫑

A : 알겠습니다.

我明白了。
wǒ míng bai le
워 밍바이러

B : 집에 돌아가서 쉬세요

回家休息吧。
huí jiā xiū xi ba
훼이쟈 슈시바

■ 언제쯤 퇴원할 수 있을까요?

什么时候可以出院？
shén me shí hòu kě yǐ chū yuàn
션머 스허우 커이 츄위엔

■ 휴식을 취하십시오.

请休息吧。
qǐng xiū xi ba
칭 씨우시 바

증상을 말할 때

■ 머리가 아프고, 좀 어지러워요.

头疼，头脑有点儿晕。
tóu téng　　tóu nǎo yǒu diǎn r yūn
터우텅　　　터우나우 요우디알 윈

■ 머리가 아파 죽을 지경이에요.

头疼得要命。
tóu téng de yào mìng
터우텅더 야오밍

＊疼得要命 : 죽을 정도로 아프다

■ 두통이 심해요.

头疼得厉害。
tóu téng de lì hài
터우텅더 리하이

■ 특히 저녁에 기침이 몹시 심해요.

特别，晚上咳嗽得厉害。
tè bié　　wǎn shàng ké sòu de lì hài
터비에　　완샹 커쏘우더 리하이

301

일상

■ 기운이 하나도 없어요.

连一点儿劲儿也没有。
lián yì diǎn r jìn r yě méi yǒu
리엔 이디알 쩔예 메이요

■ 어제 저녁부터 추위를 느꼈어요.

从昨天晚上起，我觉得冷了。
cóng zuó tiān wǎnshàng qǐ   wǒ jué de lěng le
총 줘티엔 완샹 치   워 쥐더 렁러

＊ 从 A(시간, 공간) 起 ~： A(시간, 공간)부터 ~하기 시작하다

■ 자꾸 메스꺼워요.

老恶心。
lǎo è xīn
라오 어씬

■ 설사를 해요.

泻肚子。
xiè dù zǐ
씨에 뚜즈

拉肚子。
lā dù zǐ
라 뚜즈

■ 일주일이나 대변을 못 봤어요.

整整一个星期没大解。
zhěngzheng yī ge xīng qī méi dà jiě
정정 이거 씽치 메이 따지에

没有排便了。
méi yǒu pái biàn le
메이요 파이비엔러

没有办大事了。
méi yǒu bàn dà shì le
메이요 빤 따스러

＊ 大解(dàjiě)：대변(을 보다) / 小解(xiǎojiě)：소변(을 보다)

■ 찬 것을 먹으면 이가 시려요.
一吃凉的，牙就酸。
yī chī liáng de　yá jiù suān
이 츠 량더　　아 지우 쏸

■ 엊저녁에 문 앞에서 넘어졌어요.
昨天晚上在门前摔倒了。
zuó tiān wǎnshang zài ménqián shuāi dǎo　le
줘티엔 완샹 짜이 먼치엔 솨이따오러

A : 이런 증상이 나타난 지 얼마나 오래 되었지요?
这种症状出现多长时间了?
zhè zhǒngzhèngzhuàng chū xiàn duō cháng shí jiān　le
쩌 종 쩡쫭 츄씨엔 뒤창 스지엔러

B : 일주일이 지났어요.
一个星期过了。
yí ge xīng qī guò le
이거 씽치 꿔러

■ 열도 나고 기침도 해요.
又发烧又咳嗽。
yòu fā shāo yòu ké sòu
요우 파사오 요우 커쏘우

■ 요 며칠 비교적 쉽게 피로를 느꼈어요.
这几天感到比较疲劳。
zhè jǐ tiān gǎn dào bǐ jiào pí láo
쩌 지티엔 깐따오 비쟈오 피라오

■ 여기가 아파요.
这儿疼。
zhè r téng
쩔 텅

303

일상

A : 또 다른 증상이 있나요?

还有别的症状吗?
hái yǒu bié de zhèngzhuàng ma
하이 요우 비에더 쩡쫭마

B : 없어요.

没有。
méi yǒu
메이요우

■ 저는 발목을 삐었어요.

我的脚踝扭伤了。
wǒ de jiǎo huái niǔ shāng le
워더 자오화이 니우샹러

*扭(niǔ) : 삐다

■ 목이 아파요.

咽喉疼。
yān hóu téng
옌허우 텅

■ 쓰러질 정도로 어지러워요.

头晕得要昏迷。
tóu yūn de yào hūn mí
토우윈더 야오 훈미

■ 저는 감기 증상이 있어요.

我有感冒症状。
wǒ yǒu gǎn mào zhèngzhuàng
워 요우 깐마오 쩡쫭

■ 코가 막혔어요.

我鼻子塞了。
wǒ bi zǐ sāi le
워 비즈 싸이러

304

■ 기침이 멎지 않아요.

我不停地咳嗽。
wǒ bù tíng de ké sòu
워 뿌팅더 커쏘우

■ 머리가 좀 아파요.

我有点儿头疼。
wǒ yǒu diǎn r tóu téng
워 요우디알 터우텅

■ 저 임신한 것 같아요.

我好像怀孕了。
wǒ hǎo xiàng huái yùn le
워 하오샹 화이윈러

■ 아이가 밥을 안 먹어요.

孩子不吃饭。
hái zǐ bù chī fàn
하이즈 뿌츠판

■ 귀에 물이 들어갔어요.

耳朵进水了。
ěr duǒ jìn shuǐ le
얼둬 찐쉐이러

■ 이가 아파서 죽겠어요.

我牙疼得要死。
wǒ yá téng de yào sǐ
워 야텅더 아오쓰

■ 안 보여요.

看不见。
kàn bu jiàn
칸 부지엔

＊看见(kànjiàn) : 보이다

병원과 건강

일상

■ (똑똑히) 잘 들려요.
听得清楚。
tīng de qīng chǔ
팅더칭츄

■ 안 들려요.
听不见。
tīng bu jiàn
팅 부지엔

＊听见(tīngjiàn) : 들리다

■ 잘 안 들려요.
听不清楚。
tīng bu qīng chu
팅부칭츄

＊听不见 : (전혀) 안 들리다
＊听不清楚 : (들리기는 하지만) 분명하게 잘 들리지 않는다

건강에 대한 표현

■ 그는 아침에 진찰 받으러 병원에 갔는데, 아직 돌아오지 않았어.
他上午去医院看病，还没回来。
tā shàng wǔ qù yī yuàn kàn bìng hái méi huí lái
타 상우 취 이위엔 칸 삥　하이 메이 훼이라이

■ 그녀는 나에게 진찰 받을 것을 권했어요.
她劝我请大夫看病。
tā quàn wǒ qǐng dài fū kàn bìng
타 췐 워 칭 따이푸 칸 삥

■ 그의 병이 좋아졌어.
他的病好起来了。
tā de bìng hǎo qǐ lái le
타더 삥 하오 치라이러

■ 그의 병은 위독해서 가까스로 지낸대.
听说他的病很重，过得好不容易。
tīng shuō tā de bìng hěn zhòng　　guò de hǎo bù róng yì
팅쉬 타더 삥 헌 쭝　　꿔 더 하오 뿌 롱이

＊好不容易 : 겨우, 간신히, 가까스로

A : 감기 걸렸니?
你感冒了吗？
nǐ gǎn mào le ma
니 깐마오러마

B : 아니, 하지만 몸이 좀 불편해.
没有，但是身体有点儿不舒服。
méi yǒu　　dàn shì shēn tǐ yǒu diǎn r bù shū fu
메이요　　딴스 션티 요우디알 뿌수푸

A : 그럼 병원에 좀 가 봐.
那你去医院看看吧。
nà nǐ qù yī yuàn kàn kan ba
나 니 취 이위엔 칸칸바

■ 그는 병에 걸려서 어제저녁에 입원했어.
他病了，昨晚住院了。
tā bìng le　　zuó wǎn zhù yuàn le
타 삥러　　쭤완 쮸위엔러

■ 그가 너 아프다고 하던데.
听他说你病了。
tīng tā shuō nǐ bìng le
팅타쉬, 니 삥러

■ 그 사람은 며칠 더 있으면 퇴원한대.
听说，他再过几天就出院了。
tīng shuō　　tā zài guò jǐ tiān jiù chū yuàn le
팅쉬　　타 짜이 꿔 지티엔 지우 츄위엔러

병원과 건강

일상

A : 너 안색이 안좋아 보여.

我看你脸色不好。
wǒ kàn nǐ liǎn sè bù hǎo
워칸 니 리엔써 뿌하오.

B : 몸이 좀 불편해서 그래.

因为身体有点儿不舒服。
yīn wèi shēn tǐ yǒu diǎn r bù shū fu
인웨이 션티 요우디알 뿌수푸

■ 저, 병에 걸린 것 같아요.

我好像病了。
wǒ hǎo xiàng bìng le
워 하오샹 삥러

■ 그는 병에 걸렸어.

他病了。
tā bìng le
타 삥러

■ 넌 하루 쉬는 게 좋겠어.

我劝你休息一天。
wǒ quàn nǐ xiū xi yì tiān
워 첸 니 씨우시 이티엔

■ 끓인 물을 많이 마시면 곧 좋아질 거야.

多喝开水就会好的。
duō hē kāi shuǐ jiù huì hǎo de
뚸허 카이쉐이 지우 후이 하오더

■ 약은 먹었어?

吃药了吗?
chī yào le ma
츠 야오러마

■ 너 병 다 나았니?
你的病好了吗？
nǐ de bìng hǎo le ma
니더 삥 하오러마

■ 의사는 며칠 더 지나면 네가 좋아질 거래.
医生说，你再过几天就会好的。
yī shēng shuō　　nǐ zài guò jǐ tiān jiù huì hǎo de
이셩쉬　　　　니 짜이꿔 지티엔 지우 후이 하오더

■ 몸을 잘 돌보십시오.
请多多保重。
qǐng duō duo bǎo zhòng
칭 뒤뒤 바오쭁

■ 건강이 가장 중요한 거야.
健康是最重要的。
jiàn kāng shì zuì zhòng yào de
지엔캉 스 쭈이 쭁야오더

■ 그 사람은 병이 든 지 한 달 넘었어.
他病了一个，月多了。
tā bìng le yí ge　　yuè duō le
타 삥러 이거　　　위에 뒤러

■ 지난번에 그가 병났다고 말한 것, 정말이야?
上次你说他病了，是真的吗？
shàng cì nǐ shuō tā bìng le　　shì zhēn de ma
샹츠 팅니쉬 타 빙러　　　스 쩐더마

■ 그는 병으로 오래 고생하다가, 결국 세상을 떠났대.
听说他很久病苦，总于去世了。
tīng shuō tā hěn jiǔ bìng kǔ　　zǒng yú qù shì le
팅쉬 타 헌지우 삥쿠　　　쭁위 취스러

＊去世(qùshì) : 세상을 떠나다

일상

■ 우리 아이는 걸핏하면 감기에 잘 걸려.

我孩子动不动就感冒。
wǒ hái zi dòng bu dòng jiù gǎn mào
워 하이즈 똥부똥 지우 깐마오

* 动不动 就 ~ : 걸핏하면 ~한다

■ 너 감기 조심해.

你小心感冒。
nǐ xiǎo xīn gǎn mào
니 샤오씬 깐마오

■ 기분이 어때요?

你心情怎么样?
nǐ xīn qíng zěn me yàng
니 씬칭 쩐머양

■ 나는 감기에 걸린 것 같아.

我好像感冒了。
wǒ hǎo xiàng gǎn mào le
워 하오샹 깐마오러

■ 너 기분이 좋아 보이는구나.

看起来你心情很快乐。
kàn qǐ lái nǐ xīn qíng hěn kuài lè
칸치라이 니 씬칭 헌 콰이러

A : 오늘은 어때요?

你今天怎么样?
nǐ jīn tiān zěn me yàng
니 찐티엔 쩐머양

B : 기분이 좋아요.

心情很愉快。
xīn qíng hěn yú kuài
씬칭 헌 위콰이

■ 몸이 그다지 편치 않아.

我身体不太舒服。
wǒ shēn tǐ bú tài shū fu
워 션티 부타이 수푸

A : 좀 쉬도록 하세요.

休息休息吧。
xiū xi xiū xi ba
씨우시 씨우시바

B : 고마워요.

谢谢。
xiè xie
씨에시에

병원과 건강

일상

Unit 05
약국

■ 처방전을 가져 오셨나요?

带来处方了吗?
dài lái chù fāng le ma
따이라이 츄팡러마

■ 처방전 없이는 약을 살 수가 없어요.

没有处方不能买药。
méi yǒu chù fāng bù néng mǎi yào
메이요 츄팡 뿌넝 마이야오

A : 하루에 약을 몇 번 먹죠?

一天吃药几次?
yī tiān chī yào jǐ cì
이티엔 츠 야오 지츠

B : 하루에 세 번 먹어요.

一天吃药三次。
yī tiān chī yào sān cì
이티엔 츠 야오 싼츠

■ 제 때에 약을 먹고, 잘 쉬어야 병이 나아요.

总得按时吃药, 好好儿休息, 才治好。
zǒng děi àn shí chī yào   hǎo hāo r xiū xi   cái zhì hǎo
쫑데이 안스 츠야오   하오할 씨우시   차이 즈하오

■ 집에 돌아가서 시간에 맞춰 약을 먹어야 좋아질 거예요.

回家一定要按时吃药才好了。
huí jiā yí dìng yào àn shí chī yào cái hǎo le
회이자 이띵야오 안스 츠야오 차이 하오러

312

A : 반드시 시간에 맞춰 약을 먹어야 합니다.
你一定要按时吃药。
nǐ yī dìng yào àn shí chī yào
니 이띵 야오 안스 츠 야오

B : 알았어요.
明白了。
míng bai le
밍바이러

■ 당신 병은 나을 거예요.
你病会好的。
nǐ bìng huì hǎo de
니삥 후이 하오더
＊会 ~ : ~ 할 것이다

■ 이 약을 드세요, 다른 것보다 효과가 좋아요.
你吃这个药，比别的效果好。
nǐ chī zhè ge yào   bǐ bié de xiào guǒ hǎo
니 츠 쩌거 야오바   비 이에더 사오궈 하오

■ 이 약은 효과가 정말 좋네요.
这个药，效果真不错。
zhè ge yào   xiào guǒ zhēn bú cuò
쩌거 야오   사오궈 쩐 부춰

■ 이 약을 먹은 이후, 내 병이 점점 나았어요.
吃了这个药以后，我的病渐渐好了。
chī le zhè ge yào yí hòu   wǒ de bìng jiàn jian hǎo le
츠러 쩌거 야오 이허우   워더삥 지엔지엔 하오러

■ 만약 또 불편하면, 병원에 가서 진찰을 받아보세요.
如果你再不舒服，就去医院看病吧。
rú guǒ nǐ zài bù shū fu   jiù qù yī yuàn kàn bìng ba
루궈 니 짜이 뿌수푸   지우 취 이위엔 칸 삥바

Unit 06
물건을 빌릴 때

■ 핸드폰 좀 쓰게 빌려줄 수 있어?

借给我用一下你的手机，好吗?
jiè gěi wǒ yòng yí xià nǐ de shǒu jī　hǎo ma
지에 게이 워 융 이싸 니더 쇼우지　하오마

　　A : 차를 좀 빌려줄 수 있어?

能不能借给我车子?
néng bu néng jiè gěi wǒ chē zi
넝 부넝 지에 게이워 쳐즈

　　B : 좀 곤란한데.

有点儿困难。
yǒu diǎn r kùn nán
요우 디알 쿤난

■ 그래, 가져가서 써.

行，你拿去用吧。
xíng　 nǐ ná qù yòng ba
씽　 니 나취 융바

■ 금방 돌려줄게.

我马上就还给你。
wǒ mǎ shàng jiù huán gěi nǐ
워 마상 지우 환게이 니

■ 급할 것 없어, 천천히 써.

不用急，慢慢用吧。
bú yòng jí　 mànmanyòng ba
부융 지　 만만 융바

물건을 빌릴 때

■ 네 자전거를 잠시 사용해도 돼?

我用一下你的自行车，可以吗?
wǒ yòng yí xià nǐ de zì xíng chē　kě yǐ ma
워 융이샤 니더 쯔싱쳐　커이마

■ 내가 먼저 쓰고 나서 네가 사용해.

我先用用，你再用吧。
wǒ xiān yòng yong　nǐ zài yòng ba
워 씨엔 융융　니 짜이 융바

■ 안 돼, 내가 써야 해.

不行，我自己要用。
bù xíng　wǒ zì jǐ yào yòng
뿌씽　워 쯔지 야오 융

■ 절대 안 돼.

绝对不行。
jué duì bù xíng
줴뚜이 뿌씽

A : 이것 좀 빌려줄래?

借给我这个，好吗?
jiè gěi wǒ zhè ge　hǎo ma
지에게이워 쪄거　하오마

B : 그래, 가져가서 써.

好的，你拿去用吧。
hǎo de　nǐ ná qù yòng ba
하오더　니 나취융바

A : 고마워.

谢谢。
xiè xie
씨에시에

■ 안 돼, 내가 지금 쓸 거야.

不行，我现在要用。
bù xíng　wǒ xiàn zài yào yòng
뿌씽　워 씨엔짜이 야오 융

315

일상

Unit 07
컴퓨터에 관하여

■ 이건 내 컴퓨터야.

这是我的电脑。
zhè shì wǒ de diànnǎo
쪄 스 워더 띠엔나오

■ 내 컴퓨터는 네 것과 달라.

我的电脑跟你的不一样。
wǒ de diànnǎo gēn nǐ de bù yí yàng
워더 띠엔나오 껀 니더 뿌이양

■ 난 매일 인터넷을 하는데 재미있어.

我每天上网，很有意思。
wǒ měi tiān shàngwǎng   hěn yǒu yì si
워 메이티엔 샹왕   헌 요우 이쓰

A : 컴퓨터 매장은 어디 있습니까?

请问，电脑商店在哪儿?
qǐng wèn   diànnǎo shāngdiàn zài nǎr
칭원   띠엔나오 샹디엔 짜이날

B : 컴퓨터 매장은 5층에 있어요.

电脑商店在五楼。
diànnǎo shāngdiàn zài wǔ lóu
띠엔나오 샹디엔 짜이 우로우

■ 여기 노트북 있어요?

这里有笔记本吗?
zhè lǐ yǒu bǐ jì běn ma
쩌리 요우 삐지번마

■ 가장 최신형 노트북을 보여 주세요.

给我看看最新型的笔记本。
gěi wǒ kàn kan zuì xīn xíng de bǐ jì běn
게이 워 칸칸 쭈이 씬씽더 삐지번

＊笔记本(bǐjìběn) : 노트북

■ 보세요, 이 데스크탑은 어때요?

你看，这台式电脑怎么样?
nǐ kàn zhè tái shì diàn nǎo zěn me yàng
니칸 쩌 타이스 띠엔나오 쩐머양

■ 나는 이런 모델을 좋아하지 않아요.

我不喜欢这样的款式。
wǒ bù xǐ huān zhè yàng de kuǎn shì
워 뿌시환 쩌양더 콴스

A : 어떤 상표를 원하세요?

你要哪个牌子的?
nǐ yào nǎ ge pái zǐ de
니 야오 나거 파이즈

B : 삼성제품을 원해요.

我要三星的。
wǒ yào sān xīng de
워 야오 싼씽더

■ 난 프로그래머가 되고 싶어.

我想当计划制订者。
wǒ xiǎngdāng jì huá zhì dìng zhě
워샹땅 지화즈띵져

■ 이건 마침 내가 찾던 프린터야.

这正是我想要的打印机。
zhè zhèng shì wǒ xiǎng yào de dǎ yìn jī
쩌 쩡스 워 샹야오더 따인지

＊打印机(dǎyìnjī) : 프린터

컴퓨터에 관하여

일상

A : 컴퓨터 주변기기 상점은 어디에 있지요?

电脑配件商店在哪儿?
diàn nǎo pèi jiàn shāng diàn zài nǎ r
띠엔나오 페이지엔 샹디엔 짜이날

B : 그건 5층 코너에 있어요.

那在五楼角。
nà zài wǔ lóu jiǎo
나 짜이 우로우 쟈오

■ 너 매일 인터넷 접속해서 뭐해?

你天天上网干什么?
nǐ tiān tian shàngwǎng gàn shén me
니 티엔티엔 샹왕 깐 션머

■ 난 컴퓨터로 정보를 검색해.

我用电脑检索信息。
wǒ yòng diàn nǎo jiǎn suǒ xìn xī
워 융 띠엔나오 지엔쉬 씬시

■ 나는 매일 인터넷에 접속해서 한국영화를 봐.

我每天上网看韩国电影。
wǒ měi tiān shàngwǎng kàn hán guó diànyǐng
워 메이티엔 샹왕 칸 한궈 띠엔잉

A : 나에게 <엽기적인 그녀> CD가 있어.

我有<我的野蛮女友>光盘。
wǒ yǒu   wǒ de yě mán nǔ yǒu   guāng pán
워 요우 <워더 예만 뉘요우> 꽝판

*光盘(guāngpán) : 컴팩트 디스크(CD)

B : 그럼 좀 빌려줄래?

那借给我，好吗?
nà jiè gěi wǒ   hǎo ma
나 지에 게이워   하오마

318

■ 나는 매일 컴퓨터게임을 해.

我每天打电脑游戏。
wǒ měi tiān dǎ diàn nǎo yóu xì
워 메이티엔 따 띠엔나오 요우씨

■ 난 인터넷에서 친구랑 채팅해.

我上网跟朋友聊天儿。
wǒ shàngwǎng gēn péng yǒu liáo tiān r
워 샹왕 껀 펑요우 랴우티알

*聊天儿(liáotiānr) : 수다떨다

■ 네가 자주 가는 사이트를 알려줘.

告诉我你常去的网站。
gào sù wǒ nǐ cháng qù de wǎngzhàn
까오수 워 니 창취더 왕짠

■ 난 인터넷카페에 자주 가.

我常去网络咖啡屋。
wǒ cháng qù wǎng luò kā fēi wū
워 창 취 왕뤄 카페이우

■ 난 다니엘 헤니 팬이거든.

我是个丹尼尔黑尼迷。
wǒ shì ge dān ní ěr hēi ní mí
워 tm거 따니얼 헤이니 미

■ 너 인터넷 친구 있어?

你有没有网友?
nǐ yǒu méi yǒu wǎng yǒu
니 요메이요 왕요우

■ 이거 어떻게 다운로드 하지?

这个怎么下载?
zhè ge zěn me xià zài
쩌거 쩐머 싸짜이

*下载(xiàzài) : 다운로드

컴퓨터에 관하여

일상

■ 너 진짜 컴맹이구나, 내가 도와줄게.

你真是电脑盲，我来帮你。
nǐ zhēn shì diàn nǎo máng　　wǒ lái bāng nǐ
니 쩐스 띠엔나오 망　　워 라이 빵니

*电脑盲(diànnǎománg) : 컴맹

■ 나 PC방에 갈 거야.

我要去网吧。
wǒ yào qù wǎng ba
워 아오 취 왕바

*网吧(wǎngba) : PC방

■ 1시간에 얼마야?

多少钱一个小时？
duō shǎoqián yī ge xiǎo shí
뚸샤오 치엔 이거 샤오스

■ 1시간에 13원이래.

听说一个小时十三块。
tīng shuō yí ge xiǎo shí shí sān kuài
팅쉬 이거 샤오스 스싼콰이

A : 거기서 출력도 가능해?

在那儿可能打印吗？
zài nà r kě néng dǎ yìn ma
짜이 날 커넝 따인마

B : 당연하지.

当然。
dāng rán
땅란

■ 한 장 출력하는데 얼마지?

打印一张多少钱？
dǎ yìn yī zhāng duō shǎoqián
따인 이짱 뚸샤오치엔

■ 흑백출력은 한 장에 6원이고, 칼라출력은 한 장에 10원이래.

听说黑白打印一张六块，彩色打印一张十块。
tīng shuō hēi bái dǎ yìn yī zhāng liù kuài   cǎi sè dǎ yìn yī zhāng shí kuài
팅숴 헤이바이 따인 이쨩 리우콰이   차이써 따인 이쨩 스콰이

■ 칼라 출력이 거의 두 배로구나.

彩色打印差不多两倍。
cǎi sè dǎ yìn chā bu duō liǎng bèi
차이써 따인 챠부뛰 량뻬이

    A : 그럼 나랑 같이 가자, 응?

    那，和我一起去，好吧？
    nà　　hé wǒ yī qǐ qù　　hǎo ba
    나　　허워 이치 취　　하오바

    B : 그러지, 뭐.

    好的。
    hǎo de
    하오더

■ 이 CD 플레이어는 불법 복사본이 아닌가요?

这个光碟机不是盗版吗？
zhè ge guāng dié jī bú shì dào bǎn ma
쩌거 꽝디에지 부스 따오반마

＊光碟机(guāngdiéjī) : CD 플레이어　/　盗版(dàobǎn) : 불법 복사본

■ 가장 유명한 중국노래 CD 있어요?

有没有最有名的中国歌儿光盘？
yǒu méi yǒu zuì yǒu míng de zhōng guó gē r guāng pán
요메이요 쭈이 요우밍더 쯍궈걸 꽝판

■ 너 요즘 유행하는 한국노래 CD 있어?

你有最近流行的韩国歌儿光盘吗？
nǐ yǒu zuì jìn liú xíng de hán guó gē r guāng pán ma
니 요우 쭈이진 리우씽더 한궈 걸 꽝판마

일상

A : 난 요즘 은행에 갈 시간이 없어서 인터넷뱅킹을 이용해.

我最近没有时间去银行，所以使用网上银行。
wǒ zuì jìn méi yǒu shí jiān qù yín háng   suǒ yǐ shǐ yòng wǎng shàng yín háng
워 쭈이진 메이요 스지엔 취 인항   쉬이 스융왕상 인항

B : 그래? 나는 인터넷서점을 이용해.

是吗？我使用网上书店。
shì ma   wǒ shǐ yòng wǎng shàng shū diàn
스마   워 스융 왕상 수디엔

■ 요즘은 인터넷 쇼핑이 유행이야.

最近网上购物很流行。
zuì jìn wǎng shàng gòu wù hěn liú xíng
쭈이찐 왕상 꺼우우 헌 리우씽

■ 죄송해요, 당신의 컴퓨터를 고장냈어요.

很抱歉，我弄坏了你的电脑。
hěn bào qiàn   wǒ nòng huài le nǐ de diàn nǎo
헌 빠오치엔   워 농 화이러 니더 띠엔나오

■ 핸드폰으로도 이메일을 보낼 수 있어.

手机也能发伊妹儿。
shǒu jī yě néng fā yī mèi r
쇼우지예 넝파 이메얼

＊伊妹儿(yīmèir) : 이메일을 음역한 것 / 电子邮件 (의역)

■ 나에게 네 이메일 주소를 알려줄래?

你告诉我你的伊妹儿地址，好不好？
nǐ gào su wǒ nǐ de yī mèi r dì zhǐ   hǎo bu hǎo
니 까오쑤 워 니더 이메얼 띠즈   하오부하오

이메일과 컴퓨터 용어

이메일
上网(shàngwǎng) 샹왕	인터넷에 접속하다
本地文件夹(běndìwénjiànjiā) 뻔디 원지엔쟈	로컬 폴더
工具(gōngjù) 꽁쥐	도구
互联网(hùliánwǎng) 후리엔왕	인터넷
查看(chákàn) 차칸	보기
新邮件(xīnyóujiàn) 씬요우지엔	새메일
软件(ruǎnjiàn) 롼지엔	소프트웨어
由箱(yóuxiāng) 요우샹	우편함
文件(wénjiàn) 원지엔	파일
回复(huífù) 훼이푸	답장
全部回复(quánbùhuífù) 췐뿌훼이푸	모두에게 답장
发送(fāsòng) 파쏭	보내기
通讯簿(tōngxùnbù) 통쉰뿌	주소록
文件夹(wénjiànjiā) 원지엔쟈	폴더
草稿(cǎogǎo) 차오까오	임시보관함
受件箱(shòujiànxiāng) 쇼우지엔샹	받은 편지함
已发送邮件(yǐfāsòngyóujiàn) 이파쏭 요우지엔	보낸 편지함
已删除邮件(yǐshānchúyóujiàn) 이산츄 요우지엔	지운 편지함
帮助(bāngzhù) 빵쥬	도움말
打印(dǎyìn) 따인	인쇄
删除(shānchú) 산츄	삭제
邮件(yóujiàn) 요우지엔	메시지

컴퓨터 용어
网络(wǎngluò) 왕뤄	네트워크
网上礼节(wǎngshànglǐjié) 왕샹 리지에	네티켓
死机(sǐjī) 쓰지	다운되다

일상

内存(nèicún) 네이춘	메모리
启动(qǐdòng) 치똥	부팅하다
备份(bèifèn) 뻬이펀	백업
系统(xìtǒng) 씨통	시스템
监视器(jiānshìqì) 지엔스치	모니터
广告板(guǎnggàobǎn) 꽝까오빤	게시판
服务器(fúwùqì) 푸우치	서버
预览(yùlǎn) 위란	미리보기
菜单(càidān) 차이딴	메뉴
空格键(kōnggéjiàn) 콩거지엔	스페이스바
电子货币(diànzǐhuòbì) 띠엔즈 훠삐	사이버 머니
控制面板(kòngzhìmiànbǎn) 콩즈미엔빤	제어판
电子商务(diànzǐshāngwù) 띠엔즈 샹우	전자 상거래
奔腾(bēnténg) 뻔텅	펜티엄
硅谷(guīgǔ) 꾸이구	실리콘벨리
更新(gēngxīn) 껑씬	업데이트
升级(shēngjí) 성지	업그레이드
图标表(túbiāo) 투뺘오	아이콘
附加文件(fùjiāwénjiàn) 푸자원지엔	첨부파일
文件(wénjiàn) 원지엔	파일
网卡(wǎngkǎ) 왕카	랜카드
退出(tuìchū) 퉤이츄	로그아웃
等绿(děnglù) 떵뤼	로그인
鼠标(shǔbiāo) 수뺘오	마우스
网站(wǎngzhàn) 왕짠	사이트
在家办公(zàijiābàngōng) 짜이쟈 빤꽁	소호
语音电脑(yǔyīndiànnǎo) 위인 띠엔나오	워드 프로세서
个人电脑(gèrendiànnǎo) 꺼런 띠엔나오	퍼스널 컴퓨터
数码电脑(shùmǎdiànnǎo) 수마 띠엔나오	디지털 컴퓨터
电脑网络(diànnǎowǎngluò) 띠엔나오 왕루어	컴퓨터 네트워크

Unit 08
학교 · 학습에 관하여

■ 어느 학교에 다니세요?

你在哪个学校念书?
nǐ zài nǎ ge xué xiào niàn shū
니 짜이 나거 쉐사오 니엔수

A : 어느 대학교에 다니세요?

你在哪个大学念书?
nǐ zài nǎ ge dà xué niàn shū
니 짜이 나거 따쉐 니엔수

B : 나는 북경대학교에 다닙니다.

我在北京大学念书。
wǒ zài běi jīng dà xué niàn shū
워 짜이 베이징따쉐 니엔수

■ 나는 청화대학교에 다닙니다.

我在清华大学念书。
wǒ zài qīng huá dà xué niàn shū
워 짜이 칭화따쉐 니엔수

■ 저는 대학원에 다녀요.

我在研究所念书。
wǒ zài yán jiū suǒ niàn shū
워 짜이 예지우숴 니엔수

■ 뭘 전공하시지요?

你是哪个专业的?
nǐ shì nǎ ge zhuān yè de
니스 나거 쫜예더

일상

■ 대학교에서 경제학을 전공합니다.
我在大学专修经济学。
wǒ zài dà xué zhuān xiū jīng jì xué
워 짜이 따쉐 쭨씨우 찡지쉐

A : 몇 학년이세요?
你几年级？
nǐ jǐ nián jí
니 지니엔지

B : 대학교 3학년입니다.
我是大学三年级的。
wǒ shì dà xué sān nián jí de
워 스 따쉐 싼니엔지더

■ 매일 몇 시에 수업이죠?
你每天几点上课？
nǐ měi tiān jǐ diǎn shàng kè
니 메이티엔 지디엔 샹커

■ 매일 오전 9시에 수업해요.
我每天早上九点上课。
wǒ měi tiān zǎo shàng jiǔ diǎn shàng kè
워 메이티엔 자오샹 지우디엔 샹커

■ 몇 시에 수업이 끝나요?
你几点下课？
nǐ jǐ diǎn xià kè
니 지디엔 샤커

■ 오후 4시에 수업이 끝나요.
下午四点下课。
xià wǔ sì diǎn xià kè
샤우 쓰디엔 샤커

■ 요즘 중국어 공부하는 것이 어때요?
最近学习汉语怎么样？
zuì jìn xué xí hàn yǔ zěn me yàng
쭈이진 쉐시 한위 쩐머양

■ 당신의 중국어 수준은 날이 갈수록 좋아지네요.
你的汉语水平，一天比一天好。
nǐ de hàn yǔ shuǐpíng　　yì tiān bǐ　yì tiān hǎo
니더 한위 쉐이핑　　　　이티엔 비 이티엔 하오

A : 중국어를 얼마 동안이나 배우셨어요?
你学汉语学多久了？
nǐ xué hàn yǔ xué duō jiǔ le
니 쉐 한위 쉐 뚸지우러

B : 저는 중국어를 4년 배웠어요.
我学汉语学四年了。
wǒ xué hàn yǔ xué sì nián le
워 쉐 한위 쉐 쓰니엔러

A : 어쩐지, 중국어를 잘 하시네요.
怪不得，你汉语说得很好。
guài bu de　　nǐ hàn yǔ shuō de hěn hǎo
꽈이부더　　　니 한위 쉬더 헌 하오

■ 저는 중국어를 3개월 배웠어요.
我学汉语学三个月了。
wǒ xué hàn yǔ xué sān ge yuè le
워 쉐 한위 쉐 싼거위에러

A : 중국어가 어렵나요?
汉语难吗？
hàn yǔ nán ma
한위 난마

B : 중국어는 한국어보다 훨씬 어려워요.
汉语比韩国话难得多。
hàn yǔ bǐ hán guó huà nán de duō
한위 비 한궈화 난더 뛰

학교 · 학습에 관하여

327

> 일상

- 난 공부하러 도서관에 가려고 해.

  我要去图书馆念书。
  wǒ yào qù tú shū guǎn niàn shū
  워 야오 취 투수관 니엔수

- 오늘 수업은 여기까지예요.

  今天讲到这儿。
  jīn tiān jiǎng dào zhèr
  찐티엔 쟝 따오 쩔

- 선생님, 질문이 있습니다.

  老师，我有一个问题。
  lǎo shī wǒ yǒu yí ge wèn tí
  라오스 워 요우 이거 원티

- 수업 마칩시다.

  我们下课吧。
  wǒ men xià kè ba
  워먼 샤커바

- 우리 아들은 중국에서 유학 중이에요.

  我儿子在中国留学。
  wǒ ér zǐ zài zhōng guó liú xué
  워 얼즈 짜이 쭝궈 리우쉐

- 몇 년도에 졸업하셨어요?

  你哪年毕业的?
  nǐ nǎ nián bì yè de
  니 나니엔 삐예더

- 이 글자는 어떻게 읽죠?

  这个字怎么念?
  zhè ge zì zěn me niàn
  쩌거 쯔 쩐머 니엔

A : 큰일났네, 어떡하지?

糟糕怎么办?
zāo gāo zěn me bàn
짜오까오, 쩐머빤

B : 너 왜그래?

你怎么了?
nǐ zěn me le
니 쩐머러

A : 내 책가방이 없어졌어.

我的书包不见了。
wǒ de shū bāo bú jiàn le
워더 수빠오 부 지엔 러

아, 찾았다!

啊, 找到!
ā　　zhǎo dào
아　　쟈오따오

학교·학습에 관하여

일상

Unit 09
약속

약속할 때

■ 내일 약속 있어요?

明天你有没有约会?
míng tiān nǐ yǒu méi yǒu yuē huì
밍티엔 니요메이요 위에후이

A : 우리 언제 만나면 좋을까?

我们什么时候见面好?
wǒ men shén me shí hòu jiàn miàn hǎo
워먼 션머스허우 지엔미엔 하오

B : 내일도 좋고, 모레도 좋고, 언제든 괜찮아요.

明天也好，后天也好，什么时候都可以。
míng tiān yě hǎo, hòu tiān yě hǎo, shén me shí hòu dōu kě yǐ
밍티엔 예하오　　허우티엔 예하오　　션머스허우 또우 커이

■ 네가 가도 좋고, 내가 가도 좋아.

你去也好，我去也好。
nǐ qù yě hǎo,　wǒ qù yě hǎo
니 취 예하오　　워 취 예하오

＊A 也好(yěhǎo) B 也好(yěhǎo) : A 도 좋고 B 도 좋다

■ 이번 주 토요일에 시간 있으세요?

这个星期六，你有没有时间?
zhè ge xīng qī liù, nǐ yǒu méi yǒu shí jiān
쩌거 씽치리우　　니 요메이요 스지엔

330

약속

- 이번 주말에 무슨 계획이 있어?

 这个周末你有什么打算？
 zhè ge zhōu mò nǐ yǒu shén me dǎ suàn
 쪄거 죠우모 니 요우 션머 따쏸

- 다음 주말에 시간이 어때?

 下个周末，你时间怎么样？
 xià ge zhōu mò   nǐ shí jiān zěn me yàng
 샤거 쪼우모   니 스지엔 쩐머양

 A : 우리 어디에서 만날까?

 我们在哪儿见面？
 wǒ men zài nǎ r jiàn miàn
 워먼 짜이 날 지엔미엔

 B : 지하철역에서 만나자.

 我们在地铁站见吧。
 wǒ men zài dì tiě zhàn jiàn ba
 워먼 짜이 띠티에 지엔바

- 오후에 시간 낼 수 있어?

 下午能抽出时间吗？
 xià wǔ néng chōu chū shí jiān ma
 샤우 넝 쵸우츄 스지엔마

- 내일 맥도널드에서 만나자.

 明天在麦当劳见吧。
 míng tiān zài mài dāng láo jiàn ba
 밍티엔 짜이 마이땅라오 지엔바

- 내일 내가 꼭 갈게.

 明天我一定去。
 míng tiān wǒ yí dìng qù
 밍티엔 워 이띵 취

일상

A : 내가 그리로 갈까, 아니면 네가 이리로 올래?
我去你那儿，还是你来我这儿？
wǒ qù nǐ nà r　　hái shì nǐ lái wǒ zhè r
워 취 니 날　　　하이스 니 라이 워 쩔

B : 네가 나한테 오든지, 내가 너한테 가든지, 아무래도 괜찮아.
你来我这儿，要么我去你那儿，什么都可以。
nǐ lái wǒ zhè r　　yào me wǒ qù nǐ nà r　　shén me dōu kě yǐ
니 라이 워 쩔　　야오머 워 취 니 날　　션머 또우 커이

■ 오늘 무슨 중요한 약속이라도 있어?
今天你有什么重要的约会吗？
jīn tiān nǐ yǒu shén me zhòng yào de yuē huì ma
찐티엔 니요우션머 쯍아오더 위에후이마

기다릴 때

■ 여기에서 너를 기다릴게.
我在这里等你。
wǒ zài zhè lǐ děng nǐ
워 짜이쩌리 떵니

■ 네가 안 오면, 난 어떡해?
你不来，我怎么办？
nǐ bù lái　　wǒ zěn me bàn
니 뿌라이　　워 쩐머빤

■ 우린 모두 네가 꼭 올 거라고 믿어.
我们都相信你一定来。
wǒ men dōu xiāng xìn nǐ yí dìng lái
워먼 또우 샹신 니 이딩 라이

■ 올 때까지 기다릴게.

不见不散。
bú jiàn bú sàn

부지엔 뿌싼

* 不见不散 : 직역을 하면 '만나지 않으면 헤어지지 않는다'이지만, 약속할 때 흔히 사용되는 四字成语로 '올 때까지 기다리다'의 뜻으로 쓰인다.

약속

不~不~의 용법

① 不+ 명사A+ 不 + 명사B : A도 아니고 B도 아니다

不人不鬼 : 사람도 귀신도 아니다
bù rén bù guǐ

不伦不类 : 이것도 저것도 아니다
bù lún bù lèi

不上不下 : 빼도 박도 못하다, 막상막하다
bú shàng bú xià

不阴不阳 : 이도 저도 아니다
bù yīn bù yáng

② 不+ 동사A+ 不 + 동사B : A 하지 않으면, B하지 않는다

不看不信 : 보지 않으면 믿지 않는다
bú kàn bú xìn

不买不问 : 사지 않으면 묻지 않는다
bù mǎi bú wèn

不破不立 : 부수지 않으면 세울 수 없다
bú pò bú lì

③ 不+ 형용사A+ 不+ 형용사B : A 하지도 않고, B 하지도 않다
(A와B는 반대의 뜻을 지니는 형용사를 사용)

不高不矮 : (키가) 크지도 작지도 않다
bù gāo bù ǎi

不大不小 : (크기가) 크지도 작지도 않다
bú dà bù xiǎo

不多不少 : (양이) 많지도 적지도 않다
bù duō bù shǎo

不肥不瘦 : 뚱뚱하지도 마르지도 않다
bù féi bú shòu

不软不硬 : 부드럽지도 딱딱하지도 않다
bù ruǎn bú yìng

不冷不热 : 춥지도 덥지도 않다
bù lěng bú rè

일상

- 꼭 와야 해, 난 이곳이 낯설어서 아는 사람이 아무도 없어.

  你一定来吧， 我是个陌生人这个地方， 谁都
  nǐ yí dìng lái ba wǒ shì ge mò shēng rén zhè ge dì fāng shéi dōu
  不认识。
  bú rèn shi
  니 이띵 라이바   워 스거 모셩런 쩌거 띠팡   셰이또우 부런스

- 하루종일 너를 기다렸는데, 이제야 왔네.

  我等了你整天， 你才来了。
  wǒ děng le nǐ zhěng tiān nǐ cái lái le
  워 떵러니 쩡티엔   니 차이 라이러

- 왜 이제야 오니?

  你怎么才来呢?
  nǐ zěn me cái lái ne
  니 쩐머 차이 라이너

  才 : 예상보다 일이 늦게 이루어진 상황일 때 쓴다.
  就 : 예상보다 일이 빨리 이루어진 상황일 때 쓴다.

- 잠시만 기다려, 내가 금방 갈 테니.

  等一下， 我马上就去。
  děng yí xià wǒ mǎ shàng jiù qù
  떵이쌰   워 마상 지우 취

약속을 거절할 때

- 오늘은 내가 바빠서 갈 수 없어.

  今天我很忙， 不能去。
  jīn tiān wǒ hěn máng bù néng qù
  찐티엔 워 헌망   뿌넝 취

- 미안하지만 제가 지금 좀 바쁜데요.

  对不起， 我现在有点儿忙。
  duì bu qǐ wǒ xiàn zài yǒu diǎn r máng
  뚜이부치   워 씨엔짜이 요우디얄 망

> 약속

- 저는 일이 바빠서 갈 수 없어요.
  ### 我工作很忙，不能去。
  wǒ gōng zuò hěn máng　　bù néng qù
  워 꿍쭤 헌 망　　　　뿌넝 취

- 그는 일이 있어서 올 수 없대.
  ### 听说他有事，不能来。
  tīng shuō tā yǒu shì　　bù néng lái
  팅쉬 타 요우 스　　　뿌넝 라이

- 나는 내일 다른 일이 있어서 갈 수 없어.
  ### 我明天有别的事，不能去。
  wǒ míng tiān yǒu bié de shì　　bù néng qù
  워 밍티엔 요우 비에더 스　　　뿌넝 취

- 내일은 중요한 일이 있어서 올 수 없어.
  ### 明天我有重要的事，不能来。
  míng tiān wǒ yǒu zhòng yào de shì　　bù néng lái
  밍티엔 워 요우 쭝야오더 스　　　뿌넝라이

- 아마 그는 오늘 다른 일이 있겠지.
  ### 也许他今天有别的事。
  yě xǔ tā jīn tiān yǒu bié de shì
  예쉬 타 찐티엔 요우 비에더 스

- 네가 어떻게 말하든, 어쨌든 그녀는 오지 않아.
  ### 不管你怎么说，反正她不来。
  bù guǎn nǐ zěn me shuō　　fǎn zhèng tā bù lái
  뿌꽌 니 쩐머쉬　　　　판정 타 뿌라이

  不管 : ~에 관계없이, ~을 막론하고
  反正 : 여하간에, 어쨌든, 결국

- 그 날 내가 가지 않은 것은 갑자기 다른 일이 생겼기 때문이야.
  ### 那天我没去，因为忽然发生别的事。
  nà tiān wǒ méi qù　　yīn wéi hū rán fā shēng bié de shì
  나티엔 워 메이취　　　인웨이 후란 파셩 비에더 스

335

일상

Unit 10
쇼핑

■ 나는 옷을 사러 백화점에 가요.
我去百货公司买衣服。
wǒ qù bǎi huò gōng sī mǎi yī fú
워 취 바이훠꿍쓰 마이 이푸

손님을 맞을 때

■ 어서 오십시오!
欢迎光临!
huānyíng guāng lín
환잉꽝린

A : 어서 오십시오.
欢迎光临，请进。
huānyíng guāng lín　qǐng jìn
환잉꽝린　칭찐

뭘 찾으시려구요?
你要找什么?
nǐ yào zhǎo shén me
니 야오 자오 션머

■ 뭐 드릴까요?
你要什么?
nǐ yào shén me
니 야오 션머

336

A : 무엇을 드릴까요?
　　您要买什么?
　　nín yào mǎi shén me
　　닌 야오 마이 션머

B : 그냥 좀 둘러보는 거예요.
　　我只是逛逛。
　　wǒ zhǐ shì guàngguang
　　워 즈스 꽝꽝

■ 뭘 찾으십니까?
　您找什么?
　nín zhǎo shén me
　닌 쟈오 션머

■ 뭘 드릴까요?
　你需要什么?
　nǐ xū yào shén me
　니 쉬야오 션머

A : 의류는 몇 층에 있습니까?
　　请问, 衣服类在几楼?
　　qǐng wèn　 yī fu lèi zài jǐ lóu
　　칭원　　　이레이 짜이 지로우

B : 의류는 2층에 있어요.
　　衣服类在二楼。
　　yī fu lèi zài èr lóu
　　이푸레이 짜이 얼로우

쇼핑

일상

물건 사기

■ 이걸 원하세요, 아니면 저걸 원하세요?

你要这个，还是要那个？
nǐ yào zhè ge　　hái shì yào nà ge
니야오 쩌거　　　하이스 야오 나거

*A 还是 B ? : A냐 아니면 B냐? (선택형 의문문)

■ 저걸 좀 보여주시겠어요?

给我看看那个，好吗？
gěi wǒ kàn kan nà ge　　hǎo ma
게이 워 칸칸 나거　　　　하오마

■ 이 옷은 좀 크네요.

这一件衣服大一点。
zhè yí jiàn yī fu dà yì diǎn
쩌이지엔 이푸 따이디엔

■ 좀 작은 걸로 주세요.

我要小一点儿的。
wǒ yào xiǎo yī diǎn r de
워 야오 샤오 이 디알더

■ 예쁜 것으로 고르십시오.

请您挑一个好看的。
qǐng nín tiāo yī ge hǎo kàn de
칭닌 탸오 이거 하오칸더

■ 이 물건은 비싸긴 비싸지만, 품질이 좋아요.

这个东西贵是贵，但是质量很好。
zhè ge dōng xi guì shì guì　　dàn shì zhì liàng hěn hǎo
쩌거 똥시 꾸이 스 꾸이　　　　딴스 즈량 헌 하오

*质量 : 중국어에서 품질은 品质이 아닌 质量으로 표현하는 것에 주의
东西(dōngxī) : 동서(방향)
东西(dōngxi) : 물건

■ 이건 더러워요, 다른 것으로 주세요.

这个很脏，我要别的。
zhè ge hěn zāng wǒ yào bié de
쩌거 헌 짱   워야오 비에더

■ 이 구두는 싸고도 예쁘네요.

这双皮鞋，又便宜又好看。
zhè shuāng pí xié yòu pián yi yòu hǎo kàn
쩌쌍 피셰   요우 피엔이 요우 하오칸

＊ 구두는 두 짝이 한 켤레가 되므로 双으로 표시한다.

A : 어떤 색으로 드릴까요?

你要什么颜色的?
nǐ yào shén me yán sè de
니 야오 션머 옌써더

B : 흰 색으로 주세요.

我要白色的。
wǒ yào bái sè de
워 야오 바이써더

A : 알겠습니다, 잠시만 기다리세요.

好，请稍等。
hǎo qǐng shāo děng
하오 칭 샤오덩

 여러 가지 색

白色(báisè)	바이써	흰색
黑色(hēisè)	헤이써	검정색
红色(hóngsè)	홍써	빨간색
蓝色(lánsè)	란써	파란색
黄色(huángsè)	황써	노란색

일상

绿色(lǜsè)	뤼써	초록색
灰色(huīsè)	훼이써	회색
粉红色(fěnhóngsè)	펀홍써	분홍색
紫色(zǐsè)	즈써	보라색
淡紫色(dànzǐsè)	딴즈써	연보라색
朱黄色(zhūhuángsè)	쥬황써	주황색

■ 이거 주세요.

给我这个。
gěi wǒ zhè ge
게이 워 쩌거

　A : 이것보다 작은 것 있어요?

有没有比这个小的?
yǒu méi yǒu bǐ zhè ge xiǎo de
요메이요 비 쩌거 샤오더

　B : 마침 그게 다 떨어졌어요.

那个刚好卖光了。
nà ge gāng hǎo mài guāng le
나거 깡하오 마이 꽝러

■ 이건 어때요?

这个怎么样?
zhè ge zěn me yàng
쩌거 쩐머양

■ 이것은 저것만 못해요.

这个不如那个。
zhè ge bù rú nà ge
쩌거 뿌루 나거

340

■ 이것은 저것만큼 좋지 않아요.

这个没有那个好。
zhè ge méi yǒu nà ge hǎo
쩌거 메이요 나거 하오

 비교급

(1) A 比 B ~ : A는 B보다 ~하다
   这个比那个好。
   zhè ge bǐ nà ge hǎo
   이것은 저것보다 좋다.

(2) A 不如 B : A는 B만 못하다
   这个不如那个。
   zhè ge bù rú nà ge
   이것은 그것만 못하다.

(3) A 有 B ~ : A는 B만큼 ~하다
   这个有那个(这么)好。
   zhè ge yǒu nà ge zhè me hǎo
   이것은 그것만큼 (이렇게) 좋다.

(4) A 没有 B ~ : A는 B만큼 ~하지 못하다
   这个没有那个(那么)好。
   zhè ge méi yǒu nà ge nà me hǎo
   이것은 그것만큼 (그렇게) 좋지 않다.

■ 이것보다 고급스러운 것 있어요?

有没有比这个高级的?
yǒu méi yǒu bǐ zhè ge gāo jí de
요메이요 비 쩌거 까오지더

일상

- 곧 가져다 드릴게요.
  ## 我马上拿过来。
  wǒ mǎ shàng ná guò lái
  워 마샹 나궈 라이

- 이것보다 좋은 것 있어요?
  ## 有没有比这个好的?
  yǒu méi yǒu bǐ zhè ge hǎo de
  요메이요 비 쩌거 하오더

- 이것이 저것보다 좀 더 좋아요.
  ## 这个比那个好一点。
  zhè ge bǐ nà ge hǎo yì diǎn
  쩌거 비 나거 하오 이디엔

- 빨간 것이 파란 것보다 예뻐요.
  ## 红色的比蓝色的漂亮。
  hóng sè de bǐ lán sè de piàoliàng
  훙써더 비 란써더 파오량

- 싸고 좋은 걸로 주세요.
  ## 给我又便宜又好的。
  gěi wǒ yòu pián yi yòu hǎo de
  게이 워 요우 피엔이 요우 하오더

A : 이 핸드폰이 네 것 만큼 좋아?
这个手机有你的好吗?
zhè ge shǒu jī yǒu nǐ de hǎo ma
쩌거 요우 니더 하오마

B : 이 핸드폰은 내 것만큼 좋지 않아.
这个手机没有我的好。
zhè ge shǒu jī méi yǒu wǒ de hǎo
쩌거 메이요우 워더 하오

■ 당신이 보기에, 이것이 그것보다 좋아요?

你看，这个比那个好吗？
nǐ kàn zhè ge bǐ nà ge hǎo ma
니칸　쩌거 비 나거 하오마

■ 이것이 그것보다 훨씬 좋아요.

这个比那个好得多。
zhè ge bǐ nà ge hǎo de duō
쩌거 비 나거 하오더 뚸

■ 이것보다 큰 것 있어요?

有没有比这个大的？
yǒu méi yǒu bǐ zhè ge dà de
요메이요 비 쩌거 따더

■ 이게 딱 좋네요, 크지도 작지도 않아요.

这个正好，不大不小。
zhè ge zhèng hǎo bú dà bù xiǎo
쩌거 쩡하오　　부따뿌샤오

모든 물건은 다 자기 값을 지니고 있다

贵的不贵，贱的不贱。
guì de bú guì　jiàn de bú jiàn
꾸이더 부꾸이　지엔더 부지엔

■ 무엇이든지 달라는 대로 드릴게요.

你要什么，我给你什么。
nǐ yào shén me　wǒ gěi nǐ shén me
니 야오 션머　워 게이 니 션머

＊要什么, 给什么 : 무엇이든 달라는 대로 주다

■ 저에게 좀 보여 주세요.

你给我看看吧。
nǐ gěi wǒ kàn kan ba
니 게이 워 칸칸

> 일상

- 당신이 말한 게 이거 맞지요?

  你说的是这个，对不对？
  nǐ shuō de shì zhè ge　duì bu duì
  니 쉬더 스 쩌거　　뚜이부뚜이

- 이런 종류 외에 다른 것도 있어요?

  除了这种以外，有没有别的？
  chú le zhè zhǒng yǐ wài　yǒu méi yǒu bié de
  츄러 쩌중 이와이　　요메이요 비에더

  *除了~以外 : ~을 제외하고

- 당신 마음대로 고르세요.

  随你的便挑吧。
  suí nǐ de biàn tiāo ba
  수이 니더 비엔 탸오바

- 이 신발은 너무 꼭 껴요.

  这双鞋太紧。
  zhè shuāng xié tài jǐn
  쩌쌍 씨에 타이 찐

- 좀 큰 것으로 주세요.

  给我大一点儿的。
  gěi wǒ dà yì diǎn r de
  게이 워 따 이디알더

- 이것으로 사겠어요.

  我买这个。
  wǒ mǎi zhè ge
  워 마이 쩌거

- 이 물건은 그것과 같은 거예요.

  这个东西和那个一样的。
  zhè ge dōng xi hé nà ge yí yàng de
  쩌거 똥시 허 나거 이양더

■ 여기 얼마든지 있어요.
这里有的是。
zhè lǐ yǒu de shì
쩌리 요우더 스

A : 이 사과는 시지 않아요?
这种苹果不酸吗?
zhè zhǒngpíng guǒ bù suān ma
쩌즁 핑궈 뿌쏸마

B : 전혀 시지 않아요.
一点儿也不酸。
yì diǎn r yě bù suān
이디알예 뿌쏸

■ 이것은 그것과 달라요.
这个和那个不一样。
zhè ge hé nà ge bù yí yàng
쩌거 허 나거 뿌이양더

■ 이 지갑은 그것만큼 좋아요.
这个钱包有那个好。
zhè ge qián bāo yǒu nà ge hǎo
쩌거 치엔빠오 요우 나거 하오

■ 이 바나나는 달아요.
这些香蕉很甜。
zhè xiē xiāng jiāo hěn tián
쩌씨에 샹쟈오 헌 티엔

■ 이 구두는 어떠세요?
这双皮鞋怎么样?
zhè shuāng pí xié zěn me yàng
쩌쐉 피씨에 쩐머양

쇼핑

일상

■ 크지도 작지도 않아요.

不大也不小。
bù dà yě bù xiǎo
부따 예 뿌샤오

■ 크기가 딱 좋고, 모양도 괜찮아요.

大小正好, 样子也不错。
dà xiǎo zhèng hǎo yàng zǐ yě bú cuò
따샤오 쩡 하오   양즈예 부취

■ 아주 편해요.

非常舒服。
fēi cháng shū fu
페이챵 수푸

■ 이것으로 하겠어요.

我要这个。
wǒ yào zhè ge
워 야오 쩌거

A : 다른 것을 원하십니까?

您要不要别的?
nín yào bu yào bié de
닌 야오부야오 비에더

B : 다른 것은 원하지 않아요.

我不要别的。
wǒ bú yào bié de
워 부야오 비에더

■ 이 상점은 예쁜 옷이 아주 많아요.

这个商店有很多漂亮的衣服。
zhè ge shāng diàn yǒu hěn duō piāo liang de yī fu
쩌거 상디엔 요우 헌뚸 퍄오량더 이푸

■ 이것은 저것보다 조금 싸요.
这个比那个便宜一点儿。
zhè ge bǐ nà ge pián yí yì diǎn r
쩌거 비 나거 피엔이 이디알

■ 이 가방은 다른 것보다 조금 비싸요.
这皮包比别的贵一点儿。
zhè pí bāo bǐ bié de guì yì diǎn r
쩌 피빠오 비 비에더 꾸이 이디알

■ 이 백화점에는 무엇이든지 있어요.
这个百货公司里什么都有。
zhè ge bǎi huò gōng sī lǐ shén me dōu yǒu
쩌거 바이훠꿍쓰리 션머 또우 요우

■ 진짜도 있고, 가짜도 있어.
也有真的，也有假的。
yě yǒu zhēn de   yě yǒu jiǎ de
예요우 쩐더   예요우 쟈더

■ 그 옷 좀 보여 주세요.
给我看看那件衣服。
gěi wǒ kàn kan nà jiàn yī fu
게이 워 칸칸 나지엔 이푸

■ 무엇이든 당신이 사고 싶은 것으로 사세요.
你要买什么，就买什么。
nǐ yào mǎi shén me   jiù mǎi shén me
니 야오 마이 션머   지우 마이 션머

■ 내가 보기엔 무엇이든 다 좋아요.
我看什么都好。
wǒ kàn shén me dōu hǎo
워 칸 션머 또우 하오

347

일상

■ 이 물건은 어느 상점에서도 살 수 없어요.
这个东西哪个商店都买不到。
zhè ge dōng xi nǎ ge shāng diàn dōu mǎi bu dào
쩌거 똥시 나거 샹디엔 또우 마이부따오

■ 당신이 필요한 만큼 사세요.
你要多少，买多少吧。
nǐ yào duō shǎo　　mǎi duō shǎo ba
니 야오 뚸사오　　마이 뚸사오바

■ 이 옷은 스타일이 아주 세련되네요.
这件衣服样式很时髦。
zhè jiàn yī fu yàng shì hěn shí máo
쩌 지엔 이푸 양스 헌 스마오

■ 값도 비싸지 않고, 품질도 괜찮아요.
价钱也不贵，质量也不错。
jià qián yě bú guì　　zhì liàng yě bú cuò
자치엔 예 부꿰　　즈량 예 부춰

■ 이건 값이 좀 비싸지만, 품질은 좋아요.
这个价钱贵点儿，不过质量很不错。
zhè ge jià qián guì diǎn r　　bú guò zhì liàng hěn bú cuò
쩌거 자치엔 꾸이 디알　　부꿰 즈량 헌 부춰

■ 이것보다 싼 물건은 얼마든지 있어요.
比这个便宜的东西有的是。
bǐ zhè ge biàn yí de dōng xi yǒu de shì
비 쩌거 피엔이더 똥시 요우더 스

＊ 有的是(yǒudeshì) : 얼마든지 있다

■ 이 TV는 꽤 괜찮네요.
这台电视很不错。
zhè tái diàn shì hěn bú cuò
쩌 타이 띠엔스 헌 부춰

■ 좋긴 좋지만, 너무 비싸요.

好是好，但是太贵了。
hǎo shi hǎo　　dàn shì tài guì le
하오 스 하오　　딴스 타이 꾸이러

＊好是好(hǎoshìhǎo) : 좋기는 좋다 / 有是有(yǒushìyǒu) : 있기는 있다

■ 이 스커트는 너무 길어요, 좀 짧은 것은 없어요?

这件裙子太长了，有没有短一点儿的?
zhè jiàn qún zi tài cháng le　　yǒu méi yǒu duǎn yì diǎn r de
쩌지엔 췬즈 타이 창러　　요메이요 똰 이디알더

■ 어느 것을 사는 게 좋을까요?

你说买哪个好?
nǐ shuō mǎi nǎ ge hǎo
니쉬 마이 나거 하오

■ 어느 것이 가장 좋은 것 같아요?

你觉得哪个最好?
nǐ jué de nǎ ge zuì hǎo
니 줴더 나거 쭈이 하오

■ 좀 큰 것은 없나요?

没有大一点儿的吗?
méi yǒu dà yì diǎn r de ma
메이요 따 이디알더마

■ 좀 작은 것은 없나요?

没有小一点的吗?
méi yǒu xiǎo yì diǎn de ma
메이요 샤오 이디엔더마

■ 저것은 이것만큼 좋은가요?

那个有这个好吗?
nà ge yǒu zhè ge hǎo ma
나거 요우 쩌거 하오마

일상

■ 이것도 좋고, 저것도 훌륭해요.
这个也好，那个也不错。
zhè ge yě hǎo　　nà ge yě bú cuò
쩌거 예 하오　　나거 예 부춰

■ 이 물건을 사겠어요.
我要买这个东西。
wǒ yào mǎi zhè ge dōng xi
워 야오 마이 쩌거 똥시

■ 입어 보세요.
试试看。
shì shi kàn
스스칸

＊试试看 : '시도해보다/ 좀 ~해보다' 물건을 사려할 때 주인이 사용하면 "한 번 신어보세요", 혹은 "좀 입어보세요"의 뜻이 된다.

■ 내가 보기엔 이 옷들은 하나 하나 모두 괜찮아.
我看这几件衣服件件都不错。
wǒ kàn zhè jǐ jiàn yī fu jiàn jiàn dōu bù cuò
워칸 쩌 지지엔 이푸 지엔지엔 또우 부춰

■ 큰 것을 원하세요, 작은 것을 원하세요?
你要大的，还是小的?
nǐ yào dà de　　hái shì xiǎo de
니 야오 따더　　하이스 샤오더

■ 너무 꼭 끼어요, 한 사이즈 큰 것 있어요?
太紧了，有没有大一号的?
tài jǐn le　　yǒu méi yǒu dà yí hào de
타이 찐러　　요메이요 따 이하오더

■ 나는 노출이 심한 옷은 싫어요.
我不要袒胸露背的衣服。
wǒ bú yào tǎn xiōng lù bèi de yī fu
워 부야오 탄슝루뻬이더 이푸

350

■ 싼 것도 있고, 비싼 것도 있어요.

也有便宜的，也有贵的。
yě yǒu pián yi de　　yě yǒu guì de
예요우 피엔이더　　예요우 꾸이더

* 也有 A 也有 B : A도 있고 B도 있다

■ 비싸지도 싸지도 않고 딱 좋아요.

不贵也不便宜，正好。
bú guì yě bù pián yi　zhèng hǎo
부꾸이 예 뿌 피엔이　쩡 하오

■ 이것보다 싼 것 있어요?

有没有比这个便宜的?
yǒu méi yǒu bǐ zhè ge pián yi de
요메이요 비 쩌거 피엔이더

■ 이 옷은 예쁘고도 싸요.

这件衣服又好看，又便宜。
zhè jiàn yī fu yòu hǎo kàn　yòu pián yi
쩌지엔 이푸 요우 하오칸　요우 피엔이

* 又 A 又 B : A하고도 B하다

상황의 나열

```
既 A 又 B : A 하고도 B 하다
 jì    yòu
          (2개 상황에만 사용)

又 A 又 B 又 C : A 하고도 B 하고도 C 하다
yòu   yòu   yòu
          (3개 이상의 상황에도 쓸 수 있다)
```

■ 이 옷은 예쁘고도 세련되네요.

这件衣服又好看又时髦。
zhè jiàn yī fu yòu hǎo kàn yòu shí máo
쩌지엔 이푸 요우 하오칸 요우 스마오

* 时髦(shímáo) : 세련된, 현대적인

일상

■ 옷감도 썩 좋아요.
衣料也很不错。
yī liào yě hěn bú cuò
이랴오예 헌 부춰

■ 보기에는 멋있지만, 유행은 지났네요.
看着精神的，就是时过了。
kàn zhe jīng shén de jiù shì shí guò le
칸저 찡션더   지우스 스궈러

* 精神(jīngshén) : 멋있는, 시원한, 좋아 보이는 / 时过(shíguò) : 유행이 지난

A : 제가 고를 수 있도록 몇 가지 가져다 주시겠어요?
拿一些给我选择，好吗?
ná yī xiē gěi wǒ xuǎn zé   hǎo ma
나 이씨에 게이워 쉔저   하오마

B : 그러지요, 얼마든지 있어요.
没问题，有的是。
méi wèn tí yǒu de shì
메이 원티   요우더 스

■ 이 물건들을 포장해 주시겠어요?
给我包装这些东西，好吗?
gěi wǒ baō zhuāng zhè xiē dōng xi hǎo ma
게이워 빠오촹 쩌씨에 똥시   하오마

A : 포장해 주시겠어요?
给我包装，好吗?
gěi wǒ baō zhuāng hǎo ma
게이 워 빠오촹   하오마

B : 예, 그러지요.
好的。
hǎo de
하오더

값을 묻고 계산하기

쇼핑

■ 얼마예요?

多少钱?
duō shǎoqián
뚸사오 치엔

A : 한 근에 얼마죠?

多少钱一斤?
duō shǎoqián yì jīn
뚸사오 치엔 이찐

B : 한 근에 5원인데, 몇 근 드릴까요?

一斤五块，你要几斤?
yì jīn wǔ kuài nǐ yào jǐ jīn
이찐 우콰이 니 야오 지찐

A : 3근 주세요.

我要三斤。
wǒ yào sān jīn
워 야오 싼찐

■ 한 개에 얼마지요?

多少钱一个?
duō shǎoqián yí gè
뚸사오 치엔 이거

■ 이 사과는 어떻게 파세요(얼마예요)?

这苹果怎么卖?
zhè píng guǒ zěn me mài
쩌 핑궈 쩐머 마이

■ 이 사과는 한 근에 얼마죠?

这种苹果多少钱一斤?
zhè zhǒng píng guǒ duō shǎoqián yì jīn
쩌중 핑궈 뚸사오 치엔 이찐

일상

A : 얼마지요?

多少钱?
duō shǎoqián
뚸샤오 치엔

B : 90원이니까, 10원 거슬러 드릴게요.

九十块，找您十块钱。
jiǔ shí kuài zhǎo nín shí kuàiqián
지우스 콰이 쟈오 닌 스 콰이치엔

■ 이 물건은 비싸지도 싸지도 않아요.

这个东西不贵也不便宜。
zhè ge dōng xī bú guì yě bù pián yi
쩌거 뚱씨 부꾸이 예 뿌 피엔이

■ 이 생선 어떻게 팔아요(얼마예요)?

这条鱼怎么卖?
zhè tiáo yú zěn me mài
쩌 탸오 위 쩐머 마이

■ 모두 얼마예요?

一共多少钱?
yí gòng duō shǎoqián
이꿍 뚸샤오 치엔

■ 25원이요.

二十五块。
èr shí wǔ kuài
얼스우 콰이

화폐단위

一块 ; (문어체 ; 元)
yī kuài　　　　　　　yuán

1毛 = 0.1块 (문어체 ; 角)
　máo　　　　kuài　　　　　　jiǎo

1分 = 0.1毛(문어체 ; 分)
　fēn　　　　máo　　　　　fēn

1元 = 10角, 1角 = 10分

■ 100원입니다.

一百块。
yì　bǎi kuài
이바이 콰이

■ 모두 합해서 105원이에요.

一共一百零五块钱。
yí gòng yì bǎi líng wǔ kuàiqián
이꽁 이바이 우 콰이치엔

■ 이쪽 것은 한 근에 3원이고, 저쪽 것은 한 근에 1원 이에요.

这边的三块钱一斤，那边的五块钱一斤。
zhè biān de sān kuàiqián yī jīn　　nà biān de wǔ kuàiqián yī jīn
쩌비엔더 싼콰이 치엔 이찐　　　나비엔더 우콰이 치엔 이찐

A : 얼마죠?

多少钱?
duō shǎoqián
뚸사오 치엔

B : 모두 150원입니다.

一共一百五块钱。
yí gòng yì bǎi wǔ kuàiqián
이꽁 이바이 우 콰이치엔

일상

🔍 숫자 '0'

마지막에 '0'이 들어간 숫자를 읽을 때 그 마지막 '0'은 생략할 수 있다.

150 : 一百五(一百五十)
　　　yì bǎi wǔ　yì bǎi wǔ shí
　　　이바이 우(이바이 우스)

180 : 一百八(一百八十)
　　　yì bǎi bā　yì bǎi bā shí
　　　이바이 빠(이바이 빠스)

중간에 '0'이 들어간 숫자를 읽을 때 그 '0'은 절대 생략할 수 없다.

105 : 一百零五 (一百五 : ×)
　　　yì bǎi líng wǔ　yì bǎi wǔ
　　　이바이 링 우(이바이 우 : 절대 불가)

■ 이 바지 얼마지요?

这条裤子多少钱?
zhè tiáo kù zǐ duō shǎoqián
쩌 탸오 쿠즈 둬사오 치엔

■ 55원이에요.

五十五块。
wǔ shí wǔ kuài
우스우 콰이

■ 그건 내가 생각했던 것보다 좀 비싸요.

那比我所想的贵一点。
nà bǐ wǒ suǒ xiǎng de guì yì diǎn
나 비 워 쉬샹더 꾸이 이디엔

■ 이 가격으로는 어딜 가도 살 수 없어요.

这个价钱，你到哪儿去都买不到。
zhè ge jià qián　nǐ dào nǎ r qù dōu mǎi bu dào
쩌거 쟈치엔　니 따오 날 취 또우 마이부따오

■ 우리 가게는 정찰제입니다.

我们是不二价商店。
wǒ men shì bú èr jià shāngdiàn
워먼 스 뿌얼쟈 샹디엔

* 不二价 : 값이 둘이 아니다, 즉 하나의 가격밖에 없다는 뜻이므로 정찰제가 된다.

■ 이건 거스름돈입니다.

这是找钱。
zhè shì zhǎoqián
쩌스 자오치엔

■ 거스름돈을 덜 주셨는데요.

你少找了我零钱。
nǐ shǎozhǎo le wǒ líng qián
니 샤오자오러 워 링치엔

A : 왜 그렇게 비싸요?

怎么这么贵?
zěn me zhè me guì
쩐머쩌머 꾸이

B : 조금도 비싸지 않아요.

一点儿也不贵。
yì diǎn r yě bú guì
이디알예 부꾸이

■ 영수증 좀 끊어주십시오.

请给我一张收据。
qǐng gěi wǒ yì zhāngshōu jù
칭 게이워 이짱 쇼우쥐

■ 비싸서 못 사겠어요.

我买不起。
wǒ mǎi bú qǐ
워 마이부치

쇼핑

일상

살 수 없는 이유에 따른 표현

买不到 mǎi bu dào 마이부따오	살 수 없다, 손에 넣을 수 없다
买不得 mǎi bu de 마이부더	살 수 없다, 사면 안 된다.
买不着 mǎi bu zháo 마이부자오	(물건이 없어서) 살 수 없다
买不起 mǎi bu qǐ 마이부치	(물건이 비싸서) 살 수 없다 (=买不了) 　　　mǎi bù liǎo
买不了 mǎi bu liǎo 마이부랴오	(돈이 없어서) 살 수 없다 (=买不起) 　　　mǎi bù qǐ
买不上 mǎi bu shàng 마이부샹	(살 사람이 많아서) 살 수 없다
买不下 mǎi bu xià 마이부샤	(값이 안 맞아서) 살 수 없다

값을 깎기

■ 좀 싸게 해 주시겠어요?

便宜一点儿, 好吗?
pián yi yì diǎn r　　hǎo ma
피엔이 이디알　　하오마

■ 좀 싸게 해 줄 수 있어요?

能不能便宜一点儿?
néng bu néng pián yi yì diǎn r
넝부넝 피엔이 이디알

358

쇼핑

A : 모두 37원입니다.
一共三十七块。
yí gòng sān shí qī kuài
이꿍 싼스치 콰이

B : 너무 비싸요.
太贵了。
tài guì le
타이 꾸이러

좀 싸게 해 주세요.
便宜一点儿吧。
pián yi yì diǎn r ba
피엔이 이디알바

A : 할인되나요?
有没有打折扣?
yǒu méi yǒu dǎ zhé kòu
요메이요 따져커우

B : 20% 할인이예요.
打八折。
dǎ bā zhé
따 바져

A : 좀 싸게는 안되나요?
便宜一点儿，不可以吗?
pián yi yì diǎn r   bù kě yǐ ma
피엔이 이디알   뿌커이마

B : 됩니다.
可以。
kě yǐ
커이

359

일상

A : 95원에 주면 안되나요?
九十五块好不好？
jiǔ shí wǔ kuài hǎo bu hǎo
지우스 우콰이 하오부하오

B : 그럽시다, 5원 거슬러 드릴게요.
好吧，找您五块。
hǎo ba   zhǎo nín wǔ kuài
하오바   쟈오닌 우콰이

■ 고맙습니다, 또 오세요.
谢谢，欢迎再来。
xiè xie   huānyíng zài lái
씨에시에   환잉 짜이라이

환불 / 교환

■ 주인장, 이것 환불해 줄 수 있지요?
老板，这个可能退换吧？
lǎo bǎn   zhè ge kě néng tuì huàn ba
라오반   쩌거 커넝 투이환바

■ 모양이 달라요, 좀 바꿔 주세요.
样子不一样，给我换一换吧。
yàng zǐ bù yí yàng   gěi wǒ huàn yi huàn ba
양즈 뿌이양   게이 워 환이환바

■ 한 번 사 가신 상품은 일절 교환해 드리지 않습니다.
货物出门概不退换。
huò wù chū mén gài bú tuì huàn
훠우 쥬먼 까이 부투이환

■ 이 물건은 속아서 샀어요.

这东西买上了当了。
zhè dōng xi mǎi shàng le dāng le
쩌 똥시 마이샹러 땅러

■ 나는 이것이 필요 없으니 돈을 돌려주세요.

我不要这个，你退钱吧。
wǒ bú yào zhè ge　　nǐ tuì qián ba
워 부야오 쩌거　　니 투이치엔바

■ 거의 50퍼센트는 가짜예요, 바꿔줘요.

差不多百分之五十是假的，换一换吧。
chā bu duō bǎi fēn zhī wǔ shí shì jiǎ de　huàn yi huàn ba
차부뚸 바이펀즈 우스 스 자더　　　환이환바

A : 이것을 교환해 주세요.

给我交换这个。
gěi wǒ jiāo huàn zhè ge
게이 워 쟈오환 쩌거

B : 자꾸 바꾸시면 안돼요.

你换三换四，不行。
nǐ huàn sān huàn sì　　bù xíng
니 환싼 환쓰　　　뿌씽

일상

Unit 11
직업·구직에 대하여

직업을 물을 때

■ 어디에서 일하세요(직업이 뭐예요)?
你在哪儿工作?
nǐ zài nǎ r gōng zuò
니 짜이 날 꿍쭤

■ 당신은 어느 회사에 근무하십니까?
您在哪个公司工作?
nín zài nǎ ge gōng sī gōng zuò
닌 짜이 나거 꿍쓰 꿍쭤

■ 당신 직업이 무엇입니까?
你的职业是什么?
nǐ de zhí yè shì shén me
니더 즈예 스 션머

■ 무슨 일을 하는 분이시지요?
你是干什么的?
nǐ shì gàn shén me de
니 스 깐 션머더

면접에서

■ 어느 지방 분이시지요?

你是哪里人?
nǐ shì nǎ lǐ rén
니 스 나리런

■ 표준어를 구사합니까?

你说普通话吗?
nǐ shuō pǔ tōng huà ma
니 쉬 푸통화마

■ 건강증명서는 있겠지요?

你有健康证吧?
nǐ yǒu jiàn kāng zhèng ba
니 요 지엔캉쩡바

■ 무슨 질병은 없으시겠지요?

你没有什么疾病吧?
nǐ méi yǒu shén me jí bìng ba
니 메이요 션머 지삥바

■ 이전에 한국인 집에서 일한 적은 있어요?

你以前在韩国人家里做过事没有?
nǐ yǐ qián zài hán guó rén jiā lǐ zuò guò shì méi yǒu
니 이치엔 짜이 한궈런 쟈리 쭤궈 스 메이요

■ 한국 요리를 할 수 있습니까?

你会做韩国菜吗?
nǐ huì zuò hán guó cài ma
니 후이 쭤 한궈 차이마

你会不会做韩国菜吗?
nǐ huì bu huì zuò hán guó cài ma
니 후이 부후이 쭤 한궈 차이마

■ 당신이 가장 잘 할 수 있는 요리는 무엇입니까?

你的最拿手菜是什么?
nǐ de zuì ná shǒu cài shì shén me
니더 쭈이 나쇼우차이 스 션머

직업 · 구직에 대하여

일상

■ 당신이 희망하는 월급은 얼마입니까?
你希望的工资是多少?
nǐ xī wàng de gōng zī shì duō shǎo
니 씨왕더 꽁쯔 스 둬사오

■ 월급은 한 달에 500원이면 어떻습니까?
薪水一个月五百, 好不好?
xīn shuǐ yí ge yuè wǔ bǎi　　hǎo bu hǎo
씬쉐이 이거위에 우바이　　하오 부 하오

■ 오전 9시부터 저녁 여섯 시까지 일하는 건 어떤가요?
你从早上九点到晚上六点工作, 怎么样?
nǐ cóng zǎo shàng jiǔ diǎn dào wǎn shàng liù diǎn gōng zuò　zěn me yàng
니 총 자오상 지우디엔 따오 완상 리우디엔 꿍쭤　　쩐머양

■ 월요일부터 토요일까지 일할 수 있나요?
你从星期一到星期六工作, 好吗?
nǐ cóng xīng qī yí dào xīng qī liù gōng zuò　hǎo ma
니 총 씽치이 따오 씽치리우 꿍쭤　　하오마

■ 좀 생각해 보고 다시 전화 드릴게요.
我想想再给你打电话。
wǒ xiǎngxiang zài gěi nǐ dǎ diàn huà
워 상상 짜이 게이니 따 띠엔화

■ 주말에는 보통 뭘 합니까?
周末你一般干什么?
zhōu mò nǐ yì bān gàn shén me
쪼우모 니 이빤 깐 션머

■ 거기서 일하신 지 몇 년이나 됐죠?
你在那儿工作几年了?
nǐ zài nà r gōng zuò jǐ nián le
니 짜이 날 꿍쭤 지 니엔러

직업 · 구직에 대하여

■ 전공이 뭡니까?

你的专业是什么？
nǐ de zhuān yè shì shén me
니더 쭨예 스 선머

■ 우리 회사는 토요일은 출근하지 않습니다.

我们公司星期六不上班。
wǒ mengōng sī xīng qī liù bú shàng bān
워먼 꿍쓰 씽치리우 부 샹빤

■ 당신 남편은 무슨 일을 하나요?

你先生做什么工作？
nǐ xiānshēng zuò shén me gōng zuò
니 셴성 쭤 선머 꿍쭤

■ 당신 부인도 일을 하나요?

你太太也做事吗？
nǐ tài tai yě zuò shì ma
니 타이타이예 쭤스마

A : 어느 부서에서 근무하세요?

你在哪个部门工作？
nǐ zài nǎ ge bù méngōng zuò
니 짜이 나거 뿌먼 꿍쭤

B : 저는 경리부에서 일합니다.

我在会计部工作。
wǒ zài huì jì bù gōng zuò
워 짜이 훼이지뿌 꿍쭤

■ 직위는 무엇인가요?

你的职位是什么？
nǐ de zhí wèi shì shén me
니더 즈웨이 스 선머

365

일상

■ 나는 부장입니다.
我是部长。
wǒ shì bù zhǎng
워 스 뿌장

■ 나는 관리부분을 책임지고 있어요.
我负责管理部门。
wǒ fù zé guǎn lǐ bù mén
워 푸저 꽌리 부먼

■ 왜 사직했습니까?
你为什么辞职了?
nǐ wéi shén me cí zhí le
니 웨이션머 츠즈러

■ 당신이 지금 근무하는 곳은 어딘가요?
你现在上班的地方是哪儿?
nǐ xiàn zài shàng bān de dì fāng shì nǎ r
니 씨엔짜이 샹빤더 띠팡 스 날

A : 하루에 몇 시간 근무합니까?
一天几个小时工作?
yī tiān jǐ ge xiǎo shí gōng zuò
이티엔 지거 샤오스 꿍쭤

B : 하루에 8시간 일합니다.
一天八个小时工作。
yī tiān bā ge xiǎo shí gōng zuò
이티엔 빠거 샤오스 꿍쭤

■ 지금은 일을 하지 않습니다.
我现在不上班。
wǒ xiàn zài bú shàng bān
씨엔짜이 뿌샹빤

■ 거기에서는 무슨 일을 하시지요?
在那里干什么工作?
zài nà lǐ gàn shén me gōng zuò
짜이 나리 깐 션머 꿍쭤

■ 나는 지금까지 판매원 일을 해본 적이 없어요.
我从来没做过推销员的工作。
wǒ cóng lái méi zuò guò tuī xiāoyuán de gōng zuò
워 총라이 메이 쭤궈 투이쌰오위엔더 꿍쭤

A : 출장은 갈 수 있지요?
你能出差吧?
nǐ néng chū chāi ba
니넝 츄차이바

B : 당연히 갈 수 있지요.
当然可能。
dāng rán kě néng
땅란 커넝

■ 좀 고려해 봅시다.
考虑考虑吧。
kǎo lǜ kǎo lǜ ba
카오뤼 카오뤼바

■ 내일은 필기시험이고, 모레는 면접입니다.
明天是笔试，后天是口试。
míng tiān shì bǐ shì　　hòu tiān shì kǒu shì
밍티엔 스 삐스　　허우티엔 스 커우스

* 笔试(bǐshì) : 필기시험 / 口试(kǒushì) : 면접(구술시험)

■ 여러분께서는 이력서 · 사진 · 신분증을 가지고 면접에 친히 참석하십시오.
请你们大家带简历・相片・身份证，亲临口试。
qǐng nǐ men dà jiā dài jiǎn lì　　xiángpiàn　　shēn fèn zhèng　　qīn lín kǒu shì
칭 니먼 따쟈 따이 지엔리　　상피엔　　션펀쩡　　친린 커우스

직업・구직에 대하여

일상

A : 일주일에 며칠 근무합니까?

一个星期工作几天？
yí ge xīng qī gōng zuò jǐ tiān
이거씽치 꿍쭤 지티엔

B : 1주일에 6일 근무해요.

一个星期工作六天。
yí ge xīng qī gōng zuò liù tiān
이거씽치 꿍쭤 리우티엔

■ 저는 일주일에 이틀 쉬어요.

我一个星期有两天休息。
wǒ yí ge xīng qī yǒu liǎng tiān xiū xi
워 이거 씽치 요우 량티엔 씨우시

■ 직장을 잃은 지 벌써 반년이 지났어요.

我失业已经半年了。
wǒ shī yè yǐ jīng bàn nián le
워 스예 이징 빤니엔러

■ 그 회사에서는 대우가 어땠어요?

在那个公司，对你的待遇怎么样？
zài nà ge gōng sī duì nǐ de dài yù zěn me yàng
짜이 나거 꿍쓰 뚜이니더 따이위 쩐머양

■ 저는 무슨 일을 하든 다 할 수 있습니다.

我不管做什么工作都可能。
wǒ bù guǎn zuò shén me gōng zuò dōu kě néng
워 뿌꽌 쭤 션머 꿍쭤 또우 커넝

 多音字

行은 háng으로도 읽고(예: 银行 은행) xíng으로도 읽는다.
　　　　　　　　　　　　　yín xíng
예) 行不行? 됩니까?
　　xíng bù xíng
이렇게 한 글자를 두 가지 이상으로 발음하는 것을 多音字 혹은
　　　　　　　　　　　　　　　　　　　　　　　duō yīn zì
破音字라고 한다.
pò yīn zì

■ 정말 마음에 드는 일자릴 구하고 싶어요.
我希望找称心如意的工作。
wǒ xī wàngzhǎochèn xīn rú yì de gōng zuò
워 씨왕 자오 천씬루이더 꿍쭤

A : 당신은 업무경험이 있습니까?
你有工作经验吗?
nǐ yǒu gōng zuò jīng yàn ma
니 요우 꿍쭤 찡옌마

B : 저는 이 방면에 업무경험이 없어요.
我没有这方面的工作经验。
wǒ méi yǒu zhè fāngmiàn de gōng zuò jīng yàn
워 메이요 쩌 쨩미엔더 꿍쭤 찡옌

■ 면접이 끝났습니다.
口试结束了。
kǒu shì jié shù le
커우스 지에수러

■ 여러분은 집으로 돌아가서 연락을 기다리십시오.
请大家回家等候我们的联络。
qǐng dà jiā huí jiā děng hòu wǒ men de lián luò
칭 따쟈 훼이쟈 떵허우 워먼더 리엔뤄

■ 언제 결과를 알려줍니까?
你们什么时候通知结果?
nǐ menshén me shí hòu tōng zhī jié guǒ
니먼 션머스허우 통즈 지에궈

■ 1주일 안에 결과를 알려드립니다.
我们一个星期以内通知结果。
wǒ men yí ge xīng qī yǐ nèi tōng zhī jié guǒ
워먼 이거씽치 이네이 통즈 지에궈

직업·구직에 대하여

일상

Unit 12
출근과 퇴근

출·퇴근에 관하여 말할 때

■ 지금 출근하십니까?

你现在上班吗?
nǐ xiàn zài shàng bān ma
니 씨엔짜이 샹빤마

* 上班 : 출근하다 ↔ 下班 : 퇴근하다

■ 몇 시까지 출근하세요?

你到几点上班?
nǐ dào jǐ diǎn shàng bān
니 따오 지디엔 샹빤

A : 매일 몇 시에 출근하세요?

你每天几点上班?
nǐ měi tiān jǐ diǎn shàng bān
니 메이티엔 지디엔 샹빤

B : 저는 매일 오전 8시에 출근합니다.

我每天早上八点钟上班。
wǒ měi tiān zǎo shang bā diǎn zhōng shàng bān
워 메이티엔 자오샹 빠디엔쯩 샹빤

■ 출근시간은 일정하지 않아요.

上班的时间不一定。
shàng bān de shí jiān bù yí dìng
샹빤더 스지엔 뿌이딩

* 上班的时间(上班时间) : 출근시간

■ 평소에 어떻게 출근하십니까?

你平时怎么上班?
nǐ píng shí zěn me shàng bān
니 핑스 쩐머 샹빤

＊怎么上班 : 출근수단을 묻는 말이다

A : 당신은 보통 어떻게 출퇴근 하세요?

你一般怎么上下班?
nǐ yì bān zěn me shàng xià bān
니 이빤 쩐머 샹쌰빤

B : 나는 직접 차를 운전해서 출퇴근합니다.

我自己开车上下班。
wǒ zì jǐ kāi chē shàng xià bān
워 Wm지 카이쳐 샹쌰반

■ 어떻게 출퇴근하세요?

你怎么上下班?
nǐ zěn me shàng xià bān
니 쩐머 샹샤빤

■ 보통 자전거로 출근해요.

一般骑车上班。
yī bān qí chē shàng bān
이빤 치쳐 샹빤

＊骑车 : 骑自行车(qízìqíxíngchē)를 줄여서 이렇게 표현하기도 한다.

■ 통상 지하철로 출퇴근해요.

通常坐地铁上下班。
tōng cháng zuò dì tiě shàng xià bān
통챵 쭤 띠티에 샹샤반

■ 회사까지 가는 통근차가 있어요?

有没有到公司的班车?
yǒu méi yǒu dào gōng sī de bān chē
요우메이요 따오 꿍쓰더 빤쳐

＊班车(bānchē) : 통근차

출근과 퇴근

일상

■ 제가 직접 운전해서 출근합니다.
我自己开车上班。
wǒ zì jǐ kāi chē shàng bān
워 쯔지 카이쳐 샹빤

A : 차를 운전할 줄 아세요?
你会开车吗?
nǐ huì kāi chē ma
니 후이 카이쳐마

B : 운전할 줄 알아요.
我会开车。
wǒ huì kāi chē
워 후이 카이쳐

■ 매일 8시간 근무합니다.
我每天八个小时工作。
wǒ měi tiān bā ge xiǎo shí gōng zuò
워 메이티엔 빠거 샤오스 꿍쭤

■ 오후에는 근무하지 않아요.
我下午不上班。
wǒ xià wǔ bú shàng bān
워 쌰우 뿌샹빤

■ 저는 매주 토요일은 출근하지 않습니다.
我每个星期六不上班。
wǒ měi ge xīng qī liù bú shàng bān
워 메이거 씽치리우 뿌 샹빤

■ 오늘 몸이 좀 불편해서 출근할 수 없어요.
今天我有点儿不舒服,不能上班。
jīn tiān wǒ yǒu diǎn r bù shū fu   bù néng shàng bān
찐티엔 워 요우디알 뿌수푸   뿌넝 샹빤

길이 막힐 때

■ 길에는 특히 자전거를 타는 사람들이 많아요.

在路上，特别骑车的人很多。
zài lù shàng　　tè bié qí chē de rén hěn duō
짜이 루샹　　　터비에 치쳐더 런 헌둬

■ 차가 많으니 조심해서 다니세요.

车子很多，走路小心吧。
chē zi hěn duō　　zǒu lù xiǎo xīn ba
처즈 헌둬　　　　조우루 샤오신바

A : 차가 왔네요, 타십시다.

车子来了，请上车吧。
chē zǐ lái le　　qǐng shàng chē ba
처즈 라이러　　　칭 샹쳐바

기사님, 좀 빨리 가 주시겠어요?

司机先生，开快点好吗?
sī jī xiānsheng　　kāi kuài diǎn hǎo ma
쓰지셴성　　　　　카이 콰이디엔 하오마

B : 길이 막혀서 빨리 갈 수가 없어요.

因为堵车，不能快去。
yīn wèi dǔ chē　　bù néng kuài qù
인웨이 두쳐　　　뿌넝 콰이 취

* 堵车(dǔchē) : 차가 막히다

출근과 퇴근

373

일상

A : 이 길은 엄청 막히네요.
这条路堵车得厉害。
zhè tiáo lù dǔ chē de lì hài
쩌 탸오 루 두쳐더 리하이

B : 출퇴근시간은 어디나 모두 차가 막혀요.
上下班的时间，哪儿都堵车。
shàng xià bān de shí jiān　nǎ r dōu dǔ chē
샹샤빤더 스지엔　날 또우 두쳐

지금은 출근이 한창인 시간이거든요.
现在是上班的高峰时间。
xiàn zài shì shàng bān de gāo fēng shí jiān
씨엔짜이 스 샹빤더 까오펑 스지엔

집과 회사의 거리를 말할 때

■ 당신 집은 회사에서 멀어요?
你家离公司远吗?
nǐ jiā lí gōng sī yuǎn ma
니쟈 꽁쓰 리 니쟈 위엔마

■ 집은 사무실에서 멀어요.
我家离办公室很远。
wǒ jiā lí bàn gōng shì hěn yuǎn
워쟈 리 빤꽁스 헌 위엔

A : 사무실은 집에서 가까워요.
办公室离我家很近。
bàn gōng shì lí wǒ jiā hěn jìn
빤꽁스 리 워쟈 헌 찐

B : 지각한 적은 없겠네요.
你没迟到过，对吧。
nǐ méi chí dào guò　duì ba
니 메이 츠따오궈　뚜이바

■ 나는 여태 지각한 적이 없어요.
我从来没迟到过。
wǒ cóng lái méi chí dào guò
워 총라이 메이 츠따오궈

■ 출근할 때 시간이 얼마나 걸리나요?
上班时需要多长时间?
shàng bān shí xū yào duō cháng shí jiān
샹빤스 쉬야오 뚸창 스지엔

■ 집에서 회사까지 가는데 시간이 얼마나 걸리지요?
从你家到公司需要多长时间?
cóng nǐ jiā dào gōng sī xū yào duō cháng shí jiān
총 니쟈 따오 꽁쓰 쉬야오 뚸창 스지엔

* 从(cóng)~ 到(dào)~ : 시간/공간이 '~에서 ~까지'
   离(lí)~ 到(dào)~ : 거리가 '~에서 ~까지'

■ 집에서 회사까지는 1시간 정도 걸려요.
从我家到公司需要一个钟头左右。
cóng wǒ jiā dào gōng sī xū yào yí ge zhōng tóu zuǒ yòu
총 워쟈 따오 꽁쓰 쉬야오 이거 쭁토우 쮜요우

■ 회사까지 차를 운전하고 가면 반시간이 걸려요.
开车到公司去, 需要半个小时。
kāi chē dào gōng sī qù　　xū yào bàn ge xiǎo shí
카이쳐 따오 꽁쓰 취　　쉬야오 빤거 샤오스

 小时(钟头)와 点

小时(xiǎoshí) / 钟头(zhōngtóu)는 소요되는 시간의 양을 가리키며 点(diǎn)은 시각을 가리킨다.

一个小时 : 1시간　　　一点 : 1시
yī gí xiǎo shí　　　　　yì diǎn

两个钟头 : 2시간　　　两点 : 2시
liǎng ge zhōng tóu　　 liǎng diǎn

일상

Unit 13
회사에서

회사를 소개할 때

■ 귀사에 대해 좀 자세히 알고 싶습니다.
我想了解一下贵公司。
wǒ xiǎng liǎo jiě yí xià guì gōng sī
워샹 랴오지에 이씨아 꾸이 꽁쓰

■ 귀사의 공식명칭은 무엇입니까?
请问贵公司的全称?
qǐng wèn guì gōng sī de quánchēng
칭원 꾸이꽁쓰더 췐청

■ 우리 회사는 본사가 서울에 있어요.
我们公司的总部在首尔。
wǒ mengōng sī de zǒng bù zài shǒu ěr
워먼꽁쓰더 쭝뿌 짜이 서우얼

■ 여기가 우리 회사의 본부입니다.
这儿是我们的总公司。
zhè r shì wǒ men de zǒnggōng sī
쩔 스 워먼더 쭝꽁쓰

■ 여기가 우리 회사의 공장입니다.
这里是我们公司的工厂。
zhè lǐ shì wǒ mengōng sī de gōngchǎng
쩌리 스 워먼 꽁쓰더 꽁창

376

■ 제가 공장을 안내해 드리겠습니다.
让我带您看看我们的工厂。
ràng wǒ dài nín kàn kan wǒ men de gōngchǎng
랑워 따이닌 칸칸 워먼더 꽁창

■ 이 공장의 규모가 정말 크군요.
这工厂的规模实在大。
zhè gōngchǎng de guī mó shí zài dà
쩌 꽁창더 꾸이모 스짜이 따

■ 저희 회사는 창립한지 곧 7년이 되어갑니다.
本公司快要创业七年了。
běn gōng sī kuài yào chuàng yè qī nián le
뻔 꽁쓰 콰이야오 촹예 치니엔러

■ 당신네 회사의 직원은 몇 명입니까?
你们公司有多少职员?
nǐ men gōng sī yǒu duō shǎo zhí yuán
니먼 꽁쓰 요우 뚸사오 즈위엔

A : 이 회사에는 직원이 몇 명입니까?
这公司里有多少员工?
zhè gōng sī lǐ yǒu duō shǎo yuángōng
쩌 꽁쓰리 요우 뚸사오 위엔꽁

B : 우리 회사의 직원은 100여명입니다.
我们公司里有一百多员工。
wǒ men gōng sī lǐ yǒu yì bǎi duō yuángōng
워먼 꽁쓰리 요우 이바이뚸 위엔꽁

■ 이 공장에는 직원이 몇 명입니까?
这工厂里有多少员工?
zhè gōngchǎng lǐ yǒu duō shǎo yuángōng
쩌 꽁창리 요우 뚸사오 위엔꽁

회사에서

일상

방문객을 응대할 때

A : 말씀 좀 묻겠는데요, 사무실은 어디에 있습니까?

请问，办公室在哪儿?
qǐng wèn　 bàn gōng shì zài nǎ r
칭원　　　빤꽁스 짜이 날

B : 사무실은 2층에 있습니다.

办公室在二楼。
bàn gōng shì zài èr lóu
빤꽁쓰 짜이 얼로우

 在와 有

사람, 사물 + 在(zài) + 장소

他在家。 그는 집에 있다.
tā zài jiā

你的大衣在我家。 너의 오버코트는 우리 집에 있다.
nǐ de dà yī zài wǒ jiā

你弟弟在我家。 네 남동생은 우리 집에 있다.
nǐ dì dì zài wǒ jiā

장소 + 有(yǒu) + 사람, 사물
(有는 소유의미 외에 존재를 나타내기도 한다)

图书馆里有许多人。 도서관에 많은 사람이 있다.
tú shū guǎn lǐ yǒu xǔ duō rén

桌子上有很多书。 책상 위에 많은 책이 있다.
zhuō zi shàng yǒu hěn duō shū

教室里有五个人。 교실 안에 5명이 있다.
jiào shì lǐ yǒu wǔ ge rén

■ 들어오십시오!

请进!
qǐng jìn
칭찐

请进来!
qǐng jìn lái
칭찐라이

A : 어느 분을 찾으십니까?

请问，您找哪一位?
qǐng wèn nín zhǎo nǎ yí wèi
칭원 닌 쟈오 나이웨이

B : 사장님은 찾아 왔는데요.

我来找总经理。
wǒ lái zhǎo zǒng jīng lǐ
워 라이 쟈오 쫑징리

A : 사장님은 회의 중이십니다. 급한 용무가 있으십니까?

总经理在开会呢。 您有急事吗?
zǒng jīng lǐ zài kāi huì ne   nín yǒu jí shì ma
쫑징리 짜이 카이후이너   닌 요우 지스마

공장에서

■ 이 기계는 고장이 났어요.

这台机器弄坏了。
zhè tái jī qì nònghuài le
쩌 타이 지치 농 화이러

■ 이 기계는 고장이 났는데, 다 고쳤습니까?

这台机器坏了，你们修好了没有?
zhè tái jī qì huài le   nǐ men xiū hǎo le méi yǒu
쩌 타이 지치 화이러   니먼 씨우 하오러 메이요

■ 이 공장의 기계는 모두 다 수리를 끝냈습니다.

这工厂的机器都修好了。
zhè gōngchǎng de jī qì dōu xiū hǎo le
쩌 꿍창더 지치 또우 씨우 하오러

일상

■ 오늘 또 잔업해요?

今天又加班吗?
jīn tiān yòu jiā bān ma
찐티엔 요우 쟈빤마

* 加班(jiābān) : 잔업

■ 요즘은 매일 초과근무를 해요.

最近每天加班。
zuì jìn měi tiān jiā bān
쭈이진 메이티엔 쟈빤

■ 나는 퇴근해야 해요.

我得下班。
wǒ děi xià bān
워 데이 샤빤

■ 당신은 이 일을 끝내야만 집에 돌아갈 수 있어요.

你只有把这件事做完, 才能回家。
nǐ zhǐ yǒu bǎ zhè jiàn shì zuò wán cái néng huí jiā
니 즈요우 바 쩌지엔 스 쭤완   차이넝 훼이쟈

* 只有(zhǐyǒu) : ~해야만

■ 이렇게 많은 일을 나 혼자 어떻게 처리해요?

这么多的事, 我一个人怎么处理?
zhè me duō de shì   wǒ yí ge rén zěn me chù lǐ
쩌머 뛰더 스   워 이거런 쩐머 츄리

■ 나는 너무 바빠서 다른 일을 할 시간이 없어요.

我太忙了, 没有时间做别的事。
wǒ tài máng le   méi yǒu shí jiān zuò bié de shì
워 타이 망러   메이요 스지엔 쭤 비에더 스

■ 누군가 좀 도와주면 금방 일을 끝낼 텐데.

要是有人能帮帮我, 事情马上就能做完。
yào shì yǒu rén néng bāng bang wǒ   shì qíng mǎ shàng jiù néng zuò wán
야오스 요우런 빵빵 워   스칭 마상 지우넝 쭤완

■ 잠시 휴식합시다.

暂时休息吧。
zàn shí xiū xī ba
짠스 씨우시바

■ 그 회사는 점심 휴식시간이 있어요?

那个公司有午休时间吗?
nà ge gōng sī yǒu wǔ xiū shí jiān ma
나거꿍쓰 요우 우씨우 스지엔마

A : 점심휴식 시간은 얼마나 됩니까?

你们午休时间多长?
nǐ men wǔ xiū shí jiān duō cháng
니먼 우씨우 스지엔 뒤챵

B : 한시간 정도예요.

一个小时左右。
yí ge xiǎo shí zuǒ yòu
이거 샤오스 쮜요우

■ 다 했어요?

你做完了吗?
nǐ zuò wán le ma
니 쮜완러마

■ 아직 다하지 못했어요.

我还没做完。
wǒ hái méi zuò wán
워 하이메이 쮜완

■ 언제 끝낼 수 있어?

什么时候做得了?
shén me shí hòu zuò de liǎo
션머스허우 쮜더랴오

회사에서

381

일상

- 당신은 이 일을 다 끝 낼 수 있어요?

    你做得了这个工作吗?
    nǐ zuò de liǎo zhè ge gōng zuò ma
    니 쭤더랴오 쩌거 꿍쭤마

- 나는 힘이 부쳐서 그 일을 끝낼 수 없어요.

    我做不了那个工作。
    wǒ zuò bù liǎo nà ge gōng zuò
    워 쭤부랴오 나거 꿍쭤

    做不来(zuòbùlái) : (어려워서) 할 수 없다, (싫어서/괴로워서) 할 수 없다
    做不了(zuòbùliǎo) : (힘이 모자라거나 바쁘거나 부적당해서) 끝낼 수 없다

- 이 공장에서 우리 작업반이 가장 유능하고 노련해요.

    这工厂里，我们作业小组最干练。
    zhè gōngchǎng lǐ   wǒ men zuò yè xiǎo zǔ zuì gàn liàn
    쩌 꿍창리   워먼 쭤예샤오쭈 쭈이 깐리엔

- 사정이 생기면, 언제든 내게 알리세요.

    如果你有事情，随时告诉我吧。
    rú guǒ nǐ yǒu shì qíng   suí shí gào su wǒ ba
    루궈 니 요우 스칭   수이스 까오쑤 워바

- 이건 그렇게 하는 게 아니라, 이렇게 하는 거예요.

    这不是那样做的，应该是这样做的。
    zhè bú shì nà yàng zuò de   yīng gāi shì zhè yàng zuò de
    쩌 부스 나양 쭤더   잉가이 스 쩌양 쭤더

- 당신은 먼저 이 일을 하고 쉬는게 좋겠어요.

    你先做这件事，再休息才好了。
    nǐ xiān zuò zhè jiàn shì   zài xiū xi cái hǎo le
    니 씨엔 쭤 쩌지엔 스   짜이 씨우시 차이 하오러

- 만약 잘못이 있다면, 제가 책임을 질게요.

    如果有错误，我就负责。
    rú guǒ yǒu cuò wù   wǒ jiù fù zé
    루궈 요우 춰우   워 지우 푸저

A : 작업반장님, 일을 다 끝냈어요.
作业班长，我做好了。
zuò yè bān cháng　wǒ zuò hǎo le
쮜예빤장　　　워 쭤 하오러

보세요, 어때요?
你看，怎么样?
nǐ kàn　zěn me yàng
니칸　　쩐머양

B : 잘했어요, 만족스러워요.
干得不错，我很满意。
gān de bú cuò　wǒ hěn mǎn yì
깐더 부춰　　워 헌 만이

수고하셨습니다.
辛苦了。
xīn kǔ le
신쿠러

회사에서

거래처와 인사를 나눌 때

■ 저는 대한회사의 김과장입니다.
我是大韩公司的金课长。
wǒ shì dà hán gōng sī de jīn kè zhǎng
워 스 따한꽁쓰더 찐 커장

■ 저는 중화기업의 왕부장입니다.
我是中华企业的王部长。
wǒ shì zhōng huá qǐ yè de wáng bù zhǎng
워 스 쯩화치예더 왕 뿌장

■ 당신을 알게 된 것은 정말 행운입니다.
认识您三生有幸。
rèn shi nín sān shēng yǒu xìng
런스닌 싼셩 요우씽

*三生有幸 : 매우 행운이다

일상

- 말씀 많이 들었습니다.

  久仰久仰!
  jiǔ yǎng jiǔ yǎng
  지우양 지우양

  A : 제게 명함 한 장 주시겠어요?

  给我一张名片, 好吗?
  gěi wǒ yī zhāng míng piàn hǎo ma
  게이 워 이짱 밍피엔   하오마

  B : 이것 제 명함입니다.

  这是我的名片。
  zhè shì wǒ de míng piàn
  쩌스 워더 밍피엔

- 잘 부탁드립니다.

  请多多拜托您!
  qǐng duō duo bài tuō nín
  칭 뚸둬 바이퉈 닌

- 앞으로 많이 가르쳐 주십시오.

  以后, 请您多多指教。
  yǐ hòu qǐng nín duō duo zhǐ jiào
  이허우   칭닌 뚸둬 즈쟈오

- 앞으로 많이 돌보아 주십시오.

  以后请您多多关照。
  yǐ hòu qǐng nín duō duo guān zhào
  이허우 칭닌 뚸둬 꽌쟈오

- 영업은 어떠세요?

  你的生意怎么样?
  nǐ de shēng yì zěn me yàng
  니더 셩이 쩐머양

■ 그저 그래요.

马马虎虎。
mǎ ma hū hu
마마 후후

A : 사업은 여전히 잘 되시죠?

事业还顺利吧?
shì yè hái shùn lì ba
스예 하이 슌리바

B : 그런 대로 괜찮아요.

还好。
hái hǎo
하이 하오

■ 당신 회사의 영업 방침은 무엇입니까?

你们公司的生意经是什么?
nǐ men gōng sī de shēng yì jīng shì shén me
니먼 꿍쓰더 썽이찡 스 션머

* 生意经(shēngyìjīng) : 영업방침, 장사의 방법

A : 지난 번 그 일은 결과가 어떻게 됐습니까?

上次那件事，结果怎么样了?
shàng cì nà jiàn shì   jié guǒ zěn me yàng le
샹츠 나 지엔 스   지에궈 쩐머양러

B : 그 문제는 아직 해결이 되지 않았어요.

那个问题还没解决。
nà ge wèn tí hái méi jiě jué
나거 원티 하이메이 지에쮀

일상

급여에 관하여 말할 때

■ 수입은 어때요?

收入怎么样?
shōu rù zěn me yàng
쇼우루 쩐머양

■ 연봉이 얼마나 됩니까?

年薪多少?
nián xīn duō shǎo
니엔씬 뚸샤오

■ 당신의 연봉은 얼마입니까?

你的年薪是多少?
nǐ de nián xīn shì duō shǎo
니더 니엔씬 스 뚸샤오

A : 당신의 한 달 월급은 얼마입니까?

你一个月薪水是多少?
nǐ yí ge yuè xīn shuǐ shì duō shǎo
니 이거 위에 신쉐이 스 뚸샤오

B : 내 월급은 한 달에 850원 입니다.

我的薪水是一个月八百五块钱。
wǒ de xīn shuǐ shì yí ge yuè bā bǎi wǔ kuàiqián
워더 씬쉐이 스이거스위에 빠바이 우 콰이치엔

＊薪水(xīnshuǐ) : 월급

■ 내 임금은 1천원 정도예요.

我的工资一个月一千左右。
wǒ de gōng zi yí ge yuè yì qiān zuǒ yòu
워더 꽁쯔 이거위에 이치엔 쭤요우

＊左右(zuǒyòu) : 정도

■ 내 월급은 너무 적어요.
我的新水太低了。
wǒ de xīn shuǐ tài dī le
워더 씬쉐이 타이 띠러

■ 내 월급은 아주 적어요.
我的薪水底很多了。
wǒ de xīn shuǐ dǐ hěn duō le
워더 씬쉐이 띠 헌 뚸러

■ 내 월급은 많아요.
我的薪水很高。
wǒ de xīn shuǐ hěn gāo
워더 씬쉐이 헌 까오

■ 오늘은 월급날입니다.
今天发工资。
jīn tiān fā gōng zī
찐티엔 파 꽁쯔

■ 나는 고정급은 많지 않지만, 잔업수당이 비교적 많아요.
我固定工资不多，但加班工资比较多。
wǒ gù dìng gōng zī bù duō　dàn jiā bān gōng zī bǐ jiào duō
워 꾸띵 꽁쯔 뿌뚸　딴 쟈빤꽁쯔 비쟈오 뚸

■ 실질임금은 그리 많지 않아요.
实际工资不太多。
shí jì gōng zī bú tài duō
스지꽁쯔 부타이 뚸

■ 평균임금으로는 그런 대로 생활합니다.
拿平均工资，过得还可以。
ná píng jūn gōng zī　guò de hái kě yǐ
나 핑쥔꽁쯔　꿔더 하이커이

회사에서

일상

사무실에서

A : 어느 부서에서 근무하세요?
你在哪个部门工作?
nǐ zài nǎ ge bù méngōng zuò
니 짜이 나거 뿌먼 꿍쭤

B : 저는 경리부에서 일합니다.
我在营业部工作。
wǒ zài yíng yè bù gōng zuò
워 짜이 잉예뿌 꿍쭤

■ 출근 카드 찍었어요?
你打出勤卡了吗?
nǐ dǎ chū qín kǎ le ma
니 따 츄친카러마

■ 데이터가 다 없어졌어요.
资料都没有了。
zī liào dōu méi yǒu le
쯔랴오 또우 메이요러

■ 그 문서 이름이 뭐죠?
那个文件名称是什么?
nà ge wén jiàn míngchēng shì shén me
나거 원지엔 밍청 스 션머

■ 어느 폴더에 보관해 뒀어요?
你存在哪个文件夹里的?
nǐ cún zài nǎ ge wén jiàn jiā lǐ de
니 춘 짜이 나거 원지엔쟈 리더

■ 내 컴퓨터가 바이러스에 걸렸어요.
我的电脑染上了病毒。
wǒ de diàn nǎo rǎn shàng le bìng dú
워더 띠엔나우 란샹러 삥두

A : 팩스를 보냈나요?
你发传真了没有？
nǐ fā chuánzhēn le méi yǒu
니 파 촨쩐러 메이요

B : 아직 팩스를 보내지 않았어요.
我还没发传真。
wǒ hái méi fā chuánzhēn
워 하이메이 파 촨쩐

A : 그럼 제가 곧바로 팩스를 보낼게요.
那我马上就发传真。
nà wǒ mǎ shàng jiù fā chuánzhēn
나 워 마샹지우 파 촨쩐

* 马上(mǎshàng) : 곧, 즉시

■ 여기에서 팩스를 보낼 수 있나요?
在这儿能不能发传真？
zài zhè r néng bu néng fā chuánzhēn
짜이 쩔 넝부넝 파 촨쩐

* 传真(chuánzhēn) : 팩스 / 发传真(fāchuánzhēn) : 팩스를 보내다

■ 가능해요, 팩스는 컴퓨터 옆에 있어요.
可能，传真在电脑旁边。
kě néng chuánzhēn zài diàn nǎo páng biān
커넝 촨쩐 짜이 띠엔나오 팡비엔

A : 팩스 받았어요?
你受到传真没有？
nǐ shòu dào chuánzhēn méi yǒu
니 쇼우따오 촨쩐 메이요

B : 아직 못 받았어요.
我还没受到。
wǒ hái méi shòu dào
워 하이메이 쇼우따오

회사에서

389

일상

■ 몇 페이지가 모자라요?

少几页?
shǎo jǐ yè
샤오 지예

* 页(yè) : 페이지

■ 얼마나 부족하지요?

缺了多少?
quē le duō shǎo
췌러 뚸샤오

■ 이 글자는 너무 작아서 잘 보이지 않아요.

这个字太小，我看不清楚。
zhè ge zì tài xiǎo　　wǒ kàn bu qīng chu
쩌거쯔 타이샤오　　워 칸부칭추

* 看得清楚 : 뚜렷이 보이다　↔　看不清楚 : 뚜렷하게 잘 보이지 않다
　kàn de qīng chǔ　　　　　　　　　　kàn bù qīng chǔ

■ 당신은 글씨를 너무 엉망으로 써서, 알아볼 수가 없어요.

你字写得太乱，我看不懂。
nǐ zì xiě de tài luàn　　wǒ kàn bu dǒng
니 쯔씨에더 타이 롼　　워 칸부똥

■ 제가 사장님께 이메일을 보냈어요.

我给总经理发伊妹儿。
wǒ gěi zǒng jīng lǐ fā yī mèi r
워 게이 쫑찡리 파 이메얼

■ 사장님께서 돌아오시거든 얘기합시다.

等到总经理回来再说吧。
děng dào zǒng jīng lǐ huí lái zài shuō ba
덩 따오 쫑징리 훼이라이 짜이 쉬바

等(děng) A 再(zài) B 吧(ba) : A 하거든 B 하자

■ 저를 찾으셨다는데, 무슨 일이 있어요?

听说你找过我，有什么事啊?
tīng shuō nǐ zhǎo guò wǒ　　yǒu shén me shì a
팅쉬 니 자오꿔 워　　요우 션머 스아

A : 복사 좀 해 줄 수 있어요?
你能帮我复印一下吗?
nǐ néngbāng wǒ fù yìn yí xià ma
니 넝 빵워 푸인 이샤마

B : 그러지요.
好吧。
hǎo ba
하오바

■ 오늘 저녁은 급한 일이 있으니, 나중에 다시 이야기합시다.
今晚我有急事，以后再谈吧。
jīn wǎn wǒ yǒu jí shì yǐ hòu zài tán ba
찐완 워 요우 지스   이허우 짜이 탄바

■ 만약 내가 사무실에 없으면, 핸드폰으로 연락하세요.
如果我不在办公室，打我的手机吧。
rú guǒ wǒ bú zài bàn gōng shì dǎ wǒ de shǒu jī ba
루궈 워 부짜이 빤꿍쓰   따 워더 쇼우지바

A : 이 복사기가 왜 움직이지 않지요?
这个复印机怎么不动?
zhè ge fù yìn jī zěn me bú dòng
쩌거 푸인지 쩐머 부똥

B : 그 복사기는 고장났어요.
那个复印机毛病了。
nà ge fù yìn jī máobìng le
네이거 푸인지 마오삥러

■ 사무실에 아직 사람이 있어요?
办公室里还有人吗?
bàn gōng shì lǐ hái yǒu rén ma
빤꿍스리 하이 요우 런마

391

일상

■ 오후 몇 시에 회의를 하시지요?
你们下午几点开会？
nǐ men xià wǔ jǐ diǎn kāi huì
니먼 샤우 지디엔 카이후이

A : 출장비는 얼마나 필요하세요?
你需要多少出差费？
nǐ xū yào duō shǎo chū chāi fèi
니 쉬야오 뚸샤오 츄차이페이

B : 아마 만원 정도면 될겁니다.
大概一万左右就可以。
dà gài yī wàn zuǒ yòu jiù kě yǐ
따까이 이완 쭤요우 지우 커이

신입사원 환영

■ 우리 회사에 입사하신 것을 환영합니다.
欢迎您进我们公司。
huānyíng nín jìn wǒ men gōng sī
환잉 닌 찐 워먼 꽁쓰

■ 당신을 열렬히 환영합니다.
我们热烈欢迎您。
wǒ men rè liè huānyíng nín
워먼 러리에 환잉

■ 우리 부서에 오신 것을 환영합니다.
欢迎你来我们部门。
huānyíng nǐ lái wǒ men bù mén
환잉 니 라이 워먼 뿌먼

■ 당신과 함께 일하게 돼서 기쁩니다.

我们很高兴和您一起工作。
wǒ men hěn gāo xing hé nín yì qǐ gōng zuò
워먼 헌 까오싱 허닌 이치 꿍쭤

■ 이렇게 환영해 주셔서 감사합니다.

这么欢迎我, 我很感谢!
zhè me huānyíng wǒ   wǒ hěn gǎn xiè
쩌머 환잉워   워 헌 깐씨에

■ 앞으로 많이 가르쳐 주십시오.

以后, 请您多多指教。
yǐ hòu   qǐng nín duō duo zhǐ jiào
이허우   칭닌 뚸둬 즈쟈오

■ 우리도 당신과 함께 일하게 되어 기쁩니다.

我们也很高兴跟你一起工作。
wǒ men yě hěn gāo xing gēn nǐ yì qǐ gōng zuò
워먼예 헌 까오싱 껀니 이치 꿍쭤

저는 신입사원 김현희라고 합니다.

我是新来的, 叫金贤姬。
wǒ shì xīn lái de   jiào jīn xián jī
워 스 씬 라이더   쟈오 찐 씨엔지

여러분의 열렬한 환영을 받고 감동했어요.

受到你们的热烈欢迎, 我很感动了。
shòu dào nǐ men de rè liè huānyíng   wǒ hěn gǎn dòng le
쇼우따오 니먼더 러리에 환잉   워 헌 깐똥러

여러분과 함께 일하게 되어 대단히 기쁩니다.

我和你们一起工作, 高兴极了。
wǒ hé nǐ men yì qǐ gōng zuò   gāo xing jí le
워 허 니먼 이치 꿍쭤   까오싱 지러

이후로 여러분의 많은 지도 부탁드립니다.

以后请你们多多指教。
yǐ hòu qǐng nǐ men duō duo zhǐ jiào
이허우 칭 니먼 뚸둬 즈쟈오

회사에서

일상

결제와 지불에 대하여

■ 지불기일은 12월 3일입니다.
付款日期是十二月三号。
fù kuǎn rì qī shì shí èr yuè sān hào
푸콴르치 스 스얼위에 싼하오

＊付款日期 : 지불기일, 지급기일

■ 곧 지불하겠습니다.
我们马上就付款。
wǒ men mǎ shàng jiù fù kuǎn
워먼 마샹 지우 푸콴

A : 어떤 결제방식을 원하십니까?
你们要哪个付款方式?
nǐ men yào nǎ ge fù kuǎn fāng shì
니먼 야오 나거 푸콴 팡스

B : 우리는 현금거래를 요구합니다.
我们要求现金交易。
wǒ men yāo qiú xiàn jīn jiāo yì
워먼 야오치우 씨엔찐 쟈오이

＊要는 4성이지만 '요구하다'의 뜻으로 쓰일 때는 1성으로 읽는다.

A : 분할지불도 가능합니까?
分期付款也可以吗?
fēn qī fù kuǎn yě kě yǐ ma
펀치푸콴예 커이마

B : 안돼요, 우리는 즉시지불 방식을 원합니다.
不可以, 我们要即付方式。
bù kě yǐ   wǒ men yào jí fù fāng shì
뿌커이   워먼 야오 지푸팡스

지불연체는 절대 안됩니다.
迟付绝对不可以。
chí fù jué duì bù kě yǐ
츠푸 쮀뚜이 뿌커이

A : 그 요구는 너무 지나칩니다.
那个要求太过分了。
nà ge yāo qiū tài guò fēn le
나거 야오치우 타이 꿔펀러

394

■ 좋아요, 우리는 당신들의 요구조건에 응하겠습니다.

好，我们答应你们的要求条件。
hǎo　　wǒ men dá yīng nǐ men de yāo qiù tiáo jiàn
하오　　워먼 따잉 니먼더 야오치우 탸오지엔

＊要는 '원하다, 중요하다'의 뜻일 때는 4성, '요구하다'의 뜻일 때는 1성이다.

■ 이 물건들은 우리가 주문했던 물품이 아닙니다.

这些东西不是我们所订购的货品。
zhè xie dōng xi bú shì wǒ men suǒ dìng gòu de huò pǐn
쩌씨에 똥시 부스 워먼 띵꺼우더 훠핀

■ 당신들은 반드시 기한에 맞춰야 해요.

你们必须赶上期限。
nǐ men bì xū gǎn shàng qī xiàn
니먼 삐쉬 깐샹 치씨엔

■ 그렇지 않으면 우리는 손해배상을 요구할 것입니다.

要不然，我们会要求损失赔偿。
yào bu rán　　wǒ men huì yào qiú sǔn shī péi cháng
야오부란　　워먼 후이 야오치우 순스 페이챵

■ 그 회사는 지급불능 상태래요.

听说那个公司无力支付状态。
tīng shuō nà ge gōng sī wú lì zhī fù zhuàng tài
팅쉬 나거 꿍쓰 우리즈푸 쫭타이

■ 설마 이게 밑지는 장사는 아니겠지?

难道这是赔钱的生意不成?
nán dào zhè shì péi qián de shēng yì bù chéng
난따오 쩌스 페이치엔더 셩이 뿌쳥

일상

거래처와 협상할 때

- 자, 우리 호혜평등의 원칙아래 협상을 진행합시다.

  来，我们在平等互惠原则下进行协商吧。
  lái   wǒ men zài píngděng hù huì yuán zé xià jìn xíng xié shāng ba
  라이   워먼 짜이 핑떵후후이 위엔저사 찐싱 시에상바

  *在(zài) ~下(xià) : ~아래에서

- 우리는 당신들과 합작하기를 희망합니다.

  我们希望和你们合作。
  wǒ men xī wàng hé nǐ men hé zuò
  워먼 씨왕 허 니먼 허쭤

- 우리 이 문제에 대해 토론해 봅시다.

  我们对这个问题讨论讨论吧。
  wǒ men duì zhè ge wèn tí tǎo lùn tǎo lùn ba
  워먼 뚜이 쩌거원티 타오룬 타오룬바

- 중국의 경제는 갈수록 발전해요.

  中国的经济越来越发展。
  zhōng guó de jīng jì yuè lái yuè fā zhǎn
  쯍궈더 찡지 위에라이 위에 파잔

- 중국의 경제발전도 갈수록 빨라지고 있어요.

  中国的经济发展也越来越快。
  zhōng guó de jīng jì fā zhǎn yě yuè lái yuè kuài
  쯍궈더 찡지 파잔에 위에라이 위에콰이

- 그래서 우리는 협력회사가 필요합니다.

  所以我们需要协力公司。
  suǒ yǐ wǒ men xū yào xié lì gōng si
  쉬이 워먼 쉬야오 씨에리 꽁쓰

- 이 공장의 생산 상황은 어떻지요?

  这个工厂的生产情况怎么样?
  zhè ge gōngchǎng de shēngchǎn qíng kuàng zěn me yàng
  쩌거 꽁창더 성찬칭쾅 쩐머양

■ 이 공장의 생산량은 얼마나 됩니까?

这个工厂的生产量多少?
zhè ge gōngchǎng de shēngchǎnliáng duō shǎo
쪄거 꿍창더 성찬량 뚸샤오

■ 생산품의 품질은 좋습니까?

生产的质量好吗?
shēngchǎn de zhì liáng hǎo ma
성찬더 즈량 하오마

* 중국어에서는 우리말에 해당하는 '품질'을 质量(zhìliáng)이라 표현한다.

■ 당신 회사의 재정상황은 어떻습니까?

你们公司的财政状况怎么样?
nǐ mengōng sī de cái zhèngzhuàngkuàng zěn me yàng
니먼 꿍쓰더 차이쩡 쫭쾅 쩐머양

■ 차관은 있습니까?

你们有没有贷款?
nǐ men yǒu méi yǒu dài kuǎn
니먼 요메이요 따이콴

A : 듣기로는 당신들 최근에 사업이 잘 안 된다던데, 사실입니까?

听说你们最近生意不太好, 是真的吗?
tīng shuō nǐ men zuì jìn shēng yì bù tài hǎo shì zhēn de ma
팅숴 니먼 쭈이찐 셩이 부타이 하오 스 쩐더마

B : 그건 헛소문일 뿐입니다.

那只是谣言。
nà zhī shì yáo yán
나 즈스 야오옌

B : 작년 우리 회사의 매출액은 대략 3억 위안 정도였습니다.

去年我们公司的销售额大概是三亿元左右。
qù nián wǒ mengōng sī de xiāoshòu e dà gài shì sān yì yuán zuǒ yòu
취니엔 워먼 꿍쓰더 샤오쇼우어 따까이스 싼이위엔 쭤요우

* 销售额 : 매출액

일상

■ 우리 회사의 본사는 북경에 있어요.
我们公司的总部在北京。
wǒ mengōng sī de zǒng bù zài běi jīng
워먼 꽁쓰더 쭝뿌 짜이 베이징

■ 우리측도 귀사에 대해 자세히 알고 싶습니다.
我方也想了解贵公司。
wǒ fāng yě xiǎng liǎo jiě guì gōng sī
워팡예 샹 랴오지에 꾸이 꽁쓰

■ 당신네 판매직원은 얼마나 되지요?
你们的销售人员有多少?
nǐ men de xiāoshòu rén yuán yǒu duō shǎo
니먼더 샤오쇼우 런위엔 요우 뚸샤오

■ 우선 이 공장의 제품을 소개하겠습니다.
首先，我来介绍这工厂的产品。
shǒuxiān wǒ lái jiè shào zhè gōngchǎng de chǎn pǐn
쏘우씨엔 워라이 지에사오 쩌 꿍창더 찬핀

＊首先：우선, 먼저

A : 당신네는 주로 무엇을 생산합니까?
你们主要生产什么?
nǐ men zhǔ yào shēngchǎnshén me
니먼 주야오 셩찬 션머

B : 우리는 주로 일용품을 생산합니다.
我们主要生产日用品。
wǒ men zhǔ yào shēngchǎn rì yòng pǐn
워먼 주야오 셩찬 르용핀

■ 우리 솔직히 말합시다.
我们实话实说吧。
wǒ men shí huà shí shuō ba
워먼 스화 스숴바

＊实话实说：사실대로 말하다, 진실을 말하다

A : 당신의 의견은 어떻습니까?
你的意见怎么样？
nǐ de yì jiàn zěn me yàng
니더 이지엔마

B : 저는 원칙을 견지하고 싶습니다.
我想坚持原则。
wǒ xiǎng jiān chí yuán zé
워 샹 지엔츠 위엔저

■ 하지만, 저는 그렇게 생각하지 않습니다.
但是，我不那么想。
dàn shì   wǒ bú nà me xiǎng
딴스   워 뿌 나머샹

* 但是(dànshì) : 그러나. 강한 역접
역접의 강도가 강한 순서 : 但是(dànshì) > 可是(kěshì) > 不过(bùguò)

■ 요점은 바로 이 부분입니다.
要点就是这个部分。
yào diǎn jiù shì zhè ge bù fēn
야오디엔 지우스 쩌거 뿌펀

■ 곧바로 핵심으로 들어갑시다.
我们直接进入核心吧。
wǒ men zhí jiē jìn rù hé xīn ba
워먼 즈지에 찐루 허씬

A : 이 생각이 어떤 것 같습니까?
你们觉得这个主意怎么样？
nǐ men jué de zhè ge zhǔ yì zěn me yàng
니먼 쥐더 쩌거 쥬이 쩐머양

B : 일리가 있는 것 같습니다.
我觉得很有道理。
wǒ jué de hěn yǒu dào lǐ
워쥐더 헌 요우따오리

일상

- 원칙적인 문제에서는 우리도 찬성입니다.

  原则问题，我们也赞成。
  yuán zé wèn tí   wǒ men yě zàn chéng
  위엔저샹 윈티   워먼예 짠청

  *原则问题 : 원칙적인 문제

- 하지만 우린 그 부분을 절대 양보하지 않을 겁니다.

  但是我们决不会让步那个部分。
  dàn shì wǒ men jué bù huì ràng bù nà ge bù fēn
  딴스 워먼 줴 부후이 랑뿌 나거뿌펀

- 물론 그렇게도 생각할 수 있겠지요.

  当然也可能那么想。
  dāng rán yě kě néng nà me xiǎng
  땅란 예 커넝 나머 샹

- 이 사업이 성공하기만 하면, 모든 일이 다 잘 될겁니다.

  只要成功这个事业，万事都就会顺利。
  zhǐ yào chénggōng zhè ge shì yè   wàn shì dōu jiù huì shùn lì
  즈야오 청꿍 쩌거 스예   완스 또우 지우 후이 슌리

- 당신의 의견을 좀 말씀해 주십시오

  请说一下您的意见。
  qǐng shuō yí xià nín de yì jiàn
  칭 쉬이샤 닌더 이지엔

- 난 찬성할 수 없어요.

  我不能赞成。
  wǒ bù néng zàn chéng
  워 뿌넝 짠청

- 그건 절대 안 되는 겁니다.

  那是绝对不可能的。
  nà shì jué duì bù kě néng de
  나 스 줴두이 뿌커넝더

■ 다시 간략히 좀 설명해주실 수 있으세요?
你能再简要说明一下吗?
nǐ néng zài jiǎn yào shuōmíng yí xià ma
니넝 짜이 지엔야오 쉬밍이사마

■ 우리의 원칙은, 뒷거래는 절대 안 된다는 것입니다.
我们的原则是绝对不可以走后门。
wǒ men de yuán zé shì jué duì bù kě yǐ zǒu hòu mén
워먼더 위엔저 스 쒜뚜이 뿌커이 조우허우먼

  * 走后门(zǒuhòumén) : 뒷거래를 하다, 뒷구멍으로 손을 쓰다

■ 중국에서 장사를 한다는 것이 참 어렵네요.
在中国做生意，很不容易的。
zài zhōng guó zuò shēng yì　hěn bù róng yì de
짜이 쭝궈 쭤셩이　헌 뿌롱이더

■ 우리 양측의 의견 차이가 너무 크군요.
我们两方意见差得多。
wǒ men liǎngfāng yì jiàn chà de duō
워먼 량팡 이지엔 차비에 타이 따러

  * 差得多(chàdéduō) 크게 다르다, 차이가 많다
    ↔ 差不多(chābuduō) 큰 차이가 없다, 별 차이가 없다

■ 나는 내 임무를 반드시 완수해야 합니다.
我应该完成我的任务。
wǒ yīng gāi wánchéng wǒ de rèn wù
워 잉 가이 완청 워더 런우

■ 품질을 보증할 수 있습니까?
你们能担保质量吗?
nǐ men néng dān bǎo zhì liáng ma
니먼 넝 딴빠오 즈량마

■ 그건 부차적인 문제입니다.
那是次要的问题。
nà shì cì yào de wèn tí
나스 츠야오더 원티

회사에서

일상

■ 그건 조금 곤란합니다.
那是有点儿困难的。
nà shì yǒu diǎn r kùn nán de
나스 요우디알 쿤난더

■ 틀림없습니다.
没错。
méi cuò
메이춰

■ 좋아요, 우리 이렇게 결정합시다.
好，我们就这么决定吧。
hǎo wǒ men jiù zhè me jué dìng ba
하오 워먼 지우 쩌머 쥐에띵바

■ 자, 여기에 서명·날인하십시오.
来，请你们在这里签名·盖章吧。
lái qǐng nǐ men zài zhè lǐ qiānmíng gài zhāng ba
라이 칭 니먼 짜이 쩌리 치엔밍· 까이장바

■ 여러분의 협조와 배려에 대단히 감사 드립니다.
我们非常感谢你们的协助和照顾。
wǒ men fēi cháng gǎn xiè nǐ men de xié zhù hé zhào gù
워먼 페이창 깐씨에 니먼더 씨에쮸 허 쟈오꾸

■ 회의 결과는 어떻게 됐습니까?
会议结果怎么样了？
huì yì jié guǒ zěn me yàng le
훼이이 지에궈 쩐머양러

■ 이번 회의는 대단히 성공적이었습니다.
这次会议非常成功了。
zhè cì huì yì fēi cháng chéng gōng le
쩌츠 훼이이 페이창 청꿍러

무역 관련용어

出口(chūkǒu)	츄커우	수출
进口(jìnkǒu)	찐커우	수입
买主(mǎizhǔ)	마이쥬	바이어
买户(mǎihù)	마이후	바이어
*买方(mǎifāng)	마이팡	바이어
卖主(màizhǔ)	마이쥬	판매자
买户(mǎihù)	마이후	판매자
*卖方(màifāng)	마이팡	판매자

*바이어와 판매자는 발음은 같지만 성조가 다르다.

总公司(zǒnggōngsī)	쫑꿍쓰	본사
分公司(fēngōngsī)	펀꿍쓰	지사
分店(fēndiàn)	펀디엔	지점
销售额(xiāoshòué)	샤오쇼우어	매출액
财政(cáizhèng)	차이쩡	재정
品管(pǐnguǎn)	핀관	품질관리
车间(chējiān)	처지엔	생산라인
设备投资(shèbèitóuzī)	셔뻬이 토우쯔	설비투자
洽谈(qiàtán)	챠탄	상담
样品(yàngpǐn)	양핀	견본
说明书(shuōmíngshū)	쉬밍수	설명서
合同(hétóng)	허통	계약
签合同(qiānhétóng)	치엔 허통	계약을 체결하다

회사에서

403

일상

合同书(hétóngshū)	허둥수	계약서
信用狀(xìnyòngzhuàng)	씬융쫭	신용장
付款(fùkuǎn)	푸콴	지불하다
技术(jìshù)	지수	기술
兑换率(duìhuànlǜ)	뚜이환뤼	환율
订单(dìngdān)	띵딴	주문서
海关(hǎiguān)	하이꽌	세관
付款日期(fùkuǎnrìqī)	푸콴르치	지불기일
付款方式(fùkuǎnfāngshì)	푸콴팡스	지불방식
付款条件(fùkuǎntiáojiàn)	푸콴 탸오지엔	지불조건
索赔(suǒpéi)	쒀페이	클레임
货仓(huòcāng)	훠창	선창, 화물창고
火场(huǒchǎng)	훠챵	(역 따위의) 화물하치장
货底子(huòdǐzi)	훠띠즈	재고품
货房(huòfáng)	훠팡	화물을 쌓아두는 곳, 창고
货价(huòjià)	훠쟈	상품가격
货箱(huòxiāng)	훠샹	컨테이너
货样(huòyàng)	훠양	상품견본, 샘플
货运(huòyùn)	훠윈	화물운송
货单(huòdān)	훠딴	① 하물송장, 인보이스(invoice), ② 적하목록 ③ 품목표, 상품 리스트
货单付款(huòdānfùkuǎn)	훠따오푸콴	화물상환불, 대금상환인도(C.O.D.)

Unit 14
세탁소

洗衣作 : 세탁소 (=洗衣房, 洗染店)
xǐ yī zuò   xǐ yī fáng   xǐ rǎn diàn
洗衣服的 : 세탁을 직업으로 하는 사람
xǐ yī fú de

■ 이 양복 한 벌을 드라이 클리닝해 주세요.

请把这一套西装干洗。
qǐng bǎ zhè yí tào xī zhuāng gān xǐ
칭바 쩌이타오 씨쫭 깐씨

* 一套(yítào) : 한 벌   干洗(gānxǐ) : 드라이 클리닝

■ 세탁비는 얼마지요?

洗衣费是多少?
xǐ yī fèi shì duō shǎo
씨이페이 스 뛰사오

A : 이 옷들을 세탁하려는데요.

我要洗这些衣服。
wǒ yào xǐ zhè xiē yī fu
워 야오 씨 쩌씨에 이푸

B : 그러시지요, 모레 찾아가십시오.

好的，您后天来取吧。
hǎo de   nín hòu tiān lái qǔ ba
하오더   닌 허우티엔 라이취바

■ 언제 찾을 수 있지요?

我什么时候能取?
wǒ shén me shí hòu néng qǔ
워 션머스허우 넝 취

405

일상

■ 이 바지를 좀 다려주세요.

请把这条裤子熨一下。
qǐng bǎ zhè tiáo kù zǐ yùn yí xià
칭 바 쩌 탸오 쿠즈 윈이쌰

* 裤子(kùzǐ) : 바지

■ 이 오버코트를 좀 수선할 수 있어요?

能不能改改这件大衣?
néng bu néng gǎi gai zhè jiàn dà yī
넝부넝 까이까이 쩌지엔 따이

* 大衣(dàyī) : 오버코트

■ 이 스커트를 좀 길게 하고 싶은데요.

我想这件群子长一点，可以吗?
wǒ xiǎng zhè jiàn qún zǐ cháng yì diǎn   kě yǐ ma
워 샹 쩌 지엔 췬즈 창 이디엔   커이마

■ 이 옷은 너무 끼는데, 좀 늘릴 수 있을까요?

这件衣服太紧了，能不能改大点儿?
zhè jiàn yī fu tài jǐn le   néng bu néng gǎi dà diǎn r
쩌지엔 이푸 타이 찐러, 넝부넝 까이따 디알

■ 이 옷은 보기엔 좋지만, 세탁하기엔 번거로워요.

这件衣服看起来不错，可是洗的时候就麻烦了。
zhè jiàn yī fu kàn qǐ lái bú cuò   kě shì xǐ de shí hòu jiù má fan le
쩌 지엔 이푸 칸치라이 부춰   커스 씨더스허우 지우 마판러

■ 이 천은 세탁을 해도 줄지 않겠지요?

这块布洗也不会抽吧?
zhè kuài bù xǐ yě bú huì chōu ba
쩌콰이 뿌 씨예 부후이 쵸우바

■ 오늘 저녁에 와서 가져갈 수 있나요?

我今晚来去，可以吗?
wǒ jīn wǎn lái qù   kě yǐ ma
워 찐완 라이취   커이마

PART 6

여행에 관한 표현

입국

환전

공항 · 비행기 안에서

숙박

길묻기

여행

Unit 01
입국

■ 당신은 어느 나라 사람입니까?

你是哪国人?
nǐ shì nǎ guó rén
니 스 나궈런

 의문문의 5가지 형태

(1) A是 B吗? : A는 B입니까?

你是学生吗? 당신은 학생입니까?
nǐ shì xué shēng ma

(2) A是不是 B? : A는 B입니까?

你是不是学生? 당신은 학생입니까?
nǐ shì bù shì xué shēng

(3) A是 B不是? : A는 B입니까?

你是学生不是? 당신은 학생입니까?
nǐ shì xué shēng bù shì

(4) A是 의문사? : A는 무엇(누구)입니까?

这是什么? 이것은 무엇입니까?
zhè shì shén me

他是谁? 그는 누구입니까?
tā shì shéi

(5) 是A 还是B? : A입니까 아니면 B입니까?

你是学生还是老师? 당신은 학생입니까, 아니면 선생님입니까?
nǐ shì xué shēng hái shì lǎo shī

입국

■ 나는 한국인입니다.
我是韩国人。
wǒ shì hán guó rén
워 스 한궈런

* A 是(shì) B : A는 B이다 / A 也是(yěshì) B : A도 B이다

■ 이번이 중국에 몇 번째 온 겁니까?
这是你第几次来中国的?
zhè shì nǐ dì jǐ cì lái zhōng guó de
쩌스 니 띠 지츠 라이 쭝궈더

■ 처음 온 거예요.
我是第一次来的。
wǒ shì dì yí cì lái de
워 스 띠 이츠 라이더

* 是(shì) ~的(de) 구문 : 이미 이루어진 동작과 관련된 시간·장소·방법·목적 등을 강조한다. 강조하고자 하는 시간·장소·방법·목적 등을 是 ~的사이에 두는데 是는 생략이 가능하다.

■ 여권과 입국카드를 보여 주십시오.
请出示护照和入境卡。
qǐng chū shì hù zhào hé rù jìng kǎ
칭 츄스 후쟈오 허 루징카

■ 중국에 온 목적은 무엇입니까?
你来中国的目的是什么?
nǐ lái zhōng guó de mù dì shì shén me
니 라이 쭝궈더 무디 스 션머

A : 장사하러 온 건가요, 아니면 여행인가요?
你来做生意, 还是旅行?
nǐ lái zuò shēng yì　hái shì lǚ xíng
니 라이 쭤 셩이　하이스 라이 뤼씽

B : 관광 온 거예요.
我是观光来的。
wǒ shì guānguāng lái de
워 스 꽌광 라이더

409

여행

■ 어디에 묵을 계획이십니까?
您打算住在哪里？
nín dǎ suàn zhù zài nǎ lǐ
닌 따쏸 쮸짜이 나리

A : 어느 호텔에 묵을 계획이세요?
你打算住哪个饭店？
nǐ dǎ suàn zhù nǎ ge fàn diàn
니 따쏸 쮸 나거 판디엔

B : 북경호텔에 묵을 계획입니다.
我打算住在北京饭店。
wǒ dǎ suàn zhù zài běi jīng fàn diàn
워 따쏸 쮸짜이 베이징 판디엔

A : 며칠이나 머무를 계획입니까?
你打算住几天？
nǐ dǎ suàn zhù jǐ tiān
니 따쏸 쮸 지티엔

B : 일주일 정도요.
一个星期左右。
yī ge xīng qī zuǒ yòu
이거 씽치 쭤요우

■ 신분증을 좀 보여 주십시오.
请你给我看看身份证。
qǐng nǐ gěi wǒ kàn kan shēn fèn zhèng
칭니 게이워 칸칸 션펀쩡

■ 여권을 보여 주십시오.
请你给我看护照。
qǐng nǐ gěi wǒ kàn hù zhào
칭니 게이워 칸 후자오

■ 증명서를 좀 보여 주십시오.
请你给我看看证明书。
qǐng nǐ gěi wǒ kàn kan zhèngmíng shū
칭니 게이워 칸칸 쩡밍수

■ 신고할 물건이 있어요?
你有没有申报的东西?
nǐ yǒu méi yǒu shēn bào de dōng xi
니 요메이요 션빠오더 똥시

A : 특별히 신고할 것은 없습니까?
您没有特别申报的吗?
nín méi yǒu tè bié shēn bào de ma
닌 메이요 터비에 션빠오더마

B : 없어요.
没有。
méi yǒu
메이요우

입국

휴대품 검사

■ 이 가방 안에 있는 것이 무엇입니까?
这个包里是什么?
zhè ge bāo lǐ shì shén me
쩌거 빠오리 스 션머

■ 이 안에 뭐가 있지요?
这里面有什么?
zhè lǐ miàn yǒu shén me
쩌 리미엔 요우 션머

411

여행

■ 서류 가방을 열어주십시오.
请打开公文包。
qǐng dǎ kāi gōng wén baō
칭 따카이 꽁원빠오

A : 이것들은 뭐죠?
这些是什么？
zhè xiē shì shén me
쪄시에 스 션머

B : 모두 일용품입니다.
这些都是日用品。
zhè xiē dōu shì rì yòng pǐn
쪄씨에 또우스 르용핀

■ 언제 북경을 떠날 예정이지요?
你打算什么时候离开北京？
nǐ dǎ suàn shén me shí hòu lí kāi běi jīng
니 따쏸 션머스허우 리카이 베이징

■ 언제 출발하시지요?
你们什么时候出发？
nǐ men shén me shí hòu chū fā
니먼 션머스허우 츄파

■ 중국에 오신 걸 환영합니다.
欢迎你来中国。
huānyíng nǐ lái zhōng guó
환잉 니 라이 쭝궈

■ (여행길) 잘 다녀오세요.
一路平安！
yí lù píng ān
이 루 핑안

■ 짐(수하물)은 어디에서 찾아요?

在哪儿取行李?
zài nǎ r qǔ xíng li
짜이 날 취 씽리

＊行李(xíngli) : 짐

■ 제 짐을 찾을 수가 없어요.

我找不着我的行李。
wǒ zhǎo bu zháo wǒ de xíng li
워자오부자오 워더 씽리

■ 아뿔싸! 제 여행용 가방이 없어졌어요.

糟糕! 我的手提箱不见了。
zāo gāo   wǒ de shǒu tí xiāng bú jiàn le
짜오까오   워더 쇼우티샹 부지엔러

＊手提箱 : 여행용 가방(suitcase)

■ 수화물 보관증을 좀 보여 주세요.

出示一下货物保管证。
chū shì yí xià huò wù bǎo guǎn zhèng
츄스 이싸 훠우 빠오관쩡

입국

413

여행

Unit 02
환전

■ 인민폐를 바꾸려고 하는데요.

我要换人民币。
wǒ yào huàn rén mín bì
워 야오 환 런민삐

* 人民币(rénmínbì) : 인민폐

■ 여기서 환전할 수 있나요?

在这儿能不能兑换?
zài zhè r néng bu néng duì huàn
쩔 넝부넝 뚜이환?

* 兑换(duìhuàn) : 환전하다

A : 여기서 환전할 수 있습니까?

请问，在这儿能不能兑换?
qǐng wèn zài zhè r néng bu néng duì huàn
칭원   짜이 쩔 넝부넝 뚜이환

B : 할 수 있어요. 환전을 얼마나 하려고요?

可以，你要换多少钱?
kě yǐ nǐ yào huàn duō shǎoqián
커이   니 야오 환 뛰샤오 치엔

■ 여기서 가장 가까운 환전소가 어디 있습니까?

请问，离这儿最近的换钱所在哪儿?
qǐng wèn   lí zhè r zuì jìn de huànqián suǒ zài nǎ r
칭원   리쩔 쭈이 찐더 환치엔쉬 짜이 날

414

환전

■ 은행은 몇 시에 문을 닫습니까?

请问，银行几点关门?
qǐng wèn　yín háng jǐ diǎnguānmén
칭원　　　인항 지디엔 꽌먼

■ 어디서 인민폐를 바꾸지요?

在哪儿换人民币?
zài nǎ　r huàn rén mín bì
짜이 날 환 런민삐

■ 얼마나 바꾸시게요?

您想换多少钱?
nín xiǎnghuàn duō shǎoqián
닌 샹 환 뚸샤오치엔

A : 한국화폐를 좀 바꾸려고 하는데요.

我想换一些韩币。
wǒ xiǎnghuàn yī xiē hán bì
워샹 환 이씨에 한삐

B : 얼마나 바꾸시게요?

您要换多少?
nín yào huàn duō shǎo
닌 야오 환 뚸샤오

A : 한화 5만원 정도요.

韩币五万左右。
hán bì　wǔ wàn zuǒ yòu
한삐 우완 쭤요우

■ 환전하려고 하는데요.

我要兑换。
wǒ yào duì huàn
워 야오 뚜이환

■ 한화를 인민폐로 바꾸려고 하는데요.

我要把韩币换成人民币。
wǒ yào bǎ hán bì huànchéng rén mín bì
워 야오 바 한삐 환청 런민삐

여행

■ 환전을 하고 싶은데요.

我想兑换。
wǒ xiǎng duì huàn
워상 뚜이환

■ 여행자 수표로 바꾸실 건가요, 아니면 현금으로 바꾸실 건가요?

您用旅行支票换，还是用现钞换？
nín yòng lǚ xíng zhī piàohuàn   hái shì yòngxiànchāohuàn
닌 융 뤼씽 즈파오 환   하이스 융 씨엔차오 환

 * 现钞 : 현금
   现金 : (현금으로 바꿀 수 있는 수표를 포함한) 현금

■ 여행자 수표로 바꾸려고요.

我要用旅行支票换。
wǒ yào yòng lǚ xíng zhī piàohuàn
워아오 융 뤼씽즈파오 환

■ 여행자수표는 중국은행에서만 환전할 수 있어요.

旅行支票只能到中国银行进行兑换。
lǚ xíng zhī piào zhǐ néng dào zhōng guó yín háng jìn xíng duì huàn
뤼씽즈파오 즈넝 따오 쭝궈인항 찐싱 뚜이환

■ 돈을 인민폐로 바꾸고 싶어요.

我想把钱换成人民币。
wǒ xiǎng bǎ qiánhuànchéng rén mín bì
워상 바 치엔 환청 런민삐

■ 한국돈과 인민폐는 1대 몇이지요?

韩币和人民币呢，一比多少?
hán bì hé rén mín bì ne   yī bǐ duō shǎo
한삐 허 런민삐 너   이비 뚸사오

■ 인민폐 100원이면 한화 얼마나 되지요?

人民币一百块合韩币多少?
rén mín bì yì bǎi kuài hé hán bì duō shǎo
런민삐 이바이콰이 허 한삐 뚸사오

 * 合 : 상당하다, 해당하다, 맞먹다

환전

■ 이 한화를 인민폐로 바꿔주십시오.

请把这个韩币换成人民币，好吗?
qǐng bǎ zhè ge hán bì huànchéng rén mín bì　　hǎo ma
칭바 쪄거 한삐 환청 런민삐　　　　　　　　하오마

A : 잔돈으로 바꾸시게요?

您要换零钱吗?
nín yào huàn líng qián ma
닌 야오 환 링치엔마

B : 예, 잔돈으로 바꾸려고요.

对，我要换零钱。
duì　　wǒ yào huàn líng qián
뚜이　　워 야오 환 링치엔

A : 잠시 기다리세요, 좀 찾아보고요.

等一下，让我找找看。
děng yi xià　　ràng wǒ zhǎozhao kàn
떵이샤　　　　랑워 자오자오 칸

자, 세어 보세요.

来，数一数。
lái　　shù yi shù
라이　　수 이 수

■ 10달러는 인민폐 얼마로 바꿀 수 있지요?

美元十块能兑换人民币多少?
měi yuán shí kuài néng duì huàn rén mín bì duō shǎo
메이위엔 스콰이 넝 뚜이환 런민삐 뚸사오

■ 환전수수료는 얼마이지요?

兑换手续费是多少?
duì huàn shǒu xù fèi shì duō shǎo
뚜이환 쇼우쉬페이 스 뚸샤오

여행

A : 이것 위폐 같은데요.

这个好像是假币。
zhè ge hǎo xiàng shì jiǎ bì
쩌거 하오샹 스 쟈삐

B : 그럴리가요.

不会吧。
bu huì ba
부후이바

A : 이건 암시장에서 환전한 것이지요?

这个你在黑市兑换的吧?
zhè ge nǐ zài hēi shì duì huàn de ba
쩌거 니 짜이 헤이스 뚜이환더바

B : 어떻게 알았어요?

怎么知道的?
zěn me zhī dào de
쩐머즈다오더

A : 진폐는 우측 하단 모서리에 점자가 있어요.

真钱右下角有盲文。
zhēn qián yòu xià jiǎo yǒu máng wén
쩐치엔 요우샤쟈오 요우 망원

Unit 03
공항 · 비행기 안에서

공항에서

■ 여권 좀 보여 주십시오.

您给我看看护照。
nín gěi wǒ kàn kan hù zhào
닌게이워 칸칸 후자오

请把您的护照给我看看。
qǐng bǎ nín de hù zhào gěi wǒ kàn kan
칭 바 닌더 후자오 게이워 칸칸

■ 이렇게 해야만 들어가실 수 있습니다.

您只有这样做才能进去。
nín zhǐ yǒu zhè yàng zuò cái néng jìn qù
닌 즈요우 쩌양 쭤 차이넝 찐취

＊只有 : ~해야만

■ 여권과 비행기표를 제시하십시오.

请出示您的护照和机票。
qǐng chū shì nín de hù zhào hé jī piào
칭츄스 닌더 후자오 허 지퍄오

■ 비행기표 좀 확인해 주십시오.

请您确认一下飞机票。
qǐng nín què rèn yí xià fēi jī piào
칭 닌 췌런 이쌰 페이지 퍄오

■ 당신은 비행기 탑승수속을 하셔야 합니다.

您应该办登机手续。
nín yīng gāi bàn dēng jī shǒu xù
니 잉까이 빤 떵지 쇼우쉬

여행

A : 탁송할 짐은 이것 하나뿐인가요?

你要托云的行李只有一个吗?
nǐ yào tuō yún de xíng lǐ zhǐ yǒu yí ge ma
니 야오 퉈윈더 씽리 즈요우 이거마

B : 예.

是的。
shì de
스더

■ 이 짐이 (무게를) 초과하는지 좀 봐주세요.

你看看这个行李超不超过。
nǐ kàn kan zhè ge xíng lǐ chāo bu chāo guò
니 칸칸 쩌거 씽리 차오부 차오꿔

■ 제가 좀 달아 드릴게요.

我给你称一称。
wǒ gěi nǐ chēng yi chēng
워 게이 니 청이청

■ (무게가) 초과됐어요.

超过了。
chāo guò le
차오꿔러

A : 탑승일자를 변경하려고 하는데요.

我要变更登机日期。
wǒ yào biàngēng dēng jī rì qī
워 야오 삐엔겅 떵지르치

B : 어느 날짜로 바꿔드릴까요?

您要换成哪一天的?
nín yào huànchéng nǎ yī tiān de
닌 야오 환청 나이티엔더

A : 12월 25일로 바꿔주세요.

我要换成十二月二十五号的。
wǒ yào huànchéng shí èr yuè èr shí wǔ hào de
워 야오 환청 스얼위에 얼스우 하오더

420

■ 2시간 전에 비행장에 와서 탑승수속을 하십시오.

请您两个小时之前到机场办登机手续。
qǐng nín liǎng ge xiǎo shí zhī qián dào jī chǎng bàn dēng jī shǒu xù
칭닌 량거 샤오스 즈치엔 따오 지창 빤 떵지 쇼우쉬

A : 7번 출구로 3시 10분 이전까지 가시면 됩니다.

请三点十分之前到七号出口, 就行。
qǐng sān diǎn shí fēn zhī qián dào qī hào chū kǒu   jiù xíng
칭 싼디엔 스펀 즈치엔 따오 치하오 츄커우   지우씽

B : 알겠어요, 감사합니다.

我知道了, 谢谢。
wǒ zhī dào le   xiè xie
워 즈다오러   씨에시에

■ (기내에서) 제 자리는 어디인가요?

我的座位在哪里?
wǒ de zuò wèi zài nǎ lǐ
워더 쭤웨이 짜이 나리

■ 3번 탑승구는 어디 있어요?

三号登机口在哪儿?
sān hào dēng jī kǒu zài nǎ r
싼하오 떵지커우 짜이날

기내에서

■ 여러분, 필요하신 것이 있으면 버튼을 누르십시오.

客位有什么需要的, 请按铃。
kè wèi yǒu shén me xū yào de   qǐng àn líng
커웨이 요우 선머 쉬야오더   칭 안링

■ 담요 한 장 필요해요.

我要一张毯子。
wǒ yào yī zhāng tǎn zǐ
워 야오 이짱 탄즈.

공항・비행기 안에서

여행

- 비행기는 몇 시에 이륙합니까?

    飞机几点起飞？
    fēi jī jǐ diǎn qǐ fēi
    페이지 지디엔 치 페이

- 몇 시에 도착하죠?

    几点到达？
    jǐ diǎn dào dá
    지디엔 따오다

- 기내에서는 금연입니다.

    机内禁止吸烟。
    jī nèi jìn zhǐ xī yān
    지네이 찐즈 씨옌

- 스튜어디스, 나는 비행기 멀미로 괴로워요.

    女乘务员，我晕机很难受。
    nǚ chéng wù yuán   wǒ yūn jī hěn nán shòu
    뉘쳥우위엔   워 윈지 헌난소우

- 스튜어디스, 맥주 있어요?

    女乘务员，有没有啤酒？
    nǚ chéng wù yuán   yǒu méi yǒu pí jiǔ
    뉘쳥우위엔   요메이요 피지우

    * 대만, 홍콩 등에서는 스튜어디스를 空中小姐(kōngzhōngxiǎojiě) 또는 空姐(kōngjiě)라고 부르기도 한다.

- 잡지 한 권 갖다 주시겠어요?

    来一本杂志，好吗？
    lái yì běn zá zhì   hǎo ma
    라이 이번 자쯔   하오마

- 한국어 신문 있어요?

    有没有韩文报？
    yǒu méi yǒu hán wén bào
    요메이요 한원빠오

■ 출구는 어디죠?

出口在哪儿？
chū kǒu zài nǎ r
츄커우 짜이 날

■ 입국 카드를 나눠 드리겠습니다.

我给你们分一下入境卡。
wǒ gěi nǐ men fēn yí xià rù jìng kǎ
워 게이 니먼 펀이사 루찡카

* 入境卡片 : 입국카드

■ 이것은 입국 카드인데, 비행기 안에서 기입하십시오.

这是入境卡，请在飞机上填写。
zhè shì rù jìng kǎ　qǐng zài fēi jī shàng tián xiě
쩌 스 루찡카　　　칭짜이 페이지샹 티엔씨에

■ 어떻게 작성하는지 좀 도와주세요.

怎么填写，帮帮我，好吗？
zěn me tián xiě　bāngbang wǒ　hǎo ma
쩐머 티엔씨에　빵빵워　　하오마

■ 여기에 이렇게 기입하시면 됩니다.

请在这里，这样填写就行。
qǐng zài zhè lǐ　zhè yàng tián xiě jiù xíng
칭 짜이 쩌리　　쩌양 티엔씨에 지우씽

■ 제가 적은 여권 번호가 맞는지 확인 좀 해 주십시오.

请您确认一下，我写的护照号码对不对。
qǐng nín què rèn yí xià　wǒ xiě de hù zhào hào mǎ duì bu duì
칭닌 췌런이샤　　　　워 씨에더 후자오 하오마 뚜이부뚜이

공항 · 비행기 안에서

숙박

호텔숙박

■ 어서 오십시오, 예약 하셨습니까?

欢迎光临，预订了吗?
huānyíng guāng lín　yù dìng le ma
환잉 광린　　　위띵러마

A : 예약하셨나요?

预订了没有?
yù dìng le méi yǒu
위띵러 메이요

B : 안했어요.

没有。
méi yǒu
메이요우

■ 빈 방 있습니까?

请问，有没有空房间?
qǐng wèn　yǒu méi yǒu kōng fáng jiān
칭원　　요메이요 콩 팡지엔

■ 1인실을 원하세요, 2인실을 원하세요?

你要单人房，还是双人房?
nǐ yào dān rén fáng　hái shì shuāng rén fáng
니 야오 딴런팡　　하이스 쐉런팡

숙박

■ 하루 묵는 데 얼마죠?

住一天多少钱？
zhù yī tiān duō shǎoqián
쮸 이티엔 뚸샤오 치엔

■ 하루 묵는 데 60원입니다.

住一天，六十块。
zhù yī tiān　　liù shí kuài
쮸 이티엔　　리우스콰이

A : 며칠 묵으실 겁니까?

您要住几天？
nín yào zhù jǐ tiān
닌 야오 쮸 지티엔

B : 이틀 묵으려구요.

我要住两天。
wǒ yào zhù liǎng tiān
워 야오 쮸 량티엔

■ 아침 식사가 포함된 가격인가요?

价格包括早餐的吗？
jià gé bāo guā zǎo cān de ma
자거 빠오쿼 자오찬더마

■ 아침식사 포함해서 하루에 100원 이예요.

一天一百块，包括早餐。
yī tiān yì bǎi kuài　　bāo guā zǎo cān
이티엔 이바이콰이　　빠오쿼 자오찬

■ 봉사료가 포함된 겁니까?

包括服务费的吗？
bāo guā fú wù fèi de ma
빠오쿼 푸우페이더마

여행

■ 이 호텔은 특별히 전화로 주문하는 객실식사 배달 서비스가 있어요.

这个饭店特别有电话送餐服务。
zhè ge fàn diàn tè bié yǒu diàn huà sòng cān fú wù
쩌거 판디엔 터비에 요우 띠엔화 쏭찬 푸우

■ 죄송하지만, 방이 모두 찼습니다.

很抱歉，房间客满了。
hěn bào qiàn fáng jiān kè mǎn le
헌 빠오치엔 팡지엔 커만러

■ 죄송하지만, 지금은 빈방이 없습니다.

很抱歉，现在没有空房间。
hěn bào qiàn xiàn zài méi yǒu kōng fáng jiān
헌 빠오치엔 씨엔짜이 메이요 콩 팡지엔

■ 오후 1시가 돼야 방에 들어갈 수 있어요.

等到下午一点，才能进去房间。
děng dào xià wǔ yì diǎn cái néng jìn qù fáng jiān
덩따오 샤우 이디엔 차이 넝 찐취 팡지엔

■ 조용한 방을 내어 드리겠습니다.

我给您很安静的房间。
wǒ gěi nín hěn ān jìng de fáng jiān
워 게이닌 헌 안징더 팡지엔

A : 어떤 방을 원하세요?

你们要哪种房间?
nǐ men yào nǎ zhǒng fáng jiān
니먼 야오 나죵 팡지엔

B : 우린 2인실을 원해요.

我们要双人房。
wǒ men yào shuāng rén fáng
워먼 야오 쑹런팡

■ 제 짐을 좀 가지고 내려와 주시겠어요?

请你把我的行李拿下来，好吗?
qǐng nǐ bǎ wǒ de xíng li ná xià lái　hǎo ma
칭니 바 워더 씽리 나샤라이　하오마

■ 짐을 제 방으로 가져다 주십시오.

请帮我把行李拿到我的房间。
qǐng bāng wǒ bǎ xíng li ná dào wǒ de fáng jiān
칭 빵워 바 씽리 나따오 워더 팡지엔

　＊拿(ná)：들다 (한 손으로 가볍게 들 수 있는 것에 대한 표현)
　　搬(bān)：옮기다 (힘을 들여서 옮기는 것에 대한 표현)

■ 장거리 전화는 어떻게 겁니까?

请问，长途电话怎么打?
qǐng wèn　　cháng tú diàn huà zěn me dǎ
칭원　　창투 띠엔화 쩐머 따

■ 저는 국제전화를 걸려고 하는데요.

我要打国际电话。
wǒ yào dǎ guó jì diàn huà
워 아오 따 궈지 띠엔화

■ 국제전화를 걸 수 있나요?

能不能打国际电话?
néng bu néng dǎ guó jì diàn huà
넝부넝 따 궈지 띠엔화

■ 컬렉트콜(수신자 부담)로 해 주세요

我要对方附款。
wǒ yào duì fāng fù kuǎn
워 아오 뚜이팡 푸콴

■ 커피숍은 어디에 있어요?

咖啡厅在哪儿?
kā fēi tīng zài nǎ　r
카페이팅 짜이 날

숙박

여행

■ 커피숍은 2층에 있습니다.

咖啡厅在二楼。
kā fēi tīng zài èr lóu
카페이팅 짜이 얼로우

A : 무슨 문제라도 있어요?

你有什么问题吗?
nǐ yǒu shén me wèn tí ma
니 요우 션머 원티마

B : 열쇠를 잃어버렸어요.

我丢了钥匙。
wǒ diū le yào shi
워 띠우러 야오스

■ 손님이 계신 곳으로 커피를 갖다 드릴까요?

要不要我把咖啡拿到您那儿去?
yào bù yào wǒ bǎ kā fēi ná dào nín nà r qù
야오부야오 워바 카페이 나따오 닌 날취

■ 그럴 필요 없어요, 제가 직접 커피숍으로 가서 마실게요.

不用，我直接去咖啡厅喝。
bú yòng   wǒ zhí jiē qù kā fēi tīng hē
부융   워 즈지에 취 카페이팅 허

■ 서비스센터가 어디입니까?

请问，服务台在哪儿?
qǐng wèn   fú wù tái zài nǎ r
칭원   푸우타이 짜이 날

■ 708호실 방 열쇠를 주세요.

给我七零八号的钥匙，好吗?
gěi wǒ qī líng bā hào de yào shi   hǎo ma
게이워 치링빠 하오더 야오스   하오마

* 钥匙(yàoshi) : 열쇠

428

■ 체크아웃하고 싶은데요.

我想退房。
wǒ xiǎng tuì fáng
워샹 투이팡

장기 체류시 숙박

길을 지나다 보면 건물에 **出租**(chūzū)라고 써 붙인 것이 있는데, 이것은 '세 놓습니다'라는 뜻이다.

■ 당분간 이 곳에서 머물 생각이에요.

我想在这里住一段时间。
wǒ xiǎng zài zhè lǐ zhù yí duàn shí jiān
워샹 짜이쩌리 쮸 이똰 스지엔

■ 그 집은 아직 세가 나가지 않았어요.

那个房子还没租出去。
nà ge fáng zi hái méi zū chū qù
나거 팡즈 하이메이 쭈 츄취

■ 집세가 얼마지요?

房租多少钱?
fáng zū duō shǎoqián
팡쭈 뛰샤오 치엔

■ 집세는 어떻게 계산하나요?

房租怎么算?
fáng zū zěn me suàn
팡쭈 쩐머 쐈

■ 한 달에 600원이에요.

一个月六百块。
yí ge yuè liù bǎi kuài
이거 위에 리우바이콰이

숙박

여행

A : 방은 다 구하셨어요?

房间找好了没有?
fáng jiān zhǎo hǎo le méi yǒu
팡지엔 쟈오 하오러마

B : 아직 결정을 못했어요. 당신과 의논 좀 하려고요.

还没决定。我想和你商量一下。
hái méi jué dìng   wǒ xiǎng hé nǐ shāngliáng yí xià
하이메이 줴띵   워샹 허니 샹량 이샤

■ 집이 좋기는 한데 집세가 너무 비싸요.

房子好是好，不过房租太贵了。
fáng zǐ hǎo shi hǎo   bú guò fáng zū tài guì le
팡즈 하오스하오   부꿔 팡쭈 타이 꾸이러

■ 그럼 이렇게 합시다, 한 달에 550원, 좋지요?

那，就这么办吧，一个月五百五，好吧?
nà   jiù zhè me bàn ba   yī ge yuè wǔ bǎi wǔ   hǎo ba
나   지우 쩌머 빤바   이거위에 우바이우   하오바

■ 정말 예쁜 집이네요.

这真是个漂亮的房子。
zhè zhēn shì ge piàoliàng de fáng zi
쩌 쩐스거 퍄오량더 팡즈

＊房子(fángzi 팡즈) 집 ｜ 屋子(wūzi 우즈) 방 ｜ 房间(fángjiān 팡지엔) 방

■ 이런 방은 찾기가 힘들어요.

这样的房间好不容易找。
zhè yàng de fáng jiān hǎo bù róng yì zhǎo
쩌양더 팡지엔 하우 뿌 롱이 쟈오

■ 이 방은 그다지 크지 않네요.

这房间不太大。
zhè fáng jiān bù tài dà
쩌 팡지엔 부타이 따

■ 저는 이것보다 좀 큰방을 원해요.

我要比这个大一点的房间。
wǒ yào bǐ zhè ge dà yī diǎn de fáng jiān
워 야오 비 쩌거 따 이디엔더 팡지엔

■ 이 집은 좀 작지만 편안해요.

这间房子小点儿，不过很舒服。
zhè jiān fáng zi xiǎodiǎn r　　bú guò hěn shū fú
쩌 지엔 팡즈 사오디얄　　부꿔 헌 수푸

＊就是(jiùshì) : 가벼운 역접

■ 이방은 왜 이리 어둡죠?

这个房间怎么这么黑暗?
zhè ge fáng jiān zěn me zhè me hēi àn
쩌거 팡지엔 쩐머쩌머 헤이안

숙박

여행

Unit 05
길묻기

장소, 건물의 위치를 물을 때

A : 말씀좀 묻겠습니다, 북경대학은 어디에 있습니까?

请问，北京大学在哪儿?
qǐng wèn běi jīng dà xué zài nǎ r
칭원, 베이징따쉐 짜이날

B : 곧장 걸어가면 바로 있어요.

一直走，就到了。
yì zhí zǒu jiù dào le
이즈 조우 지우 따오러

* 请问(qǐngwèn) : 잠깐 여쭙겠습니다, 말 좀 물어봅시다.

■ 버스 정류장은 어디 있습니까?

请问，公共汽车站在哪儿?
qǐng wèn gōnggòng qì chē zhàn zài nǎ r
칭원 꿍꿍치처 짠 짜이날

■ 바로 저기 있어요.

就在那儿。
jiù zài nà r
지우 짜이 날

■ 저도 마침 정거장에 가려는데, 가는 길에 바래다 드릴게요.

我也正要到火车站去，顺路送你去吧。
wǒ yě zhèng yào dào huǒ chē zhàn qù shùn lù sòng nǐ qù ba
워예 쩡이야오 따오 훠쳐짠취 슌루 쏭니 취바

* 顺路 : 가는 길에

길묻기

A : 시청은 어디 있습니까?

请问，市政府在哪儿?
qǐng wèn　shì zhèng fǔ zài nǎ　r
칭원　　스쩡푸 짜이날

B : 모퉁이만 돌면 바로 시청이에요.

一拐弯儿就到市政府。
yì guǎi wān　r　jiù dào shì zhèng fǔ
이꽈이 왈 지우 따오 스쩡푸

■ 매표소는 어디 있습니까?

请问，售票处在哪儿?
qǐng wèn　shòu piào chù zài nǎ　r
칭원　　쇼우파오츄 짜이 날

■ 곧장 가면 돼요.

简直走就行。
jiǎn zhí zǒu jiù xíng
지엔즈 쪼우 지우 씽

■ 우체국은 어디에 있습니까?

请问，邮局在哪儿?
qǐng wèn　yóu jú zài nǎ　r
칭원　　요우쥐 짜이 날

■ 여기서 앞으로 쭉 가세요.

从这儿一直往前走吧。
cóng zhè　r　yì zhí wǎng qián zǒu ba
총쩔 이즈 왕치엔 조우바

A : 수고스럽지만, 정류장에 도착하면 바로 제게 알려주시겠어요?

麻烦你，到车站就告诉我，好吗?
má fán nǐ　dào chē zhàn jiù gào su wǒ　hǎo ma
마판니　　따오 쳐짠 지우 까오쑤 워　하오마

B : 그러지요.

好吧。
hǎo ba
하오바

433

여행

■ 수고하십니다, 우체국은 어떻게 갑니까?

劳驾, 打听一下, 邮局怎么去?
láo jià dǎ tīng yí xià yóu jú zěn me qù
라우쟈　따팅이쌰　　　요우쥐 쩐머 취

■ 사거리까지 앞으로 가다가, 왼쪽으로 돌면 바로 있어요.

往前走到十字路口, 往左拐就到了。
wǎng qián zǒu dào shí zì lù kǒu　wǎng zuǒ guǎi jiù dào le
왕치엔 조우 따오 스쯔루커우　　왕 쭤과이 지우 따오러

* 삼거리 : 三叉口(sānchākǒu), 丁字路口(dīngzìlùkǒu)
  사거리 : 十字路口(shízìlùkǒu)

　A : 상점은 어디 있어요?

　　商店在哪儿?
　　shāng diàn zài nǎ r
　　샹디엔 짜이 날

　B : 바로 저 빌딩안에 있어요.

　　就在那个大厦里面。
　　jiù zài nà ge dà xià lǐ miàn
　　지우짜이 나거 따샤 리미엔

■ 지하철역은 어떻게 갑니까?

请问, 地铁站怎么去?
qǐng wèn dì tiě zhàn zěn me qù
칭원　　　띠티에짠 쩐머 취

■ 앞에 있는 횡단보도를 건너가서 오른쪽으로 가세요.

过前面的人行横道, 往右边走吧。
guò qiánmiàn de rén xíng héng dào wǎng yòu biān zǒu ba
꿔 치엔미엔더　　런싱헝따오　　　　왕 요우비엔 쪼우바

* 人行横道 : 횡단보도, 대만에서는 斑马线(bānmǎxiàn)이라고도 한다.

■ 여기서 공항이 멉니까?

请问, 离这儿机场远不远?
qǐng wèn lí zhè r jī chǎng yuǎn bu yuǎn
칭원　　　리쩔 지창 위엔 부 위엔

434

■ 대략 40분 정도 걸려요.

大概需要四十分左右。
dà gài xū yào sì shí fēn zuǒ yòu
따까이 쉬야오 쓰스펀 쭤요우

A : 한국 대사관은 어디 있습니까?

请问，韩国大使馆在哪儿?
qǐng wèn   hán guó dà shǐ guǎn zài nǎ r
칭원   한궈 따스관 짜이 날

B : 앞에 신호등이 있는데, 그 사거리 입구에서 왼쪽으로 도세요.

前面有红绿灯，在那个十字路口往左拐。
qiánmiàn yǒu hóng lǜ dēng   zài nà ge shí zì lù kǒu wǎng zuǒ guǎi
치엔미엔 요우 훙뤼떵   짜이 나거 스쯔루커우 왕쭤과이

A : 그리고 나서요?

然后呢?
rán hòu ne
란허우너

B : 거기 가서 다시 알아보세요.

你去那儿再打听吧。
nǐ qù nà r zài dǎ tīng ba
니 취 날 짜이 따팅바

＊打听(dǎtīng) : 알아보다, 물어보다

■ 공중전화는 어디 있습니까?

请问，公用电话在哪儿?
qǐng wèn   gōngyòngdiàn huà zài nǎ r
칭원   꿍융 띠엔화 짜이 날

■ 저쪽에 있어요.

在那边。
zài nà biān
짜이 나비엔

■ 이 부근에 주유소가 있나요?

这附近有加油站吗?
zhè fù jìn yǒu jiā yóu zhàn ma
쩌 푸진 요우 쟈요우짠마

여행

■ 신호등 앞에서 오른 쪽으로 돌면 바로 거기 있어요.

在红绿灯前面，往右拐就到了。
zài hóng lǜ dēng qián miàn   wǎng yòu guǎi jiù dào le
짜이 홍뤼떵 치엔미엔   왕요우꽈이 지우 따오러

A : 북경박물관이 어디 있는지 아세요?

你知道北京博物馆在哪儿吗?
nǐ zhī dào běi jīng bó wù guǎn zài nǎ r ma
니 즈다오 베이징 보우관 짜이 날마

B : 북경 박물관은 천안문 광장에 있어요.

北京博物馆在天安门广场。
běi jīng bó wù guǎn zài tiān ān mén guǎng chǎng
베이징 보우관 짜이 티엔안먼 꽝챵

■ 백화점은 어디에 있습니까?

请问，百货商店在哪里?
qǐng wèn   bǎi huò shāng diàn zài nǎ lǐ
칭원   바이훠 샹디엔 짜이 나리

■ 이 육교를 건너가서 왼쪽으로 가세요.

过这个天桥，往左边走吧。
guò zhè ge tiān qiáo   wǎng zuǒ biān zǒu ba
꿔 쩌거 티엔차오   왕 쭤비엔 쪼우바

＊天桥(tiānqiáo) : 육교

A : 이 근처에 서점이 있습니까?

请问，这附近有书店吗?
qǐng wèn   zhè fù jìn yǒu shū diàn ma
칭원   쩌 푸진 요우 수디엔마

B : 이 근처에 있는 것 같은데요.

好像有这附近。
hǎo xiàng yǒu zhè fù jìn
하오샹 요우 쩌 푸진

■ 곧장 걸으면, 바로 은행이에요.

一直走，就到银行。
yì zhí zǒu jiù dào yín háng
이즈 쪼우   지우 따오 인항

■ 제가 (길을) 잘못 든 건가요?

是我走错了吗?
shì wǒ zǒu cuò le ma
스 워 쪼우 취러마

A : 병원은 어디 있습니까?

请问，医院在哪儿?
qǐng wèn   yī yuàn zài nǎ er
칭원   이위엔 짜이 날

B : 다시 되돌아 가셔야 해요.

你得再往回走。
nǐ dé zài wǎng huí zǒu
니 데이 짜이 왕훼이 쪼우

■ 시청은 백화점의 비스듬히 맞은 편에 있어요.

市政府在百货公司的斜对面。
shì zhèng fǔ zài bǎi huò gōng sī de xù duì miàn
스쩡푸 짜이 바이훠 꿍쓰더 쉬 뚜이미엔

* 对面(duìmiàn) : 맞은 편
  斜对面(xùduìmiàn) : 비스듬히 맞은 편

A : 이 부근에 공중전화 부스가 있습니까?

请问，这附近有没有电话亭?
qǐng wèn   zhè fù jìn yǒu méi yǒu diàn huà tíng
칭원   쩌 푸진 요메이요 띠엔화팅

B : 맞은 편 10m쯤에 공중 전화 부스가 몇 개 있어요.

对面十多米有几个电话亭。
duì miàn shí duō mǐ yǒu jǐ ge diàn huà tíng
뚜이미엔 스뚸미 요우 지거 띠엔화팅

길묻기

여행

■ 거긴 어떻게 가지요?

去那儿怎么走？
qù nà r zěn me zǒu
취 날 쩐머 조우

■ 나도 당신과 같은 방향이니 같이 갑시다.

我和你同路，一起走吧。
wǒ hé nǐ tóng lù　　yì qǐ zǒu ba
워허니 통루　　이치 쪼우바

A : 이 근처에 야시장이 있나요?

这附近有夜市吗？
zhè fù jìn yǒu yè shì ma
쩌푸찐 요우 예스마

B : 오른 쪽으로 돌면, 바로 먹자골목이 있어요.

往右拐，就有小吃街。
wǎng yòu guǎi　　jiù yǒu xiǎo chī jiē
왕 요우과이　　지우요우 샤오츠지에

A : 감사합니다.

谢谢。
xiè xie
씨에시에

교통편 묻기

■ 박물관에 가려면 어떻게 갑니까?

请问一下，到博物馆怎么去？
qǐng wèn yí xià　　dào bó wù guǎn zěn me qù
칭원 이샤　　따오 보우관 쩐머 취

■ 북경역에 가려면 지하철 몇 호선을 타야지요?

到北京站坐几路地铁？
dào běi jīng zhàn zuò jǐ lù dì tiě
따오 베이징짠 쭤 지루 띠티에

■ 걸어서 갈 수 있습니까?

能不能走着去?
néng bu néng zǒu zhe qù
넝부넝 쪼우져 취

能走着去吗?
néng zǒu zhe qù ma
넝 쪼우져 취마

■ 말 좀 물읍시다, 여기에서 차를 갈아타나요?

打听一下, 在这儿换车吗?
dǎ tīng yí xià   zài zhè r huàn chē ma
따팅 이싸   짜이쩔 환처마

A : 수고스럽지만, 역까지 어떻게 가는지 가르쳐주시겠어요?

麻烦你, 告诉我怎么到车站, 好不好?
má fan nǐ   gào su wǒ zěn me dào chē zhàn   hǎo bu hǎo
마판 니   까오수 워 쩐머 따오 쳐짠   하오부하오

B : 지금 내가 시간이 있으니 당신을 데리고 가 줄게요.

现在我有空, 我带你去, 好吗?
xiàn zài wǒ yǒu kōng   wǒ dài nǐ qù   hǎo ma
씨엔짜이 워 요우콩   워 따이 니 취   하오마

■ 어느 역에서 차를 바꿔 타지요?

在哪个站, 换车?
zài nǎ ge zhàn   huàn chē
짜이 나거짠   환쳐

■ 여기서 차를 갈아타면 돼요.

在这儿换车就行了。
zài zhè r huàn chē jiù xíng le
짜이 쩔 환쳐 지우 씽러

■ 천안문 광장에 가려는데, 이 차를 타면 됩니까?

请问, 我要去天安门广场, 坐这个车就行吗?
qǐng wèn   wǒ yào qù tiān ān mén guǎng chǎng   zuò zhè ge chē jiù xíng ma
칭원   워야오 취 티엔안먼 꽝창   쭤 쩌거 쳐 지우씽마

여행

- 기차를 타시는 게 비교적 안전해요.

  你坐火车比较安全。
  nǐ zuò huǒ chē bǐ jiào ān quán
  니 쭤 훠쳐 비쟈오 안첸

  A : 지하철을 타고 갈 수도 있어요?

  坐地铁去也可以吗?
  zuò dì tiě qù yě kě yǐ ma
  쭤 띠티에 취예 커이마

  B : 그럼요, 지하철을 타는 것이 빠르고도 편리해요.

  可以, 坐地铁又快又方便。
  kě yǐ   zuò dì tiě yòu kuài yòu fāngbiàn
  커이   쭤 띠티에 요우 콰이 요우 팡비엔

- 지도에서 손으로 가리켜 줄게요.

  在地图上我给你用手一指。
  zài dì tú shàng wǒ gěi nǐ yòngshǒu yì zhǐ
  짜이 띠투상 워 게이니 융쇼우 이즈

- 길을 따라 걸으세요.

  你沿着路走吧。
  nǐ yán zhe lù zǒu ba
  니 옌저 루 쩌우바

- 조금만 더 늦으면, 아마 제 시간에 댈 수 없을 거예요.

  再晚一点儿, 恐怕来不及了。
  zài wǎn yì diǎn r   kǒng pà lái bu jí le
  짜이 완 이디알   콩파 라이부지러

교통관련 용어

国道(guódào)	꿔따오	국도
马路(mǎlù)	마루	대로(큰길)
高速公路(gāosùgōnglù)	까오수꽁루	고속도로
十字路口(shízìlùkǒu)	스쯔루커우	사거리
红路灯(hónglùdēng)	홍뤼떵	신호등
上车(shàngchē)	샹쳐	차를 타다
下车(xiàchē)	시아쳐	차에서 내리다
换车(huànchē)	환쳐	차를 갈아타다
停车(tíngchē)	팅쳐	정차하다
往右拐(wǎngyòuguǎi)	왕요우과이	오른쪽으로 돌다
往左怪(wǎngzuǒguǎi)	왕쭤과이	왼쪽으로 돌다
火车(huǒchē)	훠쳐	기차
汽车(qìchē)	치쳐	자동차
地铁(dìtiě)	띠티에	지하철
出租汽车(chūzūqìchē)	츄주치쳐	택시
公共汽车(gōnggòngqìchē)	꽁꿍치쳐	버스
市区车(shìqūchē)	스취쳐	시내버스
郊区车(jiāoqūchē)	쟈오취쳐	시외버스
长途车(chángtúchē)	장투쳐	장거리버스

길물기

直达快车(zhídákuàichē)	즈다오콰이처	직행버스	
游览车(yóulǎnchē)	요우란처	관광버스	
特快车(tèkuàichē)	터콰이처	특급열차	
快车(kuàichē)	콰이처	급행열차	
硬席车(yìngxíchē)	잉시처	일반차(의자가 딱딱함)	
软席车(ruǎnxíchē)	롼시처	고급차(의자가 푹신함)	
卧车(wòchē)	워처	침대차	
餐车(cānchē)	찬처	식당차	
丽密仁汽车(lìmìrénqìchē)	리미런치처	리무진버스	
自行车(zìxíngchē)	쯔씽처	자전거	
站(zhàn)	쨘	역	
近到(jìndào)	찐따오	지름길	
小巷(xiǎoxiàng)	샤오샹	골목길	
平交道(píngjiāodào)	핑자오따오	건널목	
地下道(dìxiàdào)	띠샤따오	지하도	
隧道(suìdào)	수이따오	터널	

 **표지판**

길묻기

- 손대지 마시오 　请勿动手 　　　칭우뚱쇼우
  　　　　　　　　qǐng wù dòngshǒu
- 정숙하시오 　　保持肃静 　　　바오츠 쑤징
  　　　　　　　　bǎo chí sù jìng
- 교통안전주의 　注意交通安全 　쥬이 쟈오통 안췐
  　　　　　　　　zhù yì jiāo tōng ān quán
- 소매치기 주의 　注意扒手 　　　쥬이 파쇼우
  　　　　　　　　zhù yì bā shǒu
- 통행금지 　　　禁止通行 　　　찐즈 통씽
  　　　　　　　　jìn zhǐ tōngxíng
- 미끄럼 조심 　　当心路滑 　　　땅씬 루화
  　　　　　　　　dāng xīn lù huá
- 공사중 　　　　正在施工 　　　쩡짜이 스꽁
  　　　　　　　　zhèng zài shī gōng
- 정차금지 　　　禁止停车 　　　찐즈 팅쳐
  　　　　　　　　jìn zhǐ tíng chē
- 정숙 　　　　　肃静 　　　　　쑤찡
  　　　　　　　　sù jìng
- 접근금지 　　　请勿靠近 　　　칭우 카오찐
  　　　　　　　　qǐng wù kào jìn
- 출입금지 　　　请勿入内 　　　칭우 루네이
  　　　　　　　　qǐng wù rù nèi
- 운반조심 　　　小心搬运 　　　샤오씬 빤윈
  　　　　　　　　xiǎo xīn bān yùn
- 수영금지 　　　禁止游泳 　　　찐즈 요우용
  　　　　　　　　jìn zhǐ yóu yǒng
- 촬영금지 　　　禁止摄影 　　　찐즈 셔잉
  　　　　　　　　jìn zhǐ shè yǐng
- 쓰레기를 함부로 버리지 마시오
  　　　　　　　请勿乱仍果皮 　칭우 롼렁 궈피
  　　　　　　　　qǐng wù luànréng guǒ pí
- 바닥에 침뱉지 마시오 请勿随地吐谈 칭우 쑤이디 투탄
  　　　　　　　　qǐng wù suí dì tǔ tán
- 흡연금지! 　　　禁止吸烟! 　　찐즈 씨옌
  　　　　　　　　jìn zhǐ xī yān
- 페인트칠을 조심하시오. 当心油漆! 땅씬 요우치
  　　　　　　　　dāng xīn yóu qī

여행

관광

■ 천안문은 어때요?

天安门怎么样?
tiān ān mén zěn me yàng
티엔 안 먼 쩐머양

A : 천안문에 가 봤어요?

你去过天安门吗?
nǐ qù guò tiān ān mén ma
니 취궈 티엔 안 먼 마?

B : 가 봤어요.

去过了。
qù guò le
취궈러

■ 천안문은 아주 커요, 최고로 우람해요.

天安门很大很大，雄伟极了。
tiān ān mén hěn dà hěn dà　xióng wěi jí le
티엔안먼 헌따 헌따　슝웨이 지러

■ 먼저 박물관에 가고, 나중에 천안문에 갑시다.

先去博物馆，然后到天安门去吧。
xiān qù bó wù guǎn　rán hòu dào tiān ān mén qù ba
씨엔 취 보우관　란허우 따오 티엔안먼 취바

■ 나는 여행 안내원이 필요해요.

我需要导游。
wǒ xū yào dǎo yóu
워 쉬야오 다오요우

길물기

A : 나는 천안문이 어디 있는지 몰라요.

我不知道天安门在哪儿。
wǒ bù zhī dào tiān ān mén zài nǎ r
워 뿌즈다오 티엔안먼 짜이 날

B : 그럼 내가 데리고 갈까요?

那我带你去，好吗?
nà wǒ dài nǐ qù　　hǎo ma
나 워따이 니 취　　하오마

A : 좋아요, 길 안내하세요.

好，你带路。
hǎo　　nǐ dài lù
하오　　니 따이 루

■ 내일 나는 친구와 함께 이화원에 가요.

明天，我和朋友一起去颐和园。
míng tiān　　wǒ hé péng yǒu yì qǐ qù yí hé yuán
밍티엔　　워 허 펑요우 이치취 이허위엔

■ 나는 계림에 갈 계획이예요.

我打算去桂林。
wǒ dǎ suàn qù guì lín
워 따쏸 취 꾸이린

*打算 ~ : ~할 계획이다

■ 뭘 타고 가지요?

坐什么去啊?
zuò shén me qù　a
쭤 션머 취아

■ 기차를 탈 건가요?

你要坐火车吗?
nǐ yào zuò huǒ chē ma
니 야오 쭤 훠쳐마

445

여행

坐(zuò)와 骑(qí)

坐(zuò) : 다리를 나란히 모으고 앉는 교통수단에 쓰는 표현.
예) 자동차, 기차, 비행기, 배 등

坐车, 坐汽车, 坐飞机, 坐船
zuò chē   zuò qì chē   zuò fēi jī   zuò chuán

骑(qí) : 다리를 벌리고 타는 것에 대한 표현.
예) 자전거, 오토바이, 말 등

骑自行车, 骑摩托车, 骑马
qí zì xíng chē   qí mó tuō chē   qí mǎ

■ 기차표를 살 수 있을까요?

你说,买得到火车票吗?
nǐ shuō mǎi de dào huǒ chē piào ma

니쉬, 마이더따오 휘처 파오마

* 买得到(mǎidedào) 살 수 있다 ↔ 买不到(mǎi(bù)dào) 살 수 없다
你说(nǐshuō)는 말하라는 뜻이 아니라 상대방의 생각을 묻는 어감이다.

■ 살 수 있을 거예요.

我想买得到。
wǒ xiǎng mǎi de dào

워샹 마이더따오

■ 일등석 1장 주세요.

我要一张软席票。
wǒ yào yī zhāng ruǎn xí piào

워 야오 이짱 롼씨파오

■ 침대차 표 2장 주세요.

我要两张卧车票。
wǒ yào liǎng zhāng wò chē piào

워 야오 량짱 워쳐파오

■ 왕복표는 한 장에 얼마지요?

往返票多少钱一张?
wǎng fǎn piào duō shǎoqián yì zhāng
왕판퍄오 뚸샤오치엔 이짱

■ 편도 요금은 한 장에 얼마지요?

单程票多少钱一张?
dān chéng piào duō shǎoqián yì zhāng
딴청퍄오 뚸샤오치엔 이짱

■ (사려는 사람이 너무 많아서) 표를 살 수가 없어.

我买不上车票。
wǒ mǎi bu shàng chē piào
워 마이부상 처퍄오

■ 가장 이른 기차는 몇 시에 출발하나요?

最早的火车, 几点出发?
zuì zǎo de huǒ chē   jǐ diǎn chū fā
쭈이 자오더 훠쳐   지디엔 츄파

■ 기차가 출발하려고 해, 빨리 타자.

火车要开了, 快上车吧。
huǒ chē yào kāi le   kuài shàng chē ba
훠쳐 야오 카이러   콰이 상쳐바

■ 북경에 도착하면, 바로 내게 알려줘.

到达北京, 就马上告诉我吧。
dào dá běi jīng   jiù mǎ shàng gào su wǒ ba
따오다 베이징   지우 마샹 까오수 워바

■ 여기서 상해까지 가려면, 시간이 얼마나 걸리지요?

离这儿到上海去, 需要多长小时?
lí zhè r dào shàng hǎi qù   xū yào duō cháng xiǎo shí
리쩔 따오 샹하이 취   쉬야오 뚸챵 샤오스

길묻기

447

여행

■ 다음날 아침에 상해에 도착해요.

第二天早上到达上海。
dì èr tiān zǎo shang dào dá shàng hǎi
띠얼티엔 자오상 따오다 상하이

■ 식당은 몇 호 차에 있지요?

餐厅在几号车厢?
cān tīng zài jǐ hào chē xiāng
찬팅 짜이 지하오 쳐샹

A : 이번 여행은 누구와 함께 가세요?

这次旅行跟谁一起去?
zhè cì lǚ xíng gēn shéi yì qǐ qù
쩌츠 뤼씽 껀 쉐이 이치 취

B : 친구와 함께 가요.

跟我朋友一起去。
gēn wǒ péng yǒu yì qǐ qù
껀 워 펑요우 이치 취

■ 이 열차는 남경을 경과하나요?

这个火车经过南京吗?
zhè ge huǒ chē jīng guò nán jīng ma
쩌거 훠쳐 찡궈 난징마

A : 어서 오십시오, 어디 가시죠? (택시 안에서)

欢迎欢迎，你去哪儿?
huānyíng huānyíng nǐ qù nǎ r
환잉환잉   니 취날

B : 기사 양반, 만리장성에 갑니다.

司机先生，我去万里长城。
sī jī xiānshēng wǒ qù wàn lǐ chángchéng
쓰지 셴셩   워 취 완리챵쳥

448

길묻기

■ 북경에는 가 볼만한 명승고적이 많다면서요?

听说，北京有许多可看的名胜古迹。
tīng shuō　　běi jīng yǒu xǔ duō kě kàn de míngshèng gǔ　jì
팅숴　　　　　베이징 요우 쉬뚸 커칸더 밍성구지

■ 고궁, 중국역사 박물관, 북경 동물원등 볼만한 곳이 많아요.

故宫，中国历史博物馆，北京动物园等等，
gù gōng　　zhōng guó　lì　shǐ　bó　wù guǎn　　běi jīng dòng wù yuánděngděng
구꿍　　　쭝궈 리 스 보우관　　베이징 똥우위엔 덩덩

有很多可看的。
yǒu hěn duō　kě　kàn　de
요우 헌 뚸 커칸더

■ 경산공원과 북해공원도 볼만하대요.

听说，景山公园和北海公园也是可看的。
tīng shuō　　jǐng shāngōngyuán hé　běi haǐ gōngyuán yě　shì　kě　kàn　de
팅숴　　　　찡산 꿍위엔 허 베이하이 꿍위엔 예스 커칸더

■ 나는 만리장성에 좀 올라가 보고 싶어요.

我想爬上万里长城去看看。
wǒ xiǎng pá shàngwàn　lǐ　chángchéng qù　kàn kan
워 샹 파상 완리 창청 취 칸칸

■ 만리장성의 길이는 6700km래요.

听说万里长城长六千七百公里。
tīng shuōwàn　lǐ　chángchéngcháng liù qiān qī　bǎi gōng　lǐ
팅쉬 완리 창청창 리우치엔 치바이 꿍리

* 公里(gōnglǐ) 킬로미터　|　米(mǐ) 미터
公斤(gōngjīn) 킬로그램　|　克(kè) 그램

■ 그럼 한 마리 용과 같겠네요, 그렇지요?

那好像一条龙似的，对吧?
nà　hǎo xiàng　yī　tiáo lóng sì　de　　　duì ba
나 하오샹 이탸오 롱 쓰더　　　뚜이바

449

여행

A : 지금의 만리장성은 명나라 때 건조된 것이지요?
현在的万里长城是明朝的时候修建的吧？
xiàn zài de wàn lǐ chángchéng shì míngzhāo de shí hòu xiū jiàn de ba
씨엔짜이더 완리창청스 밍차오더 스허우 씨우지엔더바

B : 맞아요. 하지만, 본래 만리장성은 진시황 시절의
건축물이에요, 아쉽게도 지금은 이미 없어졌지요.
对，可是长城本来是秦始皇的时候建筑，
duì kě shì chángchéng běn lái shì qín shǐ huáng de shí hòu jiàn zhù
뚜이 커스 창청 뻔라이스 친스황더 스허우 지엔쮸

依依不舍的，现在已经没有了。
yī yī bù shè de xiàn zài yǐ jīng méi yǒu le
이이 부 셔더   씨엔짜이 이징 메이요러

■ 대략 시간이 얼마나 걸려야 도착할 수 있지요?
大概多长时间能到达?
dà gài duō cháng shí jiān néng dào dá
따까이 뒤창 스지엔 넝 따오다

■ 왕복 몇 시간 걸리죠?
来回需要几个小时?
lái huí xū yào jǐ ge xiǎo shí
라이후이 쉬야오 지거 샤오스

■ 대략 왕복 두시간 정도 걸려요.
大概来回需要两个小时左右。
dà gài lái huí xū yào liǎng ge xiǎo shí zuǒ yòu
따까이 라이후이 쉬야오 량거 샤오스 쭤요우

■ 나는 아직 천단공원에 못 가 봤어요.
我还没去过天坛公园。
wǒ hái méi qù guò tiān tán gōngyuán
워 하이메이 취궈 티엔탄 꿍위엔

■ 여기서 거기까지는 거의 한시간이 걸려요.
从这儿到那儿需要差不多一个小时。
cóng zhè r dào nà r xū yào chà bu duō yí ge xiǎo shí
총쩔 따오 날 쉬아오 차부뚸 이거 샤오스

从 A(시간/공간의 출발점) 到 B(도달점/종점) : A부터 B까지
差不多(chābùduō) : 거의, 대부분, 대차없다

■ 아직 늦지 않았으니, 시간에 대 갈 수 있어요.
时间还早，还来得及。
shí jiān hái zǎo hái lái de jí
스지엔 하이 자오 하이 라이 더 지

■ 여행길 내내 순조롭고, 만사형통 하시기를 바랍니다.
祝你们一路顺风，万事如意!
zhù nǐ men yí lù shùnfēng wàn shì rú yì
쮸 니먼 이루 슌펑 완스 루이

길물기

응급상황

■ 좀 도와주세요.
请你帮帮忙吧。
qǐng nǐ bāngbangmáng ba
칭 니 빵빵망바

■ 길을 잃었어요, 여기가 어디죠?
迷路了，我这儿是什么地方?
mí lù le wǒ zhè r shì shén me dì fāng
미루러 워 쩔스 션머 띠팡?

■ 소매치기야!
有人抢包!
yǒu rén qiǎng bāo
요우런 창빠오

451

■ 야단났네!(아뿔싸!) 지갑을 잃어 버렸어요.

糟糕! 我丢了钱包。
zāo gāo　　wǒ diū le qián bāo
짜오까오　　워 띠우러 치엔빠오

■ 사람 살려~!

救命啊~!
jiù mìng a
지우 밍 아

*救命(jiùmìng) : 원래 4성이나 급박한 상황일 땐 1성으로 소리난다.

■ 빨리 120에 전화해요.

快打120。
kuài dǎ
콰이 따 야오얼링

■ 날치기다!

小偷儿!
xiǎo tōu　r
샤오톨

■ 내놔!

拿出来!
ná chū lái
나츄라이

■ (저놈) 잡아라!

抓住他!
zhuā zhù tā
쫘 주 타

■ 빨리 의사를 불러요.

快叫医生。
kuài jiào yī shēng
콰이 쟈오 이성

길묻기

■ 이 근처에 병원이 있나요?

这附近有没有医院?
zhè fù jìn yǒu méi yǒu yī yuàn
쩌 푸찐 요메이요 이위엔

■ 병원에 데려다 주십시오.

请带我到医院去。
qǐng dài wǒ dào yī yuàn qù
칭따이 워 따오 이위엔

■ 빨리 경찰을 불러!

快叫警察!
kuài jiào jǐng chá
콰이 쟈오 징챠

■ 응급실은 어디죠?

急诊处在哪儿?
jí zhěn chù zài nǎ r
지쩐츄 짜이 날

■ 서라! 꼼짝 마!

站住! 不要动!
zhàn zhù　　bú yào dòng
짠쮸　　부야오 똥

■ 빨리 구급차를 불러 주세요!

快叫救护车!
kuài jiào jiù hù chē
콰이 쟈오 지우후쳐

■ 만지지 말아요!

不要碰!
bú yào pèng
부야오 펑

453

여행

- 큰일났어요!

    出大事了!
    chū dà shì le
    츄 따스러

- 가까이 오지 마!

    别靠近!
    bié kào jìn
    비에 카오찐

    不要靠近!
    bú yào kào jìn
    부야오 카오찐

- 조심해.

    小心!
    xiǎo xīn
    샤오씬

- 위험해!

    危险!
    wēi xiǎn
    웨이씨엔

    * 紧急情况(jǐnjíqíngkuàng) : 응급상황
    抢救(qiǎngjiù), 急救(jíjiù) : 응급구조

PART 7

상황 표현

상황

상황 1

A : 어제저녁에 어디 갔었어요?
昨天晚上你去哪儿了？
zuó tiān wǎnshang nǐ qù nǎ r le
쭤티엔 완샹 니 취 날러

B : 어제저녁에 나는 옷을 사러 상점에 갔었어요.
昨晚，我去商店买了一件衣服。
zuó wǎn　　wǒ qù shāngdiàn mǎi le yī jiàn yī fu
쭤완　　워 취 샹디엔 마이러 이지엔 이푸

* 첫 번째 동사 去의 동작이 두 번째 동사 买보다 먼저 이루어졌다. (상점에 去 했기 때문에 买의 동작이 이루어 질 수 있었음) 이러한 문장(겸어문)에서는 두 번째 동사가 '목적'을 나타낸다. (옷을 사기 위해 상점에 갔다)

작년에 입던 옷이 모두 작아졌거든요.
去年穿的衣服都小了。
qù niánchuān de yī fu dōu xiǎo le
취니엔 촨더 이푸 떠우 샤오러

A : 뭘 샀는데요?
你买什么了？
nǐ mǎi shén me le
니 마이 션머러

B : 청바지를 하나 샀어요.
我买了一件牛仔裤。
wǒ mǎi le yī jiàn niú zǐ kù
워 마이러 이지엔 뉴쯔쿠

청바지는 실용적이라 제가 즐겨 입거든요.
牛仔裤很实用，我喜欢穿。
niú zǐ kù hěn shí yòng　　wǒ xǐ huānchuān
뉴쯔쿠 헌 스융　　워 씨환 촨

* 牛仔裤(niúzǎikù) 청바지
* 实用(shíyòng) : 실용적, 우리처럼 实用的라 하지 않도록 주의해야 한다.
  마찬가지로 比较(bǐjiào)도 比较的(비교적)이라 하지 않는다.

당신이 보기에 어때요?
你看怎么样?
nǐ kàn zěn me yàng
니칸 쩐머양

A : 당신은 뭘 입어도 잘 어울리네요.
你穿什么都很合适。
nǐ chuānshén me dōu hěn hé shì
니 촨 션머 또우 헌 허스

상황

상황 2

A : 어디 가?
你去哪儿?
nǐ qù nǎ r
니 취날

B : 밥 먹으러 식당에 가.
我去食堂吃饭。
wǒ qù shí táng chī fàn
워취 스탕 츠판

A : 지금 몇 시나 됐는데?
现在几点了?
xiàn zài jǐ diǎn le
씨엔짜이 지디엔러

B : 지금 12시 5분전이네.
现在差五分十二点。
xiàn zài chà wǔ fēn shí èr diǎn
씨엔짜이 챠 우펀 스얼디엔

A : 네 시계가 맞아?
你的表准吗?
nǐ de biǎo zhǔn ma
니더 바오 쥰마
* 表(biǎo) : 시계

B : 내 시계는 정확해.
我的表很准。
wǒ de biǎo hěn zhǔn
워더 바오 헌 쥰

A : 그럼, 5분 후에 점심 먹으러 함께 갈래?

那，五分钟以后我们一起去吃午饭，好吗？
nà wǔ fēn zhōng yǐ hòu wǒ men yī qǐ qù chī wǔ fàn hǎo ma
나 우펀즁 이허우 워먼 이치 취 츠 우판 하오마

B : 뭘 먹으려고?

你要吃什么？
nǐ yào chī shén me
니 야오 츠 션머

A : 아직 결정 못 했어, 너는?

还没决定，你呢？
hái méi jué dìng nǐ ne
하이네이 줴띵 니너

B : 난 볶음밥을 먹고 싶어.

我想吃炒饭。
wǒ xiǎng chī chǎo fàn
워샹츠 차오판

A : 그럼 나도 네가 먹는 걸로 먹을게.

那你吃什么，我就吃什么。
nà nǐ chī shén me wǒ jiù chī shén me
나 니 츠 션머 워지우 츠 션머

* A 吃什么(chīshénme), B 吃什么(chīshénme) : A가 먹는 걸로 B도 먹는다

B : 다들 가는데, 우리도 가자.

大家都去，我们也去吧。
dà jiā dōu qù wǒ men yě qù ba
따쟈 또우 취 워먼예 취바

A : 이선생, 밥 먹었어요?

李先生，你吃饭了没有？
lǐ xiānsheng nǐ chī fàn le méi yǒu
리셴셩 니 츠 판러 메이요

李先生，你吃饭了吗？
lǐ xiānshēng nǐ chī fàn le ma
리셴셩 니 츠판러마

상황

459

상황

C : 아직 안 먹었어요, 당신은?

还没吃，你呢？
hái méi chī　　　nǐ ne
하이메이 츠　　　니너

＊呢 : '~는?'의 뜻을 지닌 어기조사

A : 나도 아직 안 먹었는데, 우리 함께 밥 먹으러 갑시다.

我也还没吃，我们一起去吃饭吧。
wǒ yě hái méi chī　　wǒ men yì qǐ qù chī fàn ba
워예 하이메이 츠　　워먼 이치 취 츠 판바

C : 좋아요.

好的。
hǎo de
하오더

B : 李선생, 모두들 당신을 기다리고 있어요.

李先生，大家都在等你呢。
lǐ xiānsheng　　dà jiā dōu zài děng nǐ ne
리셴셩　　　　따자 또우 짜이 떵니너

＊在(zài)는 현재진행을 나타낸다.

A : 빨리 갑시다.

快走吧。
kuài zǒu ba
콰이 쪼우바

상황 3

A : 요즘 중국어 공부하는 것이 어때요?

最近汉语学习怎么样?
zuì jìn hàn yǔ xué xí zěn me yàng

쭈이진 한위 쉐시 쩐머양

B : 들어도 이해를 못하고, 봐도 이해를 못 해요.

听也听不懂，看也看不懂。
tīng yě tīng bu dǒng　　kàn yě kàn bu dǒng

팅예 팅부똥　　　　　칸예 칸부똥

*听得懂 듣고 이해할 수 있다 ↔ 听不懂 듣고 이해할 수 없다
　看得懂 보고 이해할 수 있다 ↔ 看不懂 보고 이해할 수 없다

A : 중국어가 어려워요?

汉语难吗?
hàn yǔ nán ma

한위 난마

B : 어려워요.

很难。
hěn nán

헌 난

A : 힘내요! 파이팅!

加油! 加油!
jiā yóu　　jiā yóu

쟈요우　　쟈요우

상황 4

A : 주말은 어떻게 보내세요?

周末过得怎么样?
zhōu mò guò de zěn me yàng
쪼우모 꿔더 쩐머양

B : 저는 주말마다 가족과 함께 보냅니다.

我每个周末都和家人一起过。
wǒ měi ge zhōu mò dōu hé jiā rén yì qǐ guò
워 메이거 죠우모 또우 허 쟈런 이치궈

매주 일요일에 우리 가족은 함께 등산을 하지요.

每个星期天，我们一家人都一起去爬山。
měi ge xīng qī tiān　　wǒ men yī jiā rén dōu yì qǐ qù pá shān
메이거 씽치티엔　　워먼 이쟈런 또우 이치 파산

당신은 주말마다 뭘 하죠?

每个周末你都做什么?
měi ge zhōu mò nǐ dōu zuò shén me
메이거 쪼우모 니또우 쭤 션머

A : 저는 주말마다 아르바이트를 해요.

每个周末我都打工。
měi ge zhōu mò wǒ dōu dǎ gōng
메이거 쪼우모 워또우 따꿍

B : 어디에서 아르바이트를 하는데요?

你在哪儿打工?
nǐ zài nǎ r dǎ gōng
니 짜이 날 따꿍

A : 도서관에서 아르바이트를 해요.

我在图书馆打工。
wǒ zài tú shū guǎn dǎ gōng
워 짜이 투슈관 따꿍

상황 5

A : 매일 몇 시에 수업이죠?

你每天几点上课?
nǐ měi tiān jǐ diǎn shàng kè
니 메이티엔 지디엔 샹커

B : 매일 오전 9시에 수업해요.

我每天早上九点上课。
wǒ měi tiān zǎo shàng jiǔ diǎn shàng kè
워 메이티엔 자오상 지우디엔 샹커

A : 그럼, 매일 몇 시에 일어나요?

那, 你每天几点起床?
nà　　nǐ měi tiān jǐ diǎn qǐ chuáng
나　　니 메이티엔 지디엔 치촹

B : 매일 아침 8시에 일어나요.

我每天早上八点起床。
wǒ měi tiān zǎo shàng bā diǎn qǐ chuáng
워 메이티엔 자오상 빠디엔 치촹

A : 잠을 자는건요?

睡觉呢?
shuì jué ne
쉐이자오너

B : 매일 저녁 10시에 자요.

我每天晚上十点睡觉。
wǒ měi tiān wǎn shàng shí diǎn shuì jué
워 메이티엔 완샹 스디엔 쉐이쟈오

A : 수업은 몇 시에 끝나요?

你几点下课?
nǐ jǐ diǎn xià kè
니 지디엔 샤커

상황

B : 오후 4시에 수업이 끝나요.
下午四点下课。
xià wǔ sì diǎn xià kè
샤우 쓰디엔 샤커

A : 한 반에 몇 명이지요?
一个班有多少?
yí ge bān yǒu duō shǎo
이거빤 요우 뚸사오

B : 한 반에 모두 5명이에요.
一个班有五个人。
yí ge bān yǒu wǔ ge rén
이거빤 요우 우거런

A : 매일 아침엔 뭘 먹어요?
你每天早上吃什么?
nǐ měi tiān zǎo shàng chī shén me
니 메이티엔 자오상 츠 션머

B : 매일 아침 시간이 없어서 빵과 우유를 먹어요.
每天早上 时间不够，所以吃面包和牛奶。
měi tiān zǎo shàng shí jiān bú gòu   suǒ yǐ chī miàn bāo hé niú nǎi
메이티엔 스지엔 부꺼우   쉬이 츠 미엔빠오 허 뉴나이

A : 나도 마찬가지예요.
我也一样。
wǒ yě yí yàng
워예 이양

당신의 중국어 수준은 날이 갈수록 좋아지네요.
你的汉语水平，一天比一天好。
nǐ de hàn yǔ shuǐ píng   yì tiān bǐ yì tiān hǎo
니더 한위 쉐이핑   이티엔 비 이티엔 하오

B : 고마워요.
谢谢。
xiè xie
씨에시에

상황 6

A : 당신은 박 선생을 아시나요?
你认识朴先生吗?
nǐ rèn shi piáoxiānshēng ma
니 런스 파오셴셩마

B : 그 사람을 알아요.
我认识他。
wǒ rèn shi tā
워 런스타

A : 그는 당신과 어떤 사이죠?
他是你的什么人?
tā shì nǐ de shén me rén
타 스 니더 션머런

B : 그 사람은 나와 막역한 사이에요.
他们是莫逆之交。
tā men shì mò nì zhī jiāo
타먼스 모니즈쟈오

상황 7

A : 내가 다쳤는데, 약 있어?

我受伤了，有没有药?
wǒ shòushāng le yǒu méi yǒu yào
워 쇼우샹러   요메이요 야오

B : 도대체 어떻게 된 일이야?

到底怎么回事儿?
dào dǐ zěn me huí shì r
따오디 쩐머 훼이설

＊到底(dàodǐ) : 도대체

A : 말도 마, (하마터면) 죽을 뻔했어.

别提了，差一点儿死了。
bié tí le   chà yī diǎn r sǐ le
비에 티러   차이디알 쓰러

差一点儿 + (동사) + 了 : 하마터면 (동사) 할 뻔했다

差一点儿死了   하마터면 죽을 뻔했다
chà yī diǎn r sǐ le

差一点儿忘了   하마터면 잊을 뻔했다
chà yī diǎn r wàng le

결과적으로 동사(행위)가 이루어지지 않았음을 나타낸다.

B : 무슨 일인데?

什么事儿?
shén me shì r
션머 설

A : 말하자면 길어.

说来话长。
shuō lái huà cháng
쉬라이 화창

상황 8

A : 이 선생네는 맞벌이가정인가요?

李先生家是双职工家庭吗?
lǐ xiānshēng jiā shì shuāng zhí gōng jiā tíng ma
리셴성쟈 스 쑝즈꿍 쟈팅 마

B : 그런 것 같아요.

好像是。
hǎo xiàng shì
하오샹 스

A : 한국에는 맞벌이 가정이 많은가요?

韩国双职工家庭多吗?
hán guó shuāng zhí gōng jiā tíng duō ma
한궈 쑝즈꿍 쟈팅 뚸마

* 双职工(shuāngzhígōng) : 맞벌이

B : 갈수록 많아져요.

越来越多。
yuè lái yuè duō
위에라이 위에 뚸

A : 퇴근 후에 저녁밥은 누가 하지요?

下班后, 谁做晚饭?
xià bān hòu shéi zuò wǎn fàn
싸빤허우 셰이 쭤 완판

B : 집에 먼저 오는 사람이 하지요.

谁先回家, 谁做。
shéi xiān huí jiā shéi zuò
셰이 씨엔 훼이쟈 셰이 쭤

상황 9

A : 어제 돈을 얼마나 썼어?

昨天你花了多少钱?
zuó tiān nǐ huā le duō shǎoqián
쮜티엔 니 화러 뚸샤오 치엔

B : 200원 (썼어).

两百块。
liǎng bǎi kuài
량바이 콰이

A : 그렇게 많이 썼어?

花了那么多钱?
huā le nà me duō qián
화러 나머 뚸 치엔

B : 나는 부자거든.

我有的是钱。
wǒ yǒu de shì qián
워 요우 더 스 치엔

A : 나는 네가 부러워.

我真羡慕你。
wǒ zhēnxiàn mù nǐ
워 쩐 씨엔무 니

나는 가난해, 돈이 없거든.

我很穷,没有钱。
wǒ hěn qióng méi yǒu qián
워 헌 츙   메이요 치엔

상황 10

A : 당신은 어느 나라 사람인가요?

你是哪国人?
nǐ shì nǎ guó rén
니 스 나궈런

B : 저는 한국인입니다.

我是韩国人。
wǒ shì hán guó rén
워스 한궈런

A : 중국엔 언제 왔어요?

你是什么时候来中国的?
nǐ shì shén me shí hòu lái zhōng guó de
니 스 션머스허우 라이 쯍궈더

B : 아직 반 년이 안됐어요.

还不到半年。
hái bù dào bàn nián
하이 부따오 빤니엔

A : 중국에서는 어떻게 지내세요?

在中国，过得怎么样?
zài zhōng guó　　guò de zěn me yàng
짜이쯍궈　　꿔더 전머양

B : 즐겁게 지냅니다.

过的很愉快.
guò de hěn yú kuài
꿔더 헌위콰이

매일 행복해요.

每天都很快乐。
měi tiān dōu hěn kuài lè
메이티엔 또우 헌 콰이러

상황	
	A : 당신의 중국어 수준은 날이 갈수록 좋아지네요. **你的汉语水平，一天比一天好**。 nǐ de hàn yǔ shuǐpíng　yī tiān bǐ yī tiān hǎo 니더 한위 쉐이핑　이티엔 비 이티엔 하오 B : 고마워요. **谢谢**。 xiè xie 씨에시에

상황 11

A : 당신의 고향은 어디인가요?

你的老家是哪儿?
nǐ de lǎo jiā shì nǎ r
니더 라오쟈 스 날

＊老家(lǎojiā) : 고향

B : 내 고향은 상해예요.

我的老家是上海。
wǒ de lǎo jiā shì shàng hǎi
워더 라오쟈 스 샹하이

A : 당신은 북경에 얼마나 살았지요?

你住在北京多久了?
nǐ zhù zài běi jīng duō jiǔ le
니 쮸짜이 베이징 뚸지우러

B : 내가 북경에 온 지 거의 5년이 되었어요.

我到北京来，差不多五年了。
wǒ dào běi jīng lái   chà bu duō wǔ nián le
워 따오 베이징 라이   차부뚸 우니엔러

A : 당신은 한국에 가 봤어요?

你去过韩国没有?
nǐ qù guò hán guó méi yǒu
니 취궈 한궈 메이요

A : 아직요.

还没有。
hái méi yǒu
하이메이요

상황 12

A : 너 안색이 좋지 않네, 몸이 불편하니?
你脸色不好，身体不舒服吗？
nǐ liǎn sè bù hǎo　　shēn tǐ bù shū fu ma
니 리엔써 뿌하오　　션티 뿌수푸마

B : 나 냉방병에 걸린 것 같아.
我好像得了空调病。
wǒ hǎo xiàng de le kōngdiàobìng
워 하오샹 더 러 콩탸오삥

＊空调病(kōngdiàobìng) : 냉방병

상황 13

A : 너 아프다면서?

听说你病了。
tīng shuō nǐ bìng le
팅쉬 니 삥러

내가 너 주려고 홍삼차를 좀 가져왔어.

我给你带来了一点儿红参茶。
wǒ gěi nǐ dài lái le yì diǎn r hóng shēn chá
워 게이 니 따이라이러 이디알 홍션차

B : 걱정을 끼끼쳤구나, 미안해.

让你担心了，真不好意思。
ràng nǐ dān xīn le   zhēn bù hǎo yì sī
워 랑니 딴씬러   쩐 뿌하오 이쓰

A : 좀 쉬어라.

休息吧。
xiū xī ba
씨우시바

며칠 지나고, 내가 다시 올게.

过几天，我再来。
guò jǐ tiān   wǒ zài lái
꿔 지티엔   워 짜이라이

B : 어떻게 고마워 해야할지 모르겠구나.

不知道怎么感谢你才好。
bù zhī dào zěn me gǎn xiè nǐ cái hǎo
뿌즈다오 쩐머 깐씨에 니 차이 하오

473

상황 14

A : 중국엔 언제 왔어요?
你什么时候来中国的?
nǐ shén me shí hòu lái zhōng guó de
니 션머스허우 라이 쯍궈더

B : 방금 중국에 왔어요.
我是刚刚到中国的。
wǒ shì gānggang dào zhōng guó de
워스 깡강 따오 쯍궈더

이곳이 낯설어서 아는 사람이 아무도 없어요.
我对这里陌生，一个人也不认识。
wǒ duì zhè lǐ mò shēng   yī ge rén yě bú rèn shi
워 뚜이 쩌리 헌 모셩   이거런예 부런스

A : 어디에 사는데요?
你住在哪儿?
nǐ zhù zài nǎ r
니 쮸 짜이 날

B : 난 왕찡푸에 살아요.
我住在王井府。
wǒ zhù zài wáng jǐng fǔ
워 쮸짜이 왕징푸

상황 15

A : 이건 중고품이야.

这个是二手货。
zhè ge shì èr shǒu huò
쪄거 스 얼쇼우훠

* 二手货(èr(shǒuhuò) : 중고품

B : 그래? 정말 못 알아보겠는걸?

是吗? 还真看不出来。
shì ma hái zhēn kàn bu chū lái
스마   하이 쩐 칸부츄라이

난 새것인 줄 알았거든.

我还以为是新的呢。
wǒ hái yǐ wéi shì xīn de ne
워 하이 이웨이 스 씬더너

상황 16

A : 너 들었니?

你听说了吗?
nǐ tīng shuō le ma
니 팅쉬러마

엊저녁에 여기서 큰일날 뻔했대.

听说, 昨晚这里差点儿出大事了。
tīng shuō zuó wǎn zhè lǐ chā diǎn r chū dà shì le
팅쉬   쭤완 쩌리 차디알 츄따설

B : 그래?

是吗?
shì ma
스마

난 못 들었어.

我没听说。
wǒ méi tīng shuō
워 메이 팅쉬

상황 17

A : 오늘 너 왜 지각했어?
今天你为什么迟了?
jīn tiān nǐ wèi shén me chí le
찐티엔 니 웨이션머 츠러

B : 오늘 아침 10시에야 일어났기 때문에 늦었어.
因为今天早上我十点才起床，所以来晚了。
yīn wèi jīn tiān zǎo shang wǒ shí diǎn cái qǐ chuáng suǒ yǐ lái wǎn le
인웨이 찐티엔 자오상 워 스디엔 차이 치촹   쉬이 라이 완러

더욱이 길에 차도 막히고.
而且，路上又堵车。
ér qiě   lù shàng yòu dǔ chē
얼치에   루상 요우 두쳐

A : 나는 네가 출근하지 않는 줄 알았어.
我还以为你不上班了呢。
wǒ hái yǐ wèi nǐ bu shàng bān le ne
워 하이 이웨이 니 뿌 상빤러너

B : 내가 어떻게 오지 않을 수 있겠어?
我怎么能不来呢?
wǒ zěn me néng bù lái ne
워 쩐머 넝 뿌 라이너

상황 18

A : 당신은 매일 저녁 TV를 보시나요?

你每天晚上都看电视吗?
nǐ měi tiān wǎnshang dōu kàn diàn shì ma
니 메이티엔 완샹 또우 칸 띠엔스마

B : 나는 TV를 보면서 저녁준비를 해요.

我一边看电视，一边准备晚饭。
wǒ yì biān kàn diàn shì　　yì biānzhǔn bèi wǎn fàn
워 이비엔 칸 띠엔스　　이비엔 쥰뻬이 완판

＊一边 A 一边 B : A 하면서 한편으로 B 한다.

나는 드라마를 좋아하거든요.

我很喜欢电视剧。
wǒ hěn xǐ huāndiàn shì jù
워 헌 씨환 띠엔스쥐

상황 19

A : 나는 매 주말마다 영화 보러 극장에 가.

我每个周末都去剧场看电影。
wǒ měi ge zhōu mò dōu qù jù chǎng kàn diànyǐng
워 메이거 쪼우모 또우 취 취창 칸 띠엔잉

난 영화광이거든.

我是个影迷。
wǒ shì ge yǐng mí
워 스거 잉미

이번 주말에 우리 영화 보러 함께 갈래?

这个周末我们一起去看电影，好吗?
zhè ge zhōu mò wǒ men yì qǐ qù kàn diànyǐng　hǎo ma
쩌거 쪼우모 워먼 이치취 칸 띠엔잉　하오마

B : 내가 시간이 어디 있니?

我哪儿有时间啊!
wǒ nǎ r yǒu shí jiān a
워 날 요우 스지엔아

나는 너와 영화를 보러 갈 시간이 없어.

我没有时间跟你一起去看电影。
wǒ méi yǒu shí jiān gēn nǐ yì qǐ qù kàn diànyǐng
워 메이요 스지엔 껀니 이치취 칸 띠엔잉

PART 8

속담과 단어 간체자

속담

속담

■ 호랑이도 제 말 하면 온다.

说曹操，曹操就到。
shuō cáo cāo　　cáo cāo jiù dào
쉬 차오차오　　차오차오 지우 따오

■ 하늘엔 천당이 있고, 땅엔 항소(항주, 소주)가 있다.

天有天堂，地有杭苏。
tiān yǒu tiān táng　　dì yǒu háng sū
티엔 요우 티엔탕　　띠 요우 항쑤

＊중국의 杭州와 苏州가 너무 아름다워서 생긴 말이다

■ 이 일도 안 되고, 저 일도 잘 되지 않는다. (이것저것 되는 일이 없다)

东不成西不成。
dōng bù chéng xī bù chéng
똥 부청 씨 부청

■ 사람은 유명한 게 두렵고, 병은 이름을 알 수 없는 것이 두렵다.

人怕有名，病怕无名。
rén pà yǒu míng　　bìng pà wú míng
런 파 요우밍　　삥 파 우밍

■ 제 눈에 안경.

情人眼里出西施。
qíng rén yǎn lǐ chū xī shī
칭런 옌리 츄 시스

＊직역을 하면 '사랑하는 사람의 눈에 서시(중국 4대 미인 중 하나)가 나타난다'는 뜻
중국의 4대 미인 : 양귀비, 서시, 왕소군, 초선

■ 뚱보는 한 입 먹어 되는 것이 아니다.

胖子不是一口吃的。
pàng zǐ bù shì yì kǒu chī de
팡쯔 부스 이커우 츠더

482

속담

- 뜻이 있는 곳에 길이 있다.

  有志者事竟成。
  yǒu zhì zhě shì jìng chéng
  요우즈저 스 찡청

- 인간지사 새옹지마.

  塞翁失马，焉知非福。
  sāi wēng shī mǎ   yān zhī fēi fú
  싸이웡 스마   옌즈 페이푸

- 하늘이 알고, 땅이 알고, 네가 알고, 내가 안다.

  天知，地知，你知，我知。
  tiān zhī   dì zhī   nǐ zhī   wǒ zhī
  티엔 즈   띠 즈   니 즈   워 즈

- 인생은 꿈과 같다.

  人生如梦。
  rén shēng rú mèng
  런성 루 멍

- 공자 앞에서 문자 쓴다.

  班门弄斧
  bān mén nòng fǔ
  빤먼 농푸

- 일의 성공 여부는 사람의 노력 여하에 달려있다.

  事在人为
  shì zài rén wéi
  스짜이 런웨이

- 하고자 하는 결심만 있으면 하늘 아래 그 어떤 어려움도 해낼 수 있다.

  天下无难事，只怕有心人
  tiān xià wú nán shì   zhǐ pà yǒu xīn rén
  티엔샤 우난스   즈파 요우씬런

속담

- 자신은 나쁘지 않은데, 주위사람이 나쁘다.

    皇帝不急，急太监。
    huáng dì bù jí jí tài jiān
    황띠 뿌지 지 타이깐

- 희망이 클수록 실망이 크다.

    希望越大，失望越大。
    xī wàng yuè dà shī wàng yuè dà
    씨왕 웨이따 스왕 웨이따

- 콩 심은 데 콩 나고 팥 심은 데 팥 난다.

    种瓜得瓜，种豆得豆。
    zhǒng guā de guā zhǒng dòu de dòu
    쯍과더쯍 쯍또우더 또우

- 좋은 일이 있으려면 어려움이 많다.

    好事多磨
    hǎo shì duō mó
    하오스 뚸모

일상생활 용어

刷呀 shuā yā	쇼야	이를 닦다
穿衣服 chuān yī fú	촨이푸	옷을 입다
洗衣服 xǐ yī fú	씨이푸	빨래를 하다
呀膏 yā gāo	야까오	치약
洗衣粉 xǐ yī fěn	씨이펀	(빨래)세제
洗脸盆 xǐ liǎn pén	씨이판	세면기
洗脸 xǐ liǎn	씨리엔	세수하다
刮胡子 guā hú zǐ	꽈후즈	수염을 깎다
看报 kàn bào	칸빠오	신문을 보다
看电视 kàn diàn shì	칸띠엔스	TV를 보다
汉堡包 hàn bǎo bāo	한빠오빠오	햄버거
肯德鸡 kěn dé jī	컨더지	켄터키치킨
麦当劳 mài dāng láo	마이땅라오	맥도널드
咖啡 kā fēi	카페이	커피
网吧 wǎng bā	왕바	PC방
蛋糕 dàn gāo	딴까오	케이크
巧克力 qiǎo kè lì	차오커리	초콜릿
瓦斯 wǎ sī	와쓰	가스

단어

米你 mǐ nǐ	미니	미니(mini)
裙子 qún zǐ	췬즈	치마, 스커트
米你群子 mǐ nǐ qún zǐ	미니췬즈	미니스커트
三明治 sān míng zhì	싼밍즈	샌드위치
沙发 shā fā	샤파	소파(sofa)
幽默 yōu mò	요우머	유머
芒果 máng guǒ	망궈	망고
遥控器 yáo kòng qì	야오콩치	리모콘
电脑 diàn nǎo	띠엔나우	컴퓨터
返修 fǎn xiū	판씨우	리콜
空中小姐 kōng zhōng xiǎo jiě	콩즁 샤오지에	스튜어디스
夜总会 yè zǒng huì	예쭝후이	나이트 클럽
比萨饼 bǐ sā bǐng	비싸빙	피자
热狗 rè gǒu	러거우	핫도그
黑客 hēi kè	헤이커	해커(컴퓨터)
钢琴 gāng qín	깡친	피아노
钢琴家 gāng qín jiā	깡친쟈	피아니스트
飞行员 fēi xíng yuán	페이씽위엔	파일럿
冰淇淋 bīng qí lín	삥치린	아이스크림

단어

菠罗 bō luó	뽀뤄	파인애플
香焦 xiāng jiāo	샹쟈오	바나나
柠檬 níng méng	닝멍	레몬
扑克 pū kè	푸커	포커
吉他 jí tā	지타	기타(guitar)
跑步 pǎo bù	파오뿌	조깅
口琴 kǒu qín	커우친	하모니카
帽子 mào zǐ	마오즈	모자
皮带 pí dài	피따이	가죽벨트
袜子 wà zǐ	와즈	양말
照相机 zhàoxiáng jī	쟈오샹지	카메라
鞋子 xié zǐ	씨에즈	구두
手机 shǒu jī	쇼우지	핸드폰
雨伞 yǔ sǎn	위싼	우산
录音机 lù yīn jī	루인지	녹음기
录音带 lù yīn dài	루인따이	카세트테이프
眼镜 yǎn jìng	옌징	안경
剪刀 jiǎn dāo	지엔따오	가위
书包 shū bāo	수빠오	책가방

단어

钱包 qián bāo	치엔빠오	지갑
裤子 kù zǐ	쿠즈	바지
呀刷 yā shuā	야솨	칫솔
呀膏 yā gāo	야까오	치약
台灯 tái dēng	타이떵	스탠드
电风扇 diàn fēng shàn	띠엔펑샨	선풍기
领带 lǐng dài	링따이	넥타이
面包 miàn bāo	미엔빠오	빵
炸酱面 zhà jiàng miàn	쟈장미엔	짜장면
糖 táng	탕	사탕
冰淇淋 bīng qí lín	삥치린	아이스크림
饼干 bǐng gān	삥깐	비스킷
桑拿 sāng ná	쌍나	사우나
气水 qì shuǐ	치쉐이	사이다
沙发 shā fā	샤파	소파
比基尼 bǐ jī ní	비지니	비키니
圣诞老人 shèng dàn lǎo rén	셩딴라오런	산타클로스
维生素 wéi shēng sù	웨이셩쑤	비타민
沙拉 shā lā	샤라	샐러드

단어

香宾 xiāng bīn	샹삔	샴페인
洗发精 xǐ fā jīng	씨파징	샴푸
研讨会 yán tǎo huì	옌타오후이	세미나
三明治 sān míng zhì	싼밍즈	샌드위치
自助餐 zì zhù cān	쯔주찬	뷔페
卡拉OK kǎ lā	카라 오케이	가라오케
果汁 guǒ zhī	궈즈	주스
尼龙 ní lóng	니룽	나일론
霓虹灯 ní hóngdēng	니훙떵	네온사인
新闻媒体 xīn wén méi tǐ	씬원메이티	매스컴
酒吧 jiǔ bā	지우바	바(술집)
奶酪 nǎi lào	나이라오	버터
酸奶 suān nǎi	쏸나이	요구르트
耳机 ěr jī	얼지	이어폰
速溶咖啡 sù róng kā fēi	쑤룽 카페이	인스턴트커피
方便食品 fāng biàn shí pǐn	팡비엔 스핀	인스턴트식품
咖厘 kā lí	카리	카레
马达 mǎ dá	마다	모델
超人 chāo rén	챠오런	슈퍼맨

단어

开关 kāi guān	카이꽌	스위치
意大利面条 yì dà lì miàn tiáo	이따리 미엔타오	스파게티
空调 kōng diào	콩따오	에어컨
电梯 diàn tī	띠엔티	엘리베이터
星期五餐厅 xīng qī wǔ cān tīng	씽치우 찬팅	Friday's(외식업체)
派派思 pài pài sī	파이파이쓰	파파이스(외식업체명)
卧室 wò shì	워스	침실
客厅 kè tīng	커팅	응접실
书房 shū fáng	수팡	서재
浴室 yù shì	위스	욕실
衣柜 yī guì	이꾸이	옷장
电冰箱 diàn bīng xiāng	띠엔삥샹	냉장고
洗衣机 xǐ yī jī	씨이지	세탁기
饭桌 fàn zhuō	판쭤	식탁
厨房 chú fáng	츄팡	주방
热狗 rè gǒu	러꺼우	핫도그

신체

眼睛 yǎn jīng	옌징	눈
鼻子 bí zǐ	비즈	코
嘴巴 zuǐ bā	쭈이바	볼(뺨)
耳朵 ěr duǒ	얼둬	귀
头发 tóu fā	토우파	머리(카락)
臂 bì	삐	팔
手 shǒu	쇼우	손
胸 xiōng	슝	가슴
肚子 dù zǐ	뚜즈	배
腿 tuǐ	퉤이	다리(허벅지)
肩膀 jiān bǎng	지엔빵	어깨
脚 jiǎo	지아오	발

단어

과일

苹果 píng guǒ	핑궈	사과
西红柿 xī hóng shì	씨훙스	토마토
松子 sōng zǐ	쏭즈	잣
胡桃 hú táo	후타오	호도
葡萄 pú táo	푸타오	포도
柿子 shì zǐ	스즈	감
梨 lí	리	배
西瓜 xī guā	씨과	수박
香瓜 xiāng guā	샹과	참외
莓子 méi zǐ	메이즈	딸기
香焦 xiāng jiāo	샹쟈오	바나나
风梨 fēng lí	펑리	파인애플
弥猴桃 mí hóu táo	미호우타오	키위
芒果 máng guǒ	망궈	망과(망고)
橘子 jú zi	쥐즈	오렌지

동물

老虎 lǎo hǔ	라오후	호랑이
狗 gǒu	꺼우	개
斑马 bān mǎ	빤마	얼룩말
熊 xióng	슝	곰
猫 māo	마오	고양이
熊猫 xióngmāo	슝마오	판다
大象 dà xiàng	따샹	코끼리
犀牛 xī niú	시니우	코뿔소
长颈鹿 cháng jǐng lù	챵찡루	기린
猴子 hóu zi	허우즈	원숭이
树袋熊 shù dài xióng	수따이슝	코알라
海豚 hǎi tún	하이툰	돌고래
袋鼠 dài shǔ	따이수	캥거루
兔子 tù zi	투즈	토끼
狮子 shī zi	스즈	사자

단어

한국과 중국의 주요 도시 이름

韩国 hán guó	한궈	한국
首尔(汉城) shǒu ěr hàn chéng	셔우얼(한청)	서울
仁川 rén chuān	런촨	인천
釜山 fǔ shān	푸샨	부산
光州 guǎng zhōu	꽝쪄우	광주
大田 dà tián	따티엔	대전
大丘 dà qiū	따치우	대구
北京 běi jīng	베이징	북경
上海 shàng hǎi	샹하이	상해
香港 xiānggǎng	샹강	홍콩
广州 guǎng zhōu	꽝쪄우	광주
杭州 háng zhōu	항쪄우	항주
苏州 sū zhōu	쑤져우	소주
天津 tiān jīn	티엔진	천진
南京 nán jīng	난징	남경
青岛 qīng dǎo	칭따오	청도
大连 dà lián	따리엔	대련
沈阳 shěn yáng	션양	심양
长春 cháng chūn	창춘	장춘
延吉 yán jí	옌지	연길
哈尔滨 hā ěr bīn	하얼삔	하얼빈

고유명사(이름)

亚里士多德 yà lǐ shì duō dé	야리스뚸더	아리스토텔레스
爱迪生 ài dí shēng	아이디셩	에디슨
海明威 hǎi míng wēi	하이밍웨이	헤밍웨이
戴安娜 dài'ān nuó	따이안나	다이애나
圣诞老人 shèng dàn lǎo rén	셩딴라오런	산타클로스
克林顿 kè lín dùn	커린뚠	클린턴
肯尼第 kěn ní dì	컨니디	케네디
叶利钦 yè lì qīn	예리친	옐친
戈尔巴乔夫 gē ěr bā qiáo fū	거얼바챠오푸	고르바쵸프
丘吉尔 qiū jí ěr	치우지얼	처칠
哥德 gē dé	꺼더	괴테
甘地 gān dì	깐디	간디
毕加索 bì jiā suǒ	삐쟈숴	피카소
莎士比亚 suō shì bǐ yà	쉬스삐야	세익스피어
康德 kāng dé	캉더	칸트
林肯 lín kěn	린컨	링컨

단어

苏格拉底 sū gé lā dǐ	쑤거라디	소크라테스
拿破仑 ná pò lún	나포린	나폴레옹
黑格尔 hēi gé ěr	헤이거얼	헤겔
托尔斯泰 tuō ěr sī tài	퉈얼쓰타이	톨스토이
基督(耶苏) jī dū yé sū	찌두(예수)	그리스도
诺贝尔 nuò bèi ěr	눠뻬이얼	노벨
牛顿 niú dùn	뉴뚠	뉴튼
美联社 měi lián shè	메이리엔셔	Ａ·Ｐ 통신
合众社 hé zhòng shè	허총셔	Ｕ·Ｐ 통신
路透社 lù tòu shè	루토우셔	로이터 통신
泰晤士报 tài wù shì bào	타이우스빠오	타임즈지
塔斯 tǎ sī	타쓰	타스통신
啊加的米 ā jiā de mǐ	아쟈더미	아카데미
好莱坞 hǎo lái wù	하오라이우	헐리웃
瑞士梅花 ruì shì méi huā	루이스메이화	롤렉스
加特力 jiā tè lì	쟈터리	가톨릭

각국의 이름과 수도

△ 표시는 수도

美国 měi guó	메이궈	미국
日本 rì běn	르번	일본
东京 dōng jīng	똥징	도쿄 △
台湾 tái wān	타이완	대만
台北 tái běi	타이뻬이	타이뻬이 △
新加坡 xīn jiā pō	신쟈포	싱가포르
意大利 yì dà lì	이따리	이탈리아
德国 dé guó	더궈	독일
柏林 bǎi lín	뽀린	베를린 △
英国 yīng guó	잉궈	영국
伦敦 lún dūn	룬뚠	런던 △
法国 fǎ guó	파궈	프랑스
巴黎 bā lí	빠리	파리 △
加拿大 jiā ná dà	쟈나다	캐나다
澳大利亚 ào dà lì yà	아오따리아	오스트레일리아(호주)
菲律宾 fēi lǜ bīn	페이뤼빈	필리핀
马尼拉 mǎ ní lā	마니라	마닐라 △
关岛 guān dǎo	꽌따오	괌
阿加尼亚 ā jiā ní yà	아쟈니야	아가냐(Agana)

단어

단어

荷兰 hé lán	허란	네덜란드(화란)
阿姆斯特丹 ā mǔ sī tè dān	아무쓰터단	암스테르담 △
巴西 bā xī	빠시	브라질
巴西利亚 bā xī lì yà	빠시리야	브라질리아 △
科威特 kē wēi tè	커웨이터	쿠웨이트
肯尼亚 kěn ní yà	컨니야	케냐
内罗毕 nèi luó bì	네이뤄비	나이로비(Nairobi) △
利比亚 lì bǐ yà	리비야	리비아
的黎波里 dé lí bō lǐ	더리쁘리	트리폴리 △
墨西哥 mò xī gē	모씨꺼	멕시코
墨西哥城 mò xī gē chéng	모씨꺼청	멕시코시티 △
蒙古 méng gǔ	멍구	몽고
乌兰巴托 wū lán bā tuō	우란바투어	울란바토르(Ulan Bator) △
孟加拉国 mèng jiā lā guó	멍자라궈	방글라데시
达卡 dá kǎ	다카	다카(Dacca) △
摩洛哥 mó luò gē	모뤄거	모로코
拉巴特 lā bā tè	라바터	라바트(Rabat) △
摩纳哥 mó nà gē	모나꺼	모나코
尼泊尔 ní bó ěr	니쁘얼	네팔
加德满都 jiā dé mǎn dōu	자더만뚜	카트만두 △

간체자와 번체자

2획

厂(廠)chǎng
卜(蔔)bǔ
儿(兒)ér
几(幾)jǐ
了(瞭)liǎo, liào, le

3획

干(幹)gān
亏(虧)kuī
才(纔)cái
万(萬)wàn
与(與)yú, yǔ, yù
飞(飛)fēi
马(馬)mǎ
亿(億)yì
个(個)gè
广(廣)guǎng
门(門)mén
义(義)yì
习(習)xí
乡(鄉)xiāng

4획

《一》
丰(豐)fēng
开(開)kāi
无(無)wú
韦(韋)wéi
专(專)zhuān
云(雲)yún
艺(藝)yì
厅(廳)tīng
区(區)qū
车(車)chē

《丨》
冈(岡)gāng
贝(貝)bèi
见(見)jiàn

《丿》
气(氣)qì
长(長)cháng, zhǎng
仆(僕)pū, pú
币(幣)bì
从(從)cóng, cōng

仑(侖)lún
仓(倉)cāng
风(風)fēng
仅(僅)jǐn
凤(鳳)fèng
乌(烏)wū

《丶》
闩(閂)shuān
为(為)wéi, wèi
忆(憶)yì
订(訂)dìng
计(計)jì
讣(訃)fù
认(認)rèn
记(記)jì

《一》
办(辦)bàn
劝(勸)quàn
双(雙)shuāng
书(書)shū

5획

《一》

击(擊)jī
扑(撲)pū
节(節)jié
术(術)shù
龙(龍)lóng
厉(厲)lì
灭(滅)miè
东(東)dōng
轧(軋)yà, zhá, gá

《丨》

卢(盧)lú
业(業)yè
旧(舊)jiù
帅(帥)shuài
归(歸)guī
叶(葉)yè
号(號)hào
电(電)diàn
叹(嘆)tàn

《丿》

们(們)men
仪(儀)yí
从(從)cóng
尔(爾)ěr
乐(樂)lè

处(處)chù
鸟(鳥)niǎo
务(務)wù
饥(飢)jī

《丶》

冯(馮)féng, píng
闪(閃)shǎn
兰(蘭)lán
汇(匯)huì
头(頭)tóu
汉(漢)hàn
宁(寧)níng
讦(訐)jié
讨(討)tǎo
写(寫)xiě
让(讓)ràng
礼(禮)lǐ
讫(訖)qì
训(訓)xùn
议(議)yì
讯(訊)xùn
记(記)jì

《㇇》

队(隊)duì
邓(鄧)dèng
辽(遼)liáo
边(邊)biān

发(發)fā
圣(聖)shèng
对(對)duì
纠(糾)jiū
驭(馭)yù
丝(絲)sī

6획

《一》

动(動)dòng
执(執)zhí
巩(鞏)gǒng
扫(掃)sǎo
扬(揚)yáng
亚(亞)yà
机(機)jī
权(權)quán
过(過)guò
协(協)xié
压(壓)yā
厌(厭)yàn
库(庫)shè
页(頁)yè
夸(誇)kuā
夺(奪)duó
达(達)dá
夹(夾)jiá, jiā, gā
轨(軌)guǐ
尧(堯)yáo

迈(邁)mài
毕(畢)bì

《丨》
贞(貞)zhēn
师(師)shī
当(當)dāng, dàng
尘(塵)chén
吁(吁)xū, yù
虾(蝦)xiā, hè
虫(蟲)chóng
团(團)tuán
吗(嗎)mǎ
屿(嶼)yǔ
岁(歲)suì
岂(豈)qǐ
则(則)zé
刚(剛)gāng
网(網)wǎng

《丿》
迁(遷)qiān
乔(喬)qiáo
伟(偉)wěi
传(傳)chuán
优(優)yōu
伤(傷)shāng
华(華)huá
伪(僞)wěi

会(會)huì, kuài
杀(殺)shā
众(衆)zhòng
爷(爺)yé
伞(傘)sǎn
创(創)chuàng
杂(雜)zá
负(負)fù

《丶》
壮(壯)zhuàng
冲(衝)chōng
妆(妝)zhuāng
庄(莊)zhuāng
庆(慶)qìng
刘(劉)liú
齐(齊)qí
产(産)chǎn
闭(閉)bì
问(問)wèn
关(關)guān
灯(燈)dēng
汤(湯)tāng
兴(興)xīng, xìng
讲(講)jiǎng
军(軍)jūn
许(許)xǔ
论(論)lùn
讽(諷)fěng

农(農)nóng
设(設)shè
访(訪)fǎng

《一》
寻(尋)xún
尽(盡)jìn
导(導)dǎo
孙(孫)sūn
妇(婦)fù
妈(媽)mā
戏(戲)xì
观(觀)guān, guàn
欢(歡)huān
买(買)mǎi
红(紅)hóng
驯(馴)xún
约(約)yuē
纪(紀)jì
驰(馳)chí

7 획
《一》
寿(壽)shòu
麦(麥)mài
玛(瑪)mǎ
进(進)jìn
远(遠)yuǎn
违(違)wéi

간체자와 번체자

运(運)yùn
坛(壇)tán
坏(壞)huài
扰(擾)rǎo
抢(搶)qiǎng
坟(墳)fén
护(護)hù
块(塊)kuài
声(聲)shēng
报(報)bào
严(嚴)yán
芦(蘆)lú
劳(勞)láo
苏(蘇)sū
极(極)jí
杨(楊)yáng
两(兩)liǎng
丽(麗)lì, lí
医(醫)yī
励(勵)lì
还(還)huán, hái
来(來)lái
连(連)lián

《丨》
坚(堅)jiān
时(時)shí
县(縣)xiàn
呕(嘔)ǒu

园(園)yuán
围(圍)wéi
员(員)yuán
听(聽)tīng
呜(嗚)wū
财(財)cái
帐(帳)zhàng
岚(嵐)lán

《丿》
针(針)zhēn
钉(釘)dīng, dìng
乱(亂)luàn
体(體)tǐ, tī
肠(腸)cháng
龟(龜)guī
鸠(鳩)jiū
条(條)tiáo
岛(島)dǎo
饭(飯)fàn
饮(飲)yǐn, yìn
系(系)xì, jì

《丶》
冻(凍)dòng
状(狀)zhuàng
亩(畝)mǔ
库(庫)kù
疗(療)liáo

应(應)yīng, yìng
这(這)zhè
庐(廬)lú
闲(閑)xián
间(間)jiān, jiàn
闷(悶)mèn, mēn
沟(溝)gōu
怀(懷)huái
忧(憂)yōu
穷(窮)qióng
证(證)zhèng
启(啟)qǐ
评(評)píng
补(補)bǔ
识(識)shí, zhì
诉(訴)sù
诊(診)zhěn
词(詞)cí
译(譯)yì

《一》
灵(靈)líng
层(層)céng
迟(遲)chí
张(張)zhāng
阵(陣)zhèn
阳(陽)yáng
阶(階)jiē
阴(陰)yīn

劲(勁)jìn, jìng
鸡(鷄)jī
驱(驅)qū
纱(紗)shā
纳(納)nà
驳(駁)bó
纷(紛)fēn
纸(紙)zhǐ
纺(紡)fǎng
组(組)zǔ

8획

《一》

环(環)huán
责(責)zé
现(現)xiàn
规(規)guī
担(擔)dān
顶(頂)dǐng
势(勢)shì
拨(撥)bō
苹(蘋)píng, pín
范(範)fàn
茎(莖)jīng
柜(櫃)guì
枪(槍)qiāng
构(構)gòu
丧(喪)sāng, sàng
画(畫)huà

枣(棗)zǎo
卖(賣)mài
郁(鬱)yù
矿(礦)kuàng
码(碼)mǎ
厕(厠)cè
奋(奮)fèn
态(態)tài
欧(歐)ōu
殴(毆)ōu
垄(壟)lǒng
轰(轟)hōng
顷(頃)qǐng
斩(斬)zhǎn
轮(輪)lún
软(軟)ruǎn

《丨》

齿(齒)chǐ
虏(虜)lǔ
肾(腎)shèn
贤(賢)xián
邮(郵)yóu
国(國)guó
鸣(鳴)míng
罗(羅)luó
岭(嶺)lǐng
败(敗)bài
贩(販)fàn

图(圖)tú
购(購)gòu

《丿》

制(製)zhì
侠(俠)xiá
侦(偵)zhēn
侧(側)cè
侨(僑)qiáo
货(貨)huò
质(質)zhì
径(徑)jìng
邻(鄰)lín
贪(貪)tān
贫(貧)pín
胀(脹)zhàng
胁(脇)xié
鱼(魚)yú
备(備)bèi
饯(餞)jiàn
饰(飾)shì
饱(飽)bǎo
饴(飴)yí

《丶》

变(變)biàn
庞(龐)páng
庙(廟)miào
闹(鬧)nào

단(單)dān
로(爐)lú
천(淺)qiǎn
사(瀉)xi
발(潑)pō
택(澤)zé
령(憐)lián
학(學)xué
보(寶)bǎo
총(寵)chǒng
심(審)shěn
렴(帘)lián
실(實)shí
시(試)shì
시(詩)shī
성(誠)chéng
츤(襯)chèn
시(視)shì
화(話)huà
순(詢)xún
해(該)gāi
상(詳)xiáng

《乛》
숙(肅)sù
록(錄)lù
제(際)jì
륙(陸)lù
진(陳)chén

가(駕)jià
참(參)cān, shēn
련(練)liàn
신(紳)shēn
세(細)xì
사(駛)shǐ
사(駟)sì
구(駒)jū
종(終)zhōng
직(織)zhī
주(駐)zhù
타(駝)tuó
소(紹)shào
경(經)jīng
관(貫)guàn

9획
《一》
항(項)xiàng
협(挾)xié, jiā
조(趙)zhào
당(擋)dǎng
휘(揮)huī
영(榮)róng
호(鬍)hú
음(蔭)yìn, yìn
약(藥)yào
표(標)biāo
란(欄)lán

수(樹)shù
전(磚)zhuān
연(硯)yàn
견(牽)qiān
구(鷗)ōu
잔(殘)cán
경(輕)qīng
아(鴉)yā

《丨》
전(戰)zhàn
점(點)diǎn
림(臨)lín
람(覽)lǎn
상(嘗)cháng
아(啞)yā, yā
현(顯)xiǎn
귀(貴)guì
수(雖)suī
매(罵)mà
화(嘩)huá
향(響)xiǎng
육(哟)yō, yo
협(峽)xiá
벌(罰)fá
천(賤)jiàn
첩(貼)tiē

《丿》
钝(鈍)dùn
钢(鋼)gāng
钥(鑰)yào
选(選)xuǎn
适(適)shì
种(種)zhòng,
　　zhǒng, chóng
复(復)fù
笃(篤)dǔ
俩(倆)liǎ
贷(貸)dài
顺(順)shùn
须(須)xū
胆(膽)dǎn
胜(勝)shèng
狭(狹)xiá
独(獨)dú
狱(獄)yù
贸(貿)mào
饵(餌)ěr
蚀(蝕)shí
饷(餉)xiǎng
饺(餃)jiǎo
饼(餅)bǐng

《丶》
弯(彎)wān
将(將)jiāng, jiàng

奖(獎)jiǎng
疮(瘡)chuāng
疯(瘋)fēng
亲(親)qīn
闺(閨)guī
闻(聞)wén
闽(閩)mǐn
阁(閣)gé
养(養)yǎng
类(類)lèi
郑(鄭)zhèng
总(總)zǒng
炼(煉)liàn
烁(爍)shuò
烂(爛)làn
洁(潔)jié
洒(灑)sǎ
浊(濁)zhuó
测(測)cè
恼(惱)nǎo
举(舉)jǔ
觉(覺)jué, jiào
窃(竊)qiè
语(語)yǔ
袄(襖)ǎo
祢(禰)nǐ
误(誤)wù
说(說)shuō
昼(晝)zhòu

费(費)fèi
逊(遜)xùn
贺(賀)hè
垒(壘)lěi
娇(嬌)jiāo
结(結)jié, jiē
骄(驕)jiāo
骆(駱)luò
统(統)tǒng
给(給)gěi, jǐ
绝(絕)jué

10 획
《一》
艳(艷)yàn
帮(幫)bāng
蚕(蠶)cán
顽(頑)wán
盏(盞)zhǎn
捞(撈)lāo
载(載)zài, zǎi
赶(趕)gǎn
盐(鹽)yán
损(損)sǔn
挚(摯)zhì
热(熱)rè
捣(搗)dǎo
壶(壺)hú
聂(聶)niè

간체자와 번체자

莲(蓮)lián
莴(萵)wō
获(獲)huò
恶(惡)è, wù, ě
档(檔)dàng
桥(橋)qiáo
样(樣)yàng
贾(賈)gǔ
砾(礫)lì
础(礎)chǔ
顾(顧)gù
轼(軾)sh)
轿(轎)jiào
顿(頓)dùn
毙(斃)bì

《丨》

虑(慮)lǜ
监(監)jiān, jiàn
紧(緊)jǐn
党(黨)dǎng
晒(曬)shài
晓(曉)xiǎo
唠(嘮)lào
鸭(鴨)yā
晕(暈)yūn, yùn
鸯(鴦)yāng
罢(罷)bà, ba
圆(圓)yuán

贼(賊)zéi
贿(賄)huì
赂(賂)lù
脏(臟)zāng

《丿》

铁(鐵)tiě
铃(鈴)líng
铅(鉛)qiān, yán
牺(犧)xī
敌(敵)dí
积(積)jī
称(稱)chēng, chèn
笕(筧)jiǎn
笔(筆)bǐ
债(債)zhài
借(籍)jiè
赁(賃)lìn
舱(艙)cāng
耸(聳)sǒng
爱(愛)ài
脏(臟)zàng, zāng
脑(腦)nǎo
脓(膿)nóng
鸳(鴛)yuān
皱(皺)zhòu
饽(餑)bō
饿(餓)è

《丶》

恋(戀)liàn
浆(漿)jiāng, jiàng
准(準)zhǔn
资(資)zī
竟(竟)jìng
阅(閱)yuè
烦(煩)fán
烧(燒)shāo
烛(燭)zhú
递(遞)dì
涝(澇)lào
涟(漣)lián
涤(滌)dí
润(潤)rùn
涨(漲)zhǎng
涩(澀)sè
悯(憫)mǐn
宽(寬)kuān
家(傢)jiā
宾(賓)bīn
请(請)qǐng
诸(諸)zhū
诽(誹)fěi
课(課)kè
调(調)diào
谅(諒)liàng
谈(談)(tán)
谊(誼)yì

《ㄱ》

恳(懇)kěn
险(險)xiǎn
剧(劇)jù
难(難)nán, nàn
预(預)yù
绢(絹)juàn
绣(綉)xiù
验(驗)yàn
继(繼)jì

11획

《一》

琐(瑣)suǒ
据(據)jù
职(職)zhí
萝(蘿)luó
萤(螢)yíng
营(營)yíng
萧(蕭)xiāo
梦(夢)mèng
检(檢)jiǎn
聋(聾)lóng
袭(襲)xí
辄(輒)zhé
辅(輔)fǔ
堑(塹)qiàn

《丨》

悬(懸)xuán
啭(囀)zhuán
啮(嚙)niè
累(累)lèi, léi
啸(嘯)xiào

《丿》

铜(銅)tóng
铭(銘)míng
铲(鏟)chǎn
银(銀)yín
秽(穢)huì
躯(軀)qū
盘(盤)pán
鸽(鴿)gē
领(領)lǐng
脸(臉)liǎn
象(象)xiàng
馄(餛)hún
馆(館)guǎn

《丶》

离(離)lí
痒(癢)yǎng
盖(蓋)gài
断(斷)duàn
兽(獸)shòu
渐(漸)jiàn, jiān

惧(懼)jù
惊(驚)jīg
惨(慘)cǎn
惯(慣)guàn
谋(謀)móu
谍(諜)dié
祸(禍)huò
谒(謁)yè
谗(讒)chán
谚(諺)yàn
谜(謎)mí

《ㄱ》

弹(彈)dàn, tán
颇(頗)pō
颈(頸)jǐng, gěng
绩(績)jī
绪(緒)xù
绮(綺)qǐ
骑(騎)qí
绳(繩)shéng
维(維)wéi
绵(綿)mián
绿(綠)lǜ, lù

12획

《一》

蜇(蜇)zhé
联(聯)lián

椤(欏)luó
暂(暫)zàn

《丨》
辈(輩)bèi
辉(輝)huī
遗(遺)yí
喽(嘍)lou, lóu
赐(賜)cì
赔(賠)péi

《丿》
销(銷)xiāo
锁(鎖)suǒ
锅(鍋)guō
锈(鏽)xiù
锉(銼)cuò
锐(銳)ruì
鹅(鵝)é
筑(築)zhù, zhú
御(禦)yù
腊(臘)là, xī
鲁(魯)lǔ
觞(觴)shāng

《丶》
装(裝)zhuāng
蛮(蠻)mán
阔(闊)kuò

粪(糞)fèn
窜(竄)cuàn
窝(窩)wō
愤(憤)fèn
湿(濕)shī
溃(潰)kuì, huì
湾(灣)wān
裤(褲)kù
谢(謝)xiè
谣(謠)yáo

《乛》
属(屬)shǔ, zhǔ
堕(墮)duò
随(隨)suí
缈(緲)miǎo
缎(緞)duàn
编(編)biān
骗(騙)piàn
骚(騷)sāo

13 획

《一》
鹉(鵡)wǔ
摆(擺)bǎi
摊(攤)tān
蓝(藍)lán
蒙(蒙)méng
颐(頤)yí

献(獻)xiàn
楼(樓)lóu
碍(礙)ài
雾(霧)wù
辅(輔)fǔ
缉(緝)jī
输(輸)shū

《丨》
龄(齡)líng
鉴(鑒)jiàn
蜗(蝸)wō
嗳(噯)ǎi, ài

《丿》
错(錯)cuò
锡(錫)xī
锤(錘)chuí
锥(錐)zhuī
锦(錦)jǐn
键(鍵)jiàn
锯(鋸)jù
辞(辭)cí
筹(籌)chóu
签(簽)qiān
简(簡)jiǎn
颔(頷)hàn
腻(膩)nì
腾(騰)téng

颖(穎)yǐng
触(觸)chù

《丶》
酱(醬)jiàng
阙(闕)què, quē
粮(糧)liáng
数(數)shù, shǔ
滟(灧)yàn
满(滿)mǎn
滩(灘)tān
誉(譽)yù
寝(寢)qǐn
谨(謹)jǐn

《㇇》
嫒(嬡)ài
缝(縫)féng, fèng

14 획
《一》
蔑(衊)miè
酿(釀)niàng
霁(霽)jì
愿(願)yuàn

《丨》
颗(顆)kē
踊(踴)yǒng

蜡(蠟)là, zhà
蝇(蠅)yíng
蝉(蟬)chán

《丿》
镀(鍍)dù
稳(穩)wěn
鲜(鮮)xiān, xiǎn

《丶》
漓(灕)lí
赛(賽)sà)

《㇇》
骡(騾)luó
缨(纓)yīng
缩(縮)suō

15 획
《一》
聪(聰)cōng
樯(檣)qiáng
樱(櫻)yīng
飘(飄)piāo
霉(黴)méi

《丨》
题(題)tí

《丿》
鲤(鯉)lǐ
鲫(鯽)jì
馔(饌)zhuàn

《丶》
颜(顏)yán
谵(譫)zhān

《㇇》
屦(屨)jù

16 획
《一》
薮(藪)sǒu
赝(贗)yān
錾(鏨)zàn
赠(贈)zèng

《丿》
镜(鏡)jìng
镞(鏃)zú
赞(贊)zàn
蓝(藍)lán
鲸(鯨)jīng

《丶》
辩(辯)biàn

17 획

《丨》

羁(羈)jī
赡(贍)shàn

《丿》

鹗(鶚)è
编(編)biān

《丶》

鹫(鷲)jiù
辫(辮)(biàn)
赢(贏)(yíng)
懑(懣)mèn

《㇇》

骤(驟)zhòu

18 획

鹭(鷺)lù

《丿》

鳎(鰨)tǎ

《丶》

鹰(鷹)yīng

19 획

《一》

𪩘(𪩘)ǎi

《丿》

籁(籟)lài
鳗(鰻)mán

《丶》

颤(顫)chàn
癣(癬)xuǎn

20 획

《丿》

鳞(鱗)lín

중국어회화 사전

초판 1쇄 발행 2015년 1월 5일
초판 3쇄 발행 2018년 8월 20일

지은이 김태경
펴낸이 배태수 **펴낸곳** 신라출판사
등 록 1975년 5월 23일 제6-0216호
전 화 02)922-4735 **팩 스** 02)922-4736
주 소 서울시 구로구 중앙로 3길12(서봉빌딩)

ISBN 978-89-7244-128-1 13720
* 잘못된 책은 구입한 곳에서 바꾸어 드립니다.